江西省哲学社会科学成果文库

JIANGXISHENG ZHEXUE SHEHUI KEXUE
CHENGGUO WENKU

社会资本视角下的
农户借贷行为研究
——以江西省为例

A STUDY WITH SOCIAL CAPITAL PERSPECTIVE
ON RURAL HOUSEHOLDS' CREDIT BEHAVIOR:
EVIDENCE FROM JIANGXI PROVINCE

陈 熹 著

社会科学文献出版社
SOCIAL SCIENCES ACADEMIC PRESS (CHINA)

总　序

　　作为人类认识世界和改造世界的重要工具，作为推动历史发展和社会进步的重要力量，社会科学承载着"认识世界、传承文明、创新理论、资政育人、服务社会"的特殊使命。在中国实施全面建成小康社会、全面深化改革、全面推进依法治国、全面从严治党的关键时期，以创新的社会科学成果引领全民共同开创中国特色社会主义事业新局面，进一步增强中国特色社会主义道路自信、理论自信、制度自信，为经济、政治、社会、文化和生态的全面协调发展提供强有力的思想保证、精神动力、理论支撑和智力支持，这是时代发展对社会科学的基本要求，也是社会科学进一步繁荣发展的内在要求。

　　江西素有"物华天宝，人杰地灵"之美称。千百年来，勤劳、勇敢、智慧的江西人民，在这片富饶美丽的大地上，创造了灿烂的历史文化，在中华民族文明史上书写了辉煌的篇章。在这片自古就有"文章节义之邦"盛誉的赣鄱大地上，文化昌盛，人文荟萃，名人辈出，群星璀璨，他们创造的灿若星辰的文化经典，承载着中华文明成果，汇入了中华民族的不朽史册。作为当代江西人，作为当代江西社会科学工作者，我们有责任继往开来，不断推出新的成果。今天，我们已经站在了新的历史起点上，面临许多新情况、新问题，需要我们给出科学的答案。汲取历史文明的精华，适应新形势、新变化、新任务的要求，创造出今日江西的辉煌，是每一个社会科学工作者的愿望和孜孜以求的目标。

社会科学推动历史发展的主要价值在于推动社会进步、提升文明水平、提高人的素质。然而，社会科学自身的特性又决定了它只有得到民众的认同并为其所掌握，才会变成认识和改造自然与社会的巨大物质力量。因此，社会科学的繁荣发展及其作用的发挥，离不开其成果的运用、交流与广泛传播。

为充分发挥哲学社会科学研究优秀成果和优秀人才的示范带动作用，促进江西省哲学社会科学繁荣发展，我们设立了江西省哲学社会科学成果出版资助项目，全力打造《江西省哲学社会科学成果文库》。

《江西省哲学社会科学成果文库》由江西省社会科学界联合会设立，资助江西省哲学社会科学工作者的优秀著作出版。该文库每年评审一次，通过作者申报和同行专家严格评审的程序，每年资助出版 30 部左右代表江西现阶段社会科学研究前沿水平、体现江西社会科学界学术创造力的优秀著作。

《江西省哲学社会科学成果文库》涵盖整个社会科学领域，要求进入文库的是具有较高学术价值和具有思想性、科学性、艺术性的社会科学普及和成果转化推广著作，并按照"统一标识、统一封面、统一版式、统一标准"的总体要求组织出版。希望通过持之以恒地组织出版，持续推出江西社会科学研究的最新优秀成果，不断提升江西社会科学的影响力，逐步形成学术品牌，展示江西社会科学工作者的群体气势，为增强江西的综合实力发挥社会科学的积极作用。

近期，中共江西省委出台了《关于进一步繁荣发展哲学社会科学的意见》，要求继续做好社科文库出版资助工作。我们将以更高的标准，更严的要求，全力将《江西省哲学社会科学成果文库》打造成立得住、叫得响、传得开、留得下的精品力作。

祝黄河

2015 年 8 月

序

陈熹的这本著作，是她在自己博士论文的基础上修改而成的。作为她的导师，看到该书付梓问世，十分欣慰和高兴。

陈熹同学本科毕业于上海交通大学，学的专业是软件工程。软件工程是上海交大的强项专业，也是当今科学发展和现实应用领域中很重要的学科。但是，陈熹逐渐发现自己的兴趣并不在这个领域。所以大学一毕业，她凭借自己优秀的数学成绩和学习能力重新选择了金融学专业，并考入澳大利亚新南威尔士大学攻读金融学硕士学位。两年后，回到国内，回到家乡南昌，在考入江西省人力资源和社会保障厅的小额贷款担保中心后，一边工作，一边努力学习，考入了江西财经大学的财政金融专业攻读博士学位。获得博士学位后，调入南昌大学经济管理学院任教。

改革开放以来，虽然我国金融业发展迅速，虽然金融机构对农村、农业、农民的金融需求给予了一定的关注和支持，但依然是雷声大，雨点小。农民更多的是走着一条十分艰难的、依靠传统方式的民间借贷之路。正规的，尤其是国家的金融机构总是以农民借贷量小、繁杂导致金融成本太高，农民没有抵押品可能风险大为由而不愿意走进乡村。但是，不能只看到困难的一面，而看不到农村农业借贷由于风险相对小而有利于金融机构工作的一面；不能只看到繁杂的一面，而看不到农民借贷过程中可贵的由传统社会资本构成的社会诚信的一面。在准备学位论文开题时，陈熹同学的一个想法就是结合自己的工作实际和当前农户贷款十分困难的现实，研究解决"三农"诸多问题中的一个重要问题，即小农贷款问题。

本书的研究路径和特点是：在研究当前的农户借贷中研究农村社会网

络问题，在研究农村社会网络中研究农民的社会诚信问题，在研究农民的社会诚信中研究农户的社会资本问题，在研究农户的社会资本中研究农业的借贷问题。陈熹同学有问题意识，有分析问题的思路，也有解决问题的追求。本书逻辑顺畅，思维合理，颇有创新。

"社会资本"的概念最早是由法国的社会学家皮埃尔·布迪厄提出的。他将其定义为"现实或潜在的资源的集合体，这些资源与拥有或多或少制度化的共同熟识和认可的关系网络有关，换言之，与一个群体中的成员身份有关。它从集体拥有的角度为每个成员提供支持，在这个词语的多种意义上，它是为其成员提供获得信用的'信任状'"。后来的诸多不同学派对社会资本也都有不同的定义，但共同点是都采用了"信用"这一核心内容。信用在借贷行为中的重要性毋庸置疑，尤其是在当前农村的社会环境下。陈熹同学认为：中国农村的社会资本有它的独特性，建立在血缘、族缘和地缘基础上牢固的社会网络关系中蕴藏着"信用"的巨大能量，使用好社会资本对农户借贷行为的影响力，开发出适合农村社会的借贷模式，是缓解当前农户借贷难问题的可行途径之一。本书试图回答以下三大问题：①社会资本对农户获得贷款的影响；②社会资本对农户归还贷款风险的影响；③社会资本对农户使用贷款的福利效果的影响。归纳起来，即是社会资本如何影响农户借贷行为的前、中、后期全过程。

题目选好了，研究思路确定了，做起来并不是一件容易的事。陈熹同学虽然自己的工作和农户借贷具有一定的联系，但了解还不深，作为支持这项研究的资料还很不充分，又由于农户的社会资本和借贷行为都没有现成的数据，研究农户借贷的困难可能比农户借贷困难本身还要大。

没有调查就没有发言权。陈熹同学研究设计了调查问卷，通过多次到农村去，到农户家里去发放问卷进行田野调查获取研究数据。她的专项调查从 2013 年 11 月开始一直持续到 2014 年 1 月，覆盖了江西省上饶市的婺源县，鹰潭市的贵溪市，抚州市的东乡县，吉安市的永丰县，宜春市的丰城市、靖安县，九江市的永修县，南昌市的湾里区、南昌县九个不同地理区位、不同经济状况、不同风土民情的县市区，采用多人座谈和入户单个调查相结合的方式。经过筛选之后，最终获得了 1294 份有效问卷作为定量分析、实证分析和博弈模型分析的重要数据来源。同时，在研读前人文献的基础上，综合经济学、金融学、管理学和社会学的金融抑制理论、金融深化理论、结构洞理论、强弱关系命题、社会资源理论等多学科的理论与社会资本理论一并展开研究。

这项研究取得的学术结论、政策建议等书中都有阐述，我这里就不再赘述，而想强调两点感受。

一是我们在研究中要紧密联系实际，发现问题。应该多做些对解决当前社会现实问题有益的研究。我们常说要有问题意识，就是要多思考一些社会出现的而且需要我们用知识和智慧去解决的问题。也许人文科学中有一些问题属于形而上的，但社会科学，比如经济学、金融学、财政学、管理学，就是属于形而下的，是为社会解决问题的科学、学问。为社会解决问题的科学、学问当然需要问题意识，需要通过研究解决问题。

二是研究现实问题，就必须深入实践、走向社会。社会问题当然是发生在社会里面的问题，不深入社会里面就研究不了问题，更谈不上解决这些问题。陈熹同学没有选择城市里的问题，没有选择可以在城市里调研的问题，更没有选择坐在书斋里就可以解决的问题，而是选择了非去农村调查才能研究的问题。这是要有一定的勇气和自信的，是要准备吃点苦头的，但这就是实干精神，就是一种难能可贵的年轻知识分子的社会担当精神。

不可讳言，本书自有稚嫩和欠缺之处。陈熹毕竟还年轻，如同一位刚进入学界开始学步的孩童，虽然是独立，还不稳当，但她在研究的道路上迈出了可喜的第一步，我相信她以后一定会走得更好。衷心希望今后能看到她更多的相关研究成果。

是为序。

严　武
2016 年 2 月

摘　要

我国是一个农业大国，根深蒂固的小农经济思想如今与农村金融体制改革狭路相逢。农村资金外流、农户借贷难等问题困扰着走在由传统农业向现代化农业转型路上的农民。单纯靠政府推动商业银行下农村，把城市商业融资模式生搬硬套到农村土地上是不可行的，如何因地制宜，帮助农民渡过转型期的难关，促使农村金融市场健康发展，是政府需要考虑的问题。

"社会资本"的概念最早是由法国的社会学家皮埃尔·布迪厄提出的。他将它定义为"现实或潜在的资源的集合体，这些资源与拥有或多或少制度化的共同熟识和认可的关系网络有关，换言之，与一个群体中的成员身份有关。它从集体拥有的角度为每个成员提供支持，在这个词语的多种意义上，它是为其成员提供获得信用的'信任状'"。后来的诸多不同学派对社会资本也都有不同的定义，但共同点是都采用了"信用"这一核心内容。信用在借贷行为中的重要性毋庸置疑，尤其是在农村的社会环境下。中国农村的社会资本有它的独特性，建立在血缘、族缘和地缘基础上牢固的社会网络关系中蕴藏着"信用"的巨大能量，使用好社会资本对农户借贷行为的影响力，开发出适合农村社会的借贷模式，是缓解以上问题的可行途径之一。本研究试图回答以下三大问题：①社会资本对农户获得贷款的影响；②社会资本对农户归还贷款风险的影响；③社会资本对农户使用贷款的福利效果的影响。归纳起来，即社会资本如何影响农户借贷行为的前、中、后期全过程。

在总结前人文献的基础上，本书综合经济学、金融学、管理学和社会学的金融抑制理论、金融深化理论、结构洞理论、强关系和弱关系命题、社会资源理论等多学科理论与社会资本理论一并展开研究。由于农户的社会资本和借贷行为没有现成的数据，只有通过发放问卷和田野调查的方式获得。调查从 2013 年 11 月开始持续到 2014 年 1 月，覆盖上饶婺源，鹰潭贵溪，抚州东乡，吉安永丰，宜春丰城、靖安，九江永修，南昌湾里、南昌（县）等江西省不同地理位置、不同经济状况、不同风土民情的九个县市区，采用多人座谈和入户调查相结合的方式。经过筛选之后，最终有效的 1294 份问卷成为本书定量分析、实证分析和博弈模型分析的重要数据来源。

首先，本书对农户借贷和社会资本的相关理论基础以及农户借贷行为现状和特征进行了研究。本书从马克斯·韦伯的资本主义精神中发掘出社会资本的具体含义，并对社会资本做了如下定义：社会资本指的是一种以诚信为基础建立起来的社会网络以及嵌入这个网络中为个体（组织）带来各种效益的潜在的或是显在的资源的集合。明确了社会资本是有价值存量的、可增值的、以非物质的形态存在的。在对农户借贷和社会资本的相关理论进行梳理的基础上，就农村社会资本的特征、类型和变迁进行了分析，我们把本书的农村社会资本分为直接型社会资本和间接型社会资本两个大类。本书把农户借贷行为从 1978 年改革开放至今（2014 年）的 37 年划分为四个阶段（1978～1993 年，1994～2002 年，2003～2007 年，2008～2014 年），就农户借贷行为"纺锤形"的基本现状展开说明，对农户借贷行为进行了时间差异的纵向比较分析、区域差异的横向比较分析和类型差异的条件比较分析，并就农户借贷发生率、借贷规模、借贷资金来源、借贷用途、借贷利率、期限、借据和担保等进行了定量分析。

其次，本书对社会资本如何影响农户借贷行为的前期阶段展开了讨论。本书将影响农户借贷行为的社会资本分为宗族型社会资本、乡土型社会资本、社团型社会资本、法理型社会资本、口碑型社会资本和身份型社会资本，具体从亲戚走往数量、亲戚信任程度、邻里信任和睦度、与农民专业合作组织的关系、在正规金融机构的信用评价等级、是否参与农户联保、在乡里乡亲间的诚信评价水平、是否党员、是否机关工作人员等方面研究它们对农户获得有效借贷机会的影响。以江西这一农业大省为例，通过对 1294 份问卷的实证分析，得出结论：亲戚信任程度、邻里信任和睦度、与农民专业合作组织的关系、在正规金融机构的信用评价等级以及在乡里乡亲间的诚信评价水平对农户获得有效借贷机会具有显著影响，亲戚走往数量、是否参与农户联保、是否党员、是否机关工作人员对农户获得有效借贷机会影响不显著。同时，围绕结构洞和强弱关系对农户借贷行为的影响展开分析。首先就调查问卷中对应强弱关系四维度测算标准的互动频率、感情力量、亲密程度、互惠交换问题结果做了描述性统计分析。在此基础上，选取来自东乡县、贵溪市、婺源县三个地区的不同案例进行了详细深入的定性分析。

最后，本书对社会资本如何影响农户借贷行为的中期和后期阶段进行了研究。通过调研发现，经常走往和信任度较高的亲戚关系、信任和睦的邻里关系、农民专业合作组织关系、农户联保小组、正规金融机构关系、政治身份特征和信用口碑特征这些社会资本均对农户的借贷违约风险有强烈的正向约束力。因此，应当利用好社会资本来建立对农户借贷风险的控制机制，通过农户联保制度、担保人制度、农民合作组织和农村信用评级建设来降低农户的借贷违约率。农户的借贷行为实质上是借贷主体通过不断重复博弈产生诚信达到纳什均衡的一个过程，因此，本书运用重复博弈理论对农户借贷风险进行了分析。对于借贷后期的贷后福利效果，本书从物质心理满足和增加收入两个方面做分析。就借贷资金带来的物质和心理满足进行了描述性统计分析，根据调查问卷的数据得出了借贷资金对增加家庭纯收入、扩大生产规模、提高消费水平和提高生活质量均有较大帮助的结论。再通过设定借贷福利模型收入方程就社会资本对增加农户贷后收入的影响做了实证分析，得出了有机会获得贷款有助于农户获得更高收入的结论。同时发现，不同社会资本对农户收入增长的作用存在差异性。其中，较之关系型社会资本，农户通过组织型社会资本获得的借贷资金对农户贷后收入增长的作用更加明显。

通过以上研究，本书得出如下主要结论。

1. 农户借贷正由生存型向发展型转型。农户借贷金额变大，借贷资金来源有从亲戚朋友向正规金融机构倾斜的趋势，借贷用途由婚丧嫁娶、贴补家用向发展生产转变等，都可以体现出我国农村正在由传统农业向现代农业转型，由小农经济向规模化大型农业经济转型。

2. 不同社会资本对农户借贷行为有不同程度的影响。将影响农户借贷行为的社会资本分为宗族型社会资本、乡土型社会资本、社团型社会资本、法理型社会资本、口碑型社会资本和身份型社会资本。具体表现为亲戚信任程度、邻里信任和睦度、与农民专业合作组织的关系、在正规金融机构的信用评价等级以及在乡里乡亲间的诚信评价水平对农户获得有效借贷机会具有显著影响，亲戚走往数量、是否参与农户联保、是否党员、是否机关工作人员对农户获得有效借贷机会影响不显著。

3. 借方和贷方仍以强关系为主，结构洞决定话语权。根据调查问卷中对互动频率、感情力量、亲密程度、互惠交换四项强弱关系测算标准的描述性统计分析和来自东乡县、贵溪市、婺源县三个地区的案例分析，证明强关系比弱关系更容易形成牢固和长期的借贷关系并带来更多的借贷资金。而如果借方和贷方之间存在结构洞，在民间借贷中，中介人或是资金互助组织的负责人往往因此获利；在政策性贷款中，政府这一角色则往往因此成为制定规则的一方。

4. 社会资本可以成为防控农户借贷违约风险的利器。建立在血缘、族缘基础上的农村社会网络对农户借贷风险有着比城市网络更好的防控功能。通过调研发现，经常走往和信任度较高的亲戚关系、信任和睦的邻里关系、农民专业合作组织关系、农户联保小组、正规金融机构关系、政治身份特征和信用口碑特征这些社会资本均对农户的借贷违约风险有强烈的正向约束力。因此，应当利用好社会资本来建立对农户借贷风险的控制机制，通过农户联保制度、担保人制度、农民合作组织和农村信用评级建设来降低农户借贷违约率。

最后，本书在得出以上结论的基础上，提出三点政策建议。

1. 严格监管农村土地流转和交易，正确引导农村资金互助组织建设，为农民经营好自己的土地提供政策指导和资金供给两方面的帮助。

2. 逐步脱离政策性贷款依赖，建立依托农村社会资本的信用体系，为农户借贷营造良好的信用环境。

3. 肯定和培育合适的农村民间借贷模式，同时国家和地方加强监管，为农户提供更多更好的金融服务。

关键词：社会资本　农户借贷行为　借贷风险　贷后福利

Abstract

As a leading agricultural nation, China's deep-rooted small-scale rural economy is now counteracting with the ongoing rural financial system reform. The rural capital outflow and the rural household behavior difficult problems trouble farmers who are experiencing the transformation from traditional agriculture to modern agriculture. Simply relying on the government's efforts, such as promoting commercial banks moving into the countries, moving urban commercial financing model to rural land is not feasible. How to adjust measures to meet the local conditions and to help farmers through the transition, promoting the healthy development of rural financial market is the issue that the government needs to consider.

The concept of social capital was first put forward by the French sociologist Pierre Bourdieu, who defines it as "aggregate of the actual or potential resources which are linked to possession of a durable network of more or less institutionalized relationships of mutual acquaintance and recognition-or in other words, to membership in a group-which provides each of its members with the backing of the collectivity-owned capital, a 'credential' which entitles them to credit, in the various senses of the word." Later, many different schools of the definition of social capital also has different, which all have in common is adopted the "credit" as the core content. There is no doubt that with the importance of credit in borrowing, especially in the rural social environment. China's rural social capital is unique as it is built on the basis of kinship, agnation and neighborhood. This type of close-knit social network is the foundation of "credit". To make good use of the influence of social capital on the rural household behavior and to develop suitable rural social lending model are the feasible ways to alleviate these problems. This thesis is devoted to the following three issues: ① Analysis of the influence of social capital on rural household loans; ② Analysis of the influence of social capital on the risk of rural household loan repayment; ③ Analysis of the influence of social capital on farmers' welfare effect. To sum up, it is how social capital affects the rural households' credit behavior initial, intermediate, as well as the later stages.

Based on previous literature, this thesis is an interdisciplinary study that draws on theories from the following fields: economics, finance, management and sociology theory of financial repression and financial deepening theory, structural hole theory, strong and weak relations proposition, theory of social resources and social capital theory. Due to the lack of census data on rural household social capital and credit behavior, I designed a questionnaire and distributed it during my fieldwork that lasted from November 2013 to January 2014 in the following nine locations that are at different economic conditions: Wuyuan in Shangrao, Guixi in Yingtan, Dongxiang in Fuzhou, Yongfeng in Gi'an, Fengcheng, JingAn in Yichun, Yongxiu in Jiujiang, Wanli district and Nanchang county in Nanchang, Jiangxi Province. Methodologically, I combine the group interviews and household survey. 1294 valid questionnaires were included in the final quantitative analysis, empirical analysis and game model.

First of all, I reviewed closely related previous literature on the rural household behavior and social capital. By tracing the origin of the concept of social capital back to Max Weber's capitalist spirit, I give the following definition of social capital: it is a kind of capital on the basis of good faith to build a social network and embedded in the network for the individual (or organization) shows various benefit potential or a collection of resources. This definition clarifies that the stock of social capital is valuable, incremental, and takes no physical form. Based on review of theories on rural household behavior and carding, on the basis of the characteristics, types and changes of the rural social capital are analyzed, and the rural social capital of this article is divided into: direct and indirect social capital model to two kinds of social capital. The rural household behavior since 1978's reform and opening up development of 36 years is divided into four stages (1978 – 1993, 1994 – 2002, 2003 – 2007, 2008 – 2014). I discuss the "spindle-shaped" rural household behavior and provide longitudinal comparative analysis of temperal and regional difference of the rural household behavior. Quantitative analysis is performed on the rural household behavior rates, borrowing, lending capital source, use borrowing, lending interest rate, term, receipt and guarantee.

Secondly, this thesis sets off to discuss the effects of social capital on the rural household behavior in the early stage of borrowing behavior. Social capital is divided into local clans-based social capital, corporative social capital, and legal theory of social capital, word of mouth type and status of social capital. More specially, it includes the frequency of relative visiting, the creditability among the relatives, the creditability of the neighbors, and the relationship between the farmers' professional cooperative organization, credit rating in the formal financial institutions, whether to participate in the rural household of group, in good faith between the village folks evaluation level, whether one is a party member, whether the staff has an effect on the farmers borrowing opportunities. I take Jiangxi, a major agricultural Province, as an example. Through the empirical study of 1294 questionnaires, I draw the conclusions: relatives trust, trust degree of harmony neighborhood, and the relationship between agricultural specialized cooperative organizations, in the credit rating of formal financial institutions and in good faith between the village folks evaluation level has a significant influence on effective lending opportunities for farmers, relatives-visiting frequency, whether to participate in the group, whether to join the Party membership, whether to work in the government have no significant influence on the effective lending opportunities for farmers. At the same time, around the structural holes and strength relation of the influence of rural household behavior. Four dimensions of questionnaire in the first place in the corresponding relationship between strength measuring standard interaction frequency, emotional strength and the degree of intimacy, mutual exchange problem results made a descriptive statistical analysis. Based on the analyses above, I choose Dongxiang, Guixi, Wuyuan three case studies and further analyze them in detail.

Thirdly, this thesis studies social capital's effects on "middle" and "later" stage of the rural household behavior. The results of the survey demonstrates that often go to the higher and trust relation, trust harmonious neighborhood relationship, the relationship between the farmers' professional cooperative organizations and farmers coinsurance group, the relationship between the formal financial institutions, and political identity characteristics and characteristics of credit reputation these social capital are the farmer credit default risk has a strong positive engagement. Therefore, social capital should be effectively used to establish the farmer credit risk control mechanism, by farmers of group system, the guarantor system construction of rural credit rating, farmer cooperative organizations and to reduce the farmer credit default rates. Rural household behavior is essentially borrowing main body through repeated game generate integrity to achieve the Nash equilibrium of a process, therefore, in this research, by using the theory of repeated game farmer credit risk are analyzed. Welfare effect after borrowing loans in the late psychological satisfaction and increase their income points substance and two aspects for analysis. Descriptive statistics analysis is provided to show the physical and psychological satisfaction of the loan welfare is achieved. According to the survey data, the loans can significantly increase from loan to increase the net income of the family, to expand the scale of production, to improve the level of consumption and to improve the quality of life. Again by setting lending income welfare model equation of social capital on the impact of increasing the income of rural household loans after the empirical analysis, it is concluded that have access to loans to help farmers get higher income. Also I found that different types of social capital play different role in farmers' income growth. Farmers' income grows significantly more when borrowing money through organizational social capital when compared to social network-based social capital.

Based on the analysis above, this thesis has come to the following main conclusions.

1. The rural liability loan is experiencing a transformation from surviving mode to developing mode. Farmer's credit amount is growing larger and people now are more likely to borrow from formal financial institutions than from friends and relatives. , Purposes of borrowing also changed from wedding funds to the development of production and so on. Based on these facts, we can see that China's rural society is transforming from traditional agriculture to modern agriculture, small-scale rural economy to large scale agricultural economic transformation.

2. Different social capital has different degrees of influence on rural

household behavior. Influence of rural household behavior social capital can be divided into clan, native type social capital, organizational social capital, legal theory of social capital, and social capital word of mouth of social capital and status of social capital. Embodied in a relative degree of trust, trust degree of harmony neighborhood, and the relationship between agricultural specialized cooperative organizations, in the credit rating of formal financial institutions and in good faith between the village folks evaluation level has a significant influence on effective lending opportunities for farmers, relatives go to quantity, whether to participate in the group, whether to join the Party member, whether to work in the government have no significant influence on the effective lending opportunities for farmers.

3. The debit and credit still is given priority to with strong relationship, structural holes decided to say. According to the corresponding strength relationship between the four dimensions of the questionnaire to measure standard of interaction frequency, emotional force, the degree of intimacy, mutual exchange of descriptive statistical analysis and from Dongxiang, Guixi, Wuyuan country three areas of the case analysis, prove stronger than the weak relations are more likely to form a strong and long-term loan relationships and bring more loans. If the debit and credit between hole structure, in the folk lending, intermediaries or capital mutual aid organizations often ACTS as the head of the hole, and therefore profits; In the policy-based lending, the government acted as the role of the hole and function as a role-maker.

4. Social capital can be adopted as a risk control mechanism. Kinship based on social network in rural society is more effective than the urban social network thereof. My finding of my survey indicate that the following relationship and social network has a positive binding effect on risk control: regular visits to blood relatives, trust harmonious neighborhood relationship, the relationship between the farmers' professional cooperative organizations and farmers coinsurance group, the relationship between the formal financial institutions, and political identity characteristics and characteristics of credit reputation these social capital are the farmer credit default risk has a strong positive engagement. Therefore, social capital should be effectively utilized to establish the farmer credit risk control mechanism, via farmers of group system, the guarantor system construction of rural credit rating, farmer cooperative organizations and

to reduce the farmer credit default rates.

Given the above mentioned conclusion, I put forward the following three suggestions.

1. Supervise rural land circulation and trade, guide the construction of rural capital mutual aid organizations, for farmers to manage their land to provide policy guidance and help both money supplies.

2. Gradually liberate from policy inclines, establish credit system relying on rural social capital, and eventually create good credit environment for farmers to borrow and lend.

3. Encourage and further build benign rural private credit system. Meanwhile, provide farmers more and better financial service through strengthening national and local governmental supervision.

Key words: social capital, rural credit behavior, credit risk, credit welfare

目　　录

第一章　导论

第一节　研究背景和研究意义

中国农业正处于由传统向现代转型的关键时期，提高农业综合效益、增加农民收入，成为农业发展的中心任务。在传统农业中，农户的投资主要集中在简单再生产领域，借此获得的收入大多用于改善家庭生活及应付各类传统民俗中的年时节庆、婚丧嫁娶。而在现代农业中，农户的投资开始向农业扩大再生产方面倾斜。一般而言，纯农业家庭的收入相对较低，即便有在外打工的家庭成员，农户们的家庭资金储备量也很薄弱，要在保障家庭生活的基础上扩大生产远远不够。所以，农户必须借助于家庭外部的资金供给才能完成这一转型。但是，我国城乡经济发展不平衡，农村财富积累不足，农民缺乏足够的借贷渠道，信贷约束成为普遍现象。全面准确地认识当前农户借贷行为现状并解决其中的问题，是推动农村金融发展、统筹城乡建设的基础。

中国社会是一个人情社会，这是整个社会关系网络构建的基础。农村社会作为中国数千年历史文化传统的承载者，这一社会特性的体现尤为鲜明。虽然以四大行为首的众多正规金融机构已经开始关注农户借贷需求，并设计出相应的农贷产品以满足农村金融需求，但当下中国农民群体的特征决定了他们在传统借贷关系中的弱势地位。正是农村正规金融服务的供给缺口，造成了正规借贷和非正规借贷在当代中国农村共同发展的局面。中国的农村家庭是一个微型的邦国，基于血缘、族缘、地缘和业缘的中国式"关系社会"在农村家庭里得到了最集中的体现。因此，社会资本对农户的经济行为产生着巨大的影响。

目前，大部分到农村开展业务的正规金融机构在发放贷款时，需对方提供有效抵押品，所以，大多数中低收入农户无法享受正规金融服务。这使相当一部分农户转向包括高利贷在内的民间借贷，以满足资金需求。实际上，农村中的非正规金融借贷同样需要抵押和担保，只不过社会资本在其中扮演了重要角色，成为农户借贷的重要"抵押品"或"担保中介"。这一模式的基础和载体均为社会关系网，所以社会资本也被称为"穷人的资本"。该模式给予我们的启示在于，要想有效拓展农村借贷业务，正规金融机构就必须了解农户社会资本的基本概念和作用机理，如能妥善对其加以运用，就能在最大程度扩展自身业务的同时，有效缓解农村借贷难问题。而深刻认识农村社会资本，也将有助于政府制定出更加契合当下中国农村发展需要的金融政策，助推农村金融改革。

在我国广袤的农村地区，金融市场尚处于初步开发阶段，以法律、政策和条例等形式存在的正式信贷制度，约束力和可操作性均不容乐观。在现代农村金融市场中摸索前进的农民，还需要一段较长的时间来理解和适应现代金融体系的整套规范。如果强行要求其在短时间内按照正式信贷约束规则开展金融活动，很可能会适得其反。在这当中，最为典型的就是罕有农民能够提供大部分正规商业贷款所要求的前置抵押担保物——仅这一问题就已大幅降低了广大农民享受正规信贷服务的可能性。众所周知，历史和现实等多方面的原因，造成了农村产权不明确、制度不规范的现状，这使农民自己居住的房屋、耕种的土地和经营的厂房并非真正属于自己所有，从而失去了它们作为抵押担保物的法律效力。因此，不仅农民难以获得借贷机会，信贷风险也会显著升高。此时，无法享受正规金融服务却急需资金的农民将被迫转向非正规金融体系，从而催生地下钱庄和高利贷。所以，在不断修正正式信贷约束的基础上，借用社会资本信任机制，引导农村非正规借贷有序发展，并发挥非正式信贷约束的作用，使之与正式信贷约束互为补充，是深化农村金融体制改革的重点。本书试图从社会资本视角分析农户借贷行为的影响因素，通过探寻优化农村金融市场资源配置和缓解当前农村资金供需矛盾的可行路径，实现农村信贷渠道的拓展和农民议价能力的提升，降低农村借贷风险，助力政府制定更加契合农村实际的金融政策，最终为建立良性循环的农村金融市场秩序提供借鉴。总体来说，本书具有重要的理论意义和实践意义。

国内外对农户借贷行为的研究范围涉及农户借贷行为的差异性特征、影响因素、风险控制和管理等方面；对社会资本的研究亦有大量文献，涉及社会资本的不同维度、动机原理等方面的内容。然而，在社会资本与农户借贷行为间的相互作用方面，相关研究成果如凤毛麟角。如何使社会资本成为化解农户信贷约束的重要载体之一，仍是有待深入研究的课题。本书以中国欠发达农业省份江西为例，在系统论的指导下综合运用金融抑制理论、金融深化理论、农村金融理论、结构洞理论、强关系和弱关系命题、社会资源理论及社会资本理论等经济、金融、管理和社会学相关理论，对农户借贷行为进行了深入研究，具有重要的理论意义。

中国农村金融体制自 20 世纪 80 年代改革至 2014 年，仍不能适应农村经济发展的要求，很多改革措施没有达到预期效果。农户作为农村金融市场中的重要融资主体，在与金融机构和政府的博弈过程中并不具有足够的议价能力。农民可抵押资产少、市场意识薄弱，农村社会信用体系残缺、保险机制不健全等因素牵绊着农户借贷行为的正常开展，阻碍了农村金融市场的有序发展，抑制了金融体系在农村发挥作用。农村金融体制改革要求我们不能仅仅局限于从农户借贷行为本身来研究相关问题，只有把这一体制改革与农户、农村家族及村落基于社会资本的互动结构结合起来，才能从小农经济思想的源头挖掘农户借贷心理，从中发现农户金融决策模式，进而揭示中国农村金融体制的现状并规划体制发展的未来，促进农村金融体制改革的深化，帮助农民解决融资的问题。基于社会资本分析农户借贷行为，需要研究社会资本如何影响农户获得贷款，社会资本如何缓释农户借贷风险及社会资本如何影响农户使用贷款的福利效果等一系列问题。对这些问题细加研究，将有助于制定和健全科学合理的农村信贷融资政策，完善农村信贷体制，并对推进相关体制机制改革具有重要的现实意义。

第二节 相关概念界定

一 农户

农户指的是从事农业生产的人家。[①] 借鉴史清华（1999）对农户概念的界定，本书把以下三种家庭均界定为农户家庭：一是以从事农业为主的家庭，这种划分依据的是家庭职业，是相对于工业户、运输户、商业户等非农业户来讨论的；二是居住在农村的家庭，这种划分依据的是家庭的经济区位，是相对于居住在城市和城镇的家庭而言的；三是无法享受国家福利待遇和政治地位低下的家庭，这种划分依据的是家庭的政治地位或社会地位（身份）。本书中讨论的农户仅限于中国农户，指的是居住在中国农村的中国家庭（Chinese Rural Household）。在讨论细节问题和实证分析方面，鉴于博士论文完成时间和人力物力的局限性，同时考虑到采集调研数据的可行性和江西地区的代表性，本书以江西省为例进行研究。

二 农户借贷行为

农户借贷行为是一种发生在农户与其他主体之间的资金融通活动，以农户授受信用为主体。它可能发生在农户与正规和非正规金融机构之间，也可能发生在农户与农村合作经济组织和乡村企业之间，还可能发生在农户与农户个体之间（马忠富，2000），包括农户融出资金和融入资金两方面。融出资金包括农户将其收入所得通过某种方式借给其他组织或个人使用，或以储蓄存款形式存入金融机构，以及以获取控制权或收益为目的的投资，指的是农户以保证资金安全或获取收益为目的的资金运用。融入资金是指农户从正规和非正规金融机构或个人借入资金。其中的正规金融机构包括银行或非银行类机构，如商业银行、农村信用合作社、基金会等（何广文，1999）。需要说明的是，本书中的农户借贷行为仅指借入资金

[①] 中国社会科学院语言研究所词典编辑室：《现代汉语词典》（第5版），商务印书馆，2005，第1004页。

的行为，即中国的农户通过正规或非正规金融渠道借入资金的行为，且"借贷"、"信贷"与"借款"在概念上可以相互替代。

三 正规借贷

正规借贷是指农户从正规金融机构那里获得借贷资金。在中国，农村正规金融机构的主力是农业发展银行、农业银行和农村信用社。在一些经济较为发达的地区，为农户和乡村企业提供正规金融服务的机构还包括国有商业银行和城市信用社、股份制商业银行。另外，一些非银行类金融机构（租赁公司、信托投资公司、财务公司等）也会在一定程度上提供涉农金融服务（何广文，2001）。本书中的正规借贷仅指农户从正规金融机构借出资金。这其中包括农户以个人名义直接到正规金融机构申请借贷的行为，也包括农户通过政府部门或是其他公益性组织等媒介到正规金融机构间接申请借贷的行为。

四 非正规借贷

非正规借贷是指农户从非正规金融机构那里获得借贷资金。非正规借贷主要包括发生在亲友之间的个人借贷行为以及发生在个人和企业团体间的直接借贷行为（冯兴元、何梦笔、何广文，2004）。非正规借贷关系中的各项贷款、存款及其他金融交易均不在中央货币当局或金融市场当局监管之内（方文豪，2005）。本书中的农户非正规借贷仅指民间借入资金。

第三节 研究内容、技术路线和研究方法

一 研究内容

第1章介绍本研究的背景、意义、内容、技术路线和方法。同时，为避免概念的模糊，还就研究涉及的主要概念进行了界定，并对研究中所要突破的难题、可能的创新点和不足做了阐述。

第2章对国内外研究农户借贷行为和社会资本的文献进行了述评。从

农户行为到农户经济行为再到农户借贷行为层层深入，从对社会资本的不同角度、不同观点的理论分析，到运用社会资本理论分析农户借贷行为的相关研究，建构出本研究基础性的分析框架。

第3章先对包括信贷约束、金融抑制、金融深化、农村金融、社会资本、结构洞等在内的相关理论做了介绍，而后将农村社会资本从社会资本的一般概念中提取出来，在专门的概念界定基础上，归纳出了我国农村社会资本所特有的层次丰富（宏观社会资本、微观社会资本）、类型多样（宗族社会资本、政治社会资本等）等特点。通过探讨社会资本的一般测量，引申出我国农村社会资本的特征和具体表现，并从发展的角度考察了我国农村社会资本的变迁过程，分析了社会资本在农村经济和金融信贷活动中的作用。

第4章对农户借贷行为进行了初步分析，内容包括农户借贷行为的发展历程、基本现状、主要特点等几个方面。将农户借贷行为的发展历程从1978年至2014年划分为四个阶段，结合图表数据进行详细解读，在纵向时间和横向地域上比较了不同类型农户借贷行为的差异性，利用江西省九县（市、区）的调研数据对农户借贷发生率、规模、途径、用途、利率、期限、借据和担保等主要特征做了统计分析。

第5章首先对正规及非正规金融渠道农户借贷行为中的社会资本因素进行定性分析，阐释了其影响机理。其次对调查问卷采集的数据采用多元线性回归模型和多项多元 Logistics 模型进行实证研究。最后选择了三个典型案例，从结构洞和强弱关系角度对农户借贷行为进行了深入分析。

第6章通过对农户借贷违约风险与社会资本分布特征的分析，建立农户借贷风险行为识别模型并进行了相关性分析，然后采用重复博弈进行了逻辑分析，得出对农户借贷行为违约风险进行控制的建议。在对调研数据进行描述性统计分析的基础上，建立了借贷福利模型，通过收入方程就社会资本对农户贷后福利效果的影响做了定量分析。

第7章就当下农民财产确权、农村信用体系建设和农户民间借贷规范等当前存在的问题进行了梳理，从社会资本的视角给出了相应的政策建议，并简明扼要地就整个研究做了总结。

二 技术路线

本书的研究思路是通过分析不同类型社会资本对农户借贷行为的影响，试图寻找到农村正规借贷和非正规借贷的契合点，以得出缓解农户借贷难问题的对策和建议。本书主要致力于研究以下三大问题：①社会资本对农户获得贷款的影响；②社会资本对农户归还贷款风险的影响；③社会资本对农户使用贷款的福利效果的影响。归纳起来，即是社会资本如何影响农户借贷行为的前、中、后期全过程，研究的技术路线如图1-1所示。

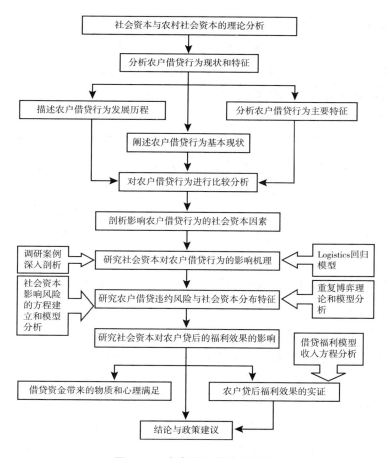

图 1-1　本书研究的技术路线

三　研究方法

（1）文献阅读与实地调研相结合

在工作实践中对农村金融市场初步了解的基础上，通过大量阅读中外文献，深入理解社会资本理论、社会资源理论、农村经济学、金融抑制理论、金融深化理论、结构洞理论、强关系和弱关系命题，形成基于社会资本视角的农户借贷行为分析思路。设计调查问卷，以江西农村为实地调研的实施地，多次深入乡村获取最新的贷款农户的社会资本信息和借贷信息，与理论研究相互支撑。

（2）理论与实践相结合

本书以农户行为基础理论、社会资本理论及相关金融学和社会学理论为基础，通过调查问卷与当今农村实际金融环境紧密结合，分析中国农户这一小农经济标志性人群在现代与传统融合的中国农村这一特殊的金融环境下的借贷行为，为农村金融发展改革提供建议。

（3）定量与定性相结合

在定性研究的基础上，本书利用统计软件 SPSS20.0 建模工具对问卷调查结果的统计数据进行定量研究，其中包括数学建模、数学方程、Logistics 回归分析和系统科学研究。定量研究围绕社会资本影响农户借贷的相关变量的数量界限和问题原因展开，与定性研究相辅相成，使定性研究的现象和问题更加清晰和精确。

第四节　研究中可能的创新点和不足

本书可能的创新点在于以下几个方面。

（1）社会资本的建设基础是诚信，本书通过研究在农户借贷前期、中期和后期，不同类型社会资本产生的影响，试图探索诚信在贯穿农户借贷的完整过程中的影响机理，并采用实证分析和博弈逻辑分析相结合的方法，辅之以结构洞和强弱关系案例深入分析诚信在农户借贷行为中的作用，从而得出结论并给出政策建议。源自我们对江西省 9 个县（市、区）的农村考察调研获得的第一手数据资料，在深化农村金融改革、农户借贷难问题亟待解决的大背景下，本书提出的政策建议有着较强的实用性和推广性，对政策的制定者来说有一定的参考价值。

（2）在为数不多的通过社会资本研究农户借贷行为的文献中，没有将社会资本系统性地划分为几个类型以研究其对农户借贷行为（借贷需求、借贷机会、借贷额度等）的影响的。我们通过大量发放调查问卷，进行多人座谈和一对一访谈，将社会资本分为宗族型社会资本、乡土型社会资本、社团型社会资本、法理型社会资本、口碑型社会资本和身份型社会资本六大类型，通过实证分析得出不同类型社会资本对农户借贷行为有显著性影响。

（3）前人的研究成果中已有社会资本对农户借贷行为的影响因素分析，也有农户借贷资金对农户家庭产生的福利效果影响的分析，但尚未有文献研究社会资本对农户贷后福利效果的影响，本书力争在这一点上有创新。本书在分析社会资本对农户贷后物质和心理满足影响的基础上，通过建立贷后福利模型收入方程，证明社会资本对农户贷后福利效果是有显著性影响的。更重要的是，我们还通过这一方程发现不同的社会资本对农户贷后福利效果的影响有一定差异性，组织型社会资本对农户收入增长的影响较之关系型社会资本更加明显。

本书的不足之处在于如下几点。

（1）Logistic 回归建模和贷后福利模型收入方程，辅之以重复博弈逻辑分析和描述性统计分析，构成了本书主要的定量分析部分。局限于完成博士论文的时间限制，本书的定量分析仍然是不足的。比如贷后福利模型收入方程的部分，还可以细分出不同类型社会资本对农户贷后收入增加的影响；同时，不仅仅应当考察农户贷后收入增加的问题，还应考察农户贷后的其他福利效果。

（2）社会资本与农户借贷之间的关系是相互的，因此，在社会资本对农户借贷行为的前、中、后期产生影响的过程中，借贷行为也会对农户的社会资本同时产生作用。局限于博士论文完成时间的局限和人力因素，本书尚未涉及农户借贷对社会资本的反向作用的研究，这是值得探讨的问题，将在下一步的研究计划中重点考量。

第二章　文献综述

第一节　相关文献综述

一　农户经济行为特征的研究现状

大部分有关农户借贷行为的文献只关注借贷的提供层面，而对借贷的需求层面有所忽视。农户借贷行为实质上是农户经济行为的一种，因此，我们先分析农户的经济行为，再进一步深入分析农户借贷行为。

从总体上讲，研究农户经济行为的经典理论文献可以划分为三类：第一类，以舒尔茨、波普金为代表的"舒尔茨－波普金命题"，强调小农的理性动机；第二类，以恰亚诺夫和斯科特为代表的"道义命题"和"生存命题"，坚守小农的"生存逻辑"；第三类，以黄宗智、费孝通为代表的符合中国小农"半无产"特点的"拐杖逻辑"（罗芳、程中海，2012）。具体概述如下。

（1）舒尔茨－波普金命题

舒尔茨（Theodore Schultz，1987）是美国著名的经济学家，曾于1979年获得诺贝尔经济学奖。他认为，农民也是会做出理性反应的，因为在资本主义的市场经济中，农户就相当于一个个的企业单位，和资本家比起来，农民一点都不逊色，他们也会积极地利用各种资源来追求最大化利润。那么，传统农业停滞不前的原因并不在于农户缺乏进取心或自由竞争的市场机制，而是递减的边际收入。改造传统农业经济的关键是合理成本下的现代技术投入。要想让农户选择使用现代技术，就必须在保证利润的同时，确保获得现代技术合理公道的价格。在现存的生产组织形式和市场体系下，用合理的农户可接受的成本供应现代生产要素，而不是靠限制原有的传统农户的家庭生产方式，也不是削弱自由市场体系（黄宗智，2000），这是改造传统农户的过程。正面引导式地激励农户去追求利润而促使农户自觉创新，才是改造传统农业的出路所在，也即"理性逻辑"。波普金（S. Popkin，1979）更加直接地指出，在市场领域抑或是政治社会活动中，小农的行事原则都更向理性投资者倾斜，因此都可以用资本主义的公司模型来对小农的农场进行刻画。人们把舒尔茨和波普金两人相近的观点概括为"舒尔茨－波普金命题"。这一命题实际上强调了相较之小农如何使用现代市场要素和外部市场条件，为农户或者小农提供和创造这些要素和条件才是最重要的。他们如何使用现代市场要素和外部市场条件是他们自己的事。因此，我们可以想象，按照这一说法，只要拥有了外部条件，农户就会顺理成章地合理使用并有效配置他们掌握的所有资源（包括信贷资源），这也就是"进取精神"的自觉体现（张杰，2007）。

（2）道义命题和生存命题

如果说"舒尔茨－波普金命题"代表的是对农户行为模式持乐观态度的一派，那么相比较而言小农经济的"道义命题"就是完全相反的悲观派。恰亚诺夫（A. V. Chayanov，1986）认为，在商品经济发展进程中，农户不同于资本主义企业：其一，农户家庭不是靠外来雇佣劳动力支撑的而主要依赖于家庭成员的劳动力投入；其二，作为消费单位和生产单位的统一体，农户家庭的产品不是用于出售以追求利润最大化，而是满足家庭成员消费的；其三，农户与资本主义农场主不同，他不会考虑边际收益与市场工资的关系，只要没有满足整个家庭消费的需求，农户就会持续地投入劳动力，但资本主义农场主在注意到边际收益可能将要低于市场工资时即会停止劳动力投入。

在恰亚诺夫得出上述结论 30 年后，美国经济学家斯科特（J. Scott，1991）提出了著名的"道义经济"命题。在阐发和扩展恰亚诺夫上述逻辑的基础上，斯科特通过考察一系列案例，认为农民是具有强烈生存取向的群体，他们根深蒂固的小农经济思想里固守着"安全第一"的准则。

为了追求平均收益的最大化而承担可能出现经济灾难的风险与这一准则是背道而驰的。农民不具有为了较高回报去冒风险的群体性格，相反，他们情愿选择较为稳妥的策略，即使回报较低也可以接受（张杰，2007）。农户遵循着这样的生存原则。小农经济的发展方式是小型合作化，而非集体化和市场化，具有一定的特殊性。虽然从最初恰亚诺夫的理论就已经明显偏离了经济计算的路径，但是对我们讨论农户借贷行为具有一定的启示意义。

（3）小农命题

有关中国农户方面的研究，华裔学者黄宗智教授是不能不提的一位，毋庸置疑，他在这方面的贡献是最大的。在大量的田野调查的基础上，黄宗智教授对中国小农经济进行了大范围的资料研究，提出了挑战传统命题的、独特的"小农命题"。小农经济的"半无资产化"以及以此为基础提出的"拐杖逻辑"[①] 长期以来被奉为经典，是小农命题的核心，被研究中国农村经济学与社会学相关问题的学者多次引用并进一步深入再研究。

根据"拐杖逻辑"可以发现，副业和农业外就业在很大程度上为小农经济提供了支持，而并没有改变农村的小农经济。非农收入的增加在很大程度上增强了家庭农业经营的持续性和稳定性，收入微薄的家庭对家庭农场的依赖性更强，特别是副业和农业外就业拓展了他们收入来源的渠道。依据黄宗智的考证，在1350～1850年，小农的家庭生产因市场经济的发展而得到了加强。上述500年的历史逻辑在改革开放之后得到了某种自然延续，延续的表现形式就是中国农村经济市场化水平的提高，还有乡镇企业的发展。历史上，家庭非农收入的"拐杖逻辑"在乡镇企业的发展轨迹上同样有迹可循，这和后来大量农民离开土地进城务工是一样的。农村社会的剩余价值逐渐提高，源自乡村的工业化和农业的反过密化。黄

---

① 黄宗智的"小农命题"形成于《华北的小农经济与社会变迁》（1985），成熟于《长江三角洲小农家庭与乡村发展》（2000）。黄宗智提出，农户或农民对土地的依赖，并非只是出于经济收入的考虑，对于他们而言，寄托于土地的东西太多。经济收益可以寻找替代物，但渗入农业和土地的其他传统、文化、尊严与情感，则难以割舍和替代，黄宗智将其形象地概括为中国小农经济的"拐杖逻辑"，参见张杰（2007）。

宗智（2000）担心国家政权和城市部门不会让乡村部门把农村的这些剩余价值用于投资和自身发展。张杰（2007）认为黄宗智的这种担心是有一定道理的，从既有的改革过程就已经可以看出端倪。

二 农户借贷行为特征的研究现状

在研究农户经济行为的文章和专著的国内学者中，史清华、马鸿运、胡继连的影响较大。农户借贷行为是农户经济行为的一个分支，从 20 世纪 80 年代至 2014 年的 30 多年间，专家学者从对农户经济行为的研究到对农户借贷行为的研究，内容更专业化也更集中。对农户借贷行为的研究范围包括农户的正规借贷和民间借贷（非正规借贷）两个方面。

发达国家农户借贷行为大部分为正规借贷，即农户从银行等正规金融机构获得借贷资金。之所以出现这种情况，是因为发达国家农村借贷资金的供给和服务能力是相对过剩的。经过多次的金融和经济改革，他们的农村金融服务体系已经健全，农村金融化达到了较高的程度，形成了相对成熟的农村金融环境。而如果研究大部分发展中国家的农户借贷行为，可以发现它们与发达国家农户是完全不同的。在大部分发展中国家，农村金融市场都存在"金融抑制"[①] 和"信贷约束"的现象，现代金融机构在农村金融体系中与传统金融机构并存但并没有达到和谐统一的状态。因此，在研究农户借贷行为特征时，不能把发展中国家农户与发达国家农户归为类似或等同。不同的国家背景和金融环境形成了他们完全不同的借贷行为习惯和特征。于是，一些学者开始有针对性地专门研究发展中国家农户的借贷行为特征。他们的研究内容包括农户的借贷行为特征、影响借贷行为的因素和贷后绩效（福利效果）。

（1）有关借贷行为特征的研究

对农户借贷行为特征的研究主要涉及借贷发生频率和规模、资金来

---

① 所谓金融抑制就是指政府通过对金融活动和金融体系的过多干预抑制了金融体系的发展，而金融体系的发展滞后又阻碍了经济的发展，从而造成了金融抑制和经济落后的恶性循环。这些手段包括政府所采取的使金融价格发生扭曲的利率、汇率等在内的金融政策和金融工具。参考来源：Coumen M. Reinhert, Jacob F. Kirkegoard, M. Belen Sbrancia. Financial Repression Redux [J]. *IMF Finance and Development*, 2011, (6): 22~26。

源、资金用途、利率、期限、借据、抵押和担保方式等多个方面。何广文（1999）、汪三贵（2000）、张军（2000）、史清华（2002）、周宗安（2010）等学者分别调查了来自不同省份不同地区的一定数量的农户，从以上各方面做了较多实证分析，得出了我国农户借贷行为的总体特征。

①借贷发生率和规模。大部分学者认为农户借贷在农村的发生率较高，借贷金额平均值不高且分布较集中。来自陕西、贵州、四川和甘肃四省的四个贫困县 229 户农户的数据显示，农户与正规金融机构发生借贷关系的比例呈不断下降的趋势，"65% 的农户在一年之内从金融市场获得了信贷资金。经济状况越差的农户参与信贷市场的比例越高，最高的 25% 收入组农户的信贷市场参与率为 53%，而最低的 25% 收入组农户的信贷市场参与率为 77%"（汪三贵，2001）。而对山西 745 户农户的调查表明，农户中发生借贷行为的比率呈上升趋势，借贷发生率较高的家庭经济水平暂时处于中下等，户主文化水平相对较高、年龄适中，受农户经济发展不平衡性影响，农户经济发展一方面表现为家庭储蓄水平的不断上升，另一方面也表现为家庭借贷水平的增长。"从全国农村固定跟踪观察的 2 万多农户统计结果看，自 1986 年以来，中国农户家庭人均借贷水平同样呈持续上升趋势，年末借入款已由 1986 年的 58.73 元增加到 2000 年的 415.08 元，增长了 6.07 倍，年均增长幅度达 14.99%，同样高于纯收入水平的增长。在年末借入款中，来自银行等金融部门的贷款份额呈显著下降趋势，份额由 1986 年的 47.76% 下降到 2000 年的 15.52%。15 年下降了 32.24 个百分点。农户家庭借贷额的持续上升主要依靠民间借贷，可以说民间借贷已成为当今农村经济发展的主要支柱。出现这一结果，原因有四：一是农户经济本身增长；二是银行等金融部门的商业化转制，在农村放贷减少和放款方向转变；三是受整个大的宏观信用危机影响，资金供求之间互不信任，农民求贷无门；四是农村民间借贷市场的一度无序开放，最后被迫关闭。从农户家庭的借贷结构变化还可看出，进入 20 世纪 90 年代中后期，中国农户家庭经济增长出现徘徊或下降，正规金融部门在农村经济发展中的作用减弱也是根源之一。大量的农村资金通过储蓄等形式被调离农村，而农民求贷无门，直接限制了农村经济的发展。"随着时代的变迁，农户的借贷水平伴随着收入水平出现了上升。"尽管农户家庭的人

均借贷水平相对于收入水平和存款水平要低得多，借贷水平的持续不断上升也是一个不容争辩的事实。到 2000 年，农户家庭人均借贷水平东部已达 589.42 元，中部和西部分别达 322.58 元和 266.61 元，较 1986 年分别增长了 6.07 倍、4.70 倍和 8.68 倍。显然，在借贷方面，东部与中西部的差距也呈扩大趋势。这表明，在农户家庭借贷上，区域梯度也是十分明显的。就借贷来源看，东中西的趋势是非常一致的，即从银行获取的借贷比例呈下降趋势。但程度有明显差异，农民借贷对银行的依赖程度，东中西呈倒梯度分布，东部相对较低，其次是中部，西部相对较强。""农户经济发展不只意味着经济收入水平的增长，同时也意味着储蓄借贷水平的上升。就是说，经济发展与经济组织的借贷行为发生是呈正相关的。农村经济相对发达的地区，农民对借贷的依赖程度就高，否则相反。换言之，农村金融市场较为活跃的地区，也是农村经济较为发达的地区。传统的，以银行信用社为主体的农村金融市场，在银行商业化转变后，在农村资金投放大幅度减少，而其他金融市场一时又没有及时跟进或不规范的运行，导致农民信贷需求服务不能满足，这可能是引发 20 世纪 90 年代中后期农户经济收入增长出现持续多年徘徊或下降的根本原因之一。"（史清华，2002）

据调查，1996 年样本农户每笔借款的平均数额为 6472 元，1997 年样本农户每笔借款的平均数额为 7818 元（何广文，1999）。何安耐、胡必亮（2000）发现，农户一次性贷款规模由 100 元到数万元，均值为千元左右。汪三贵（2001）认为，贫困地区的农户获得信贷资金的能力相当于家庭一年的纯收入。张杰、谢晓雪、张淑敏（2006）发现，农户的单笔贷款需求集中在 5000～50000 元。周宗安（2010）基于山东省农户借贷的数据分析得出，农户的借款额度以 5 万元以下为主。多数研究结果表明，农户平均借贷规模和单笔借贷规模呈上升趋势，但金额均较小。

②借贷资金来源和用途。张五常（2000）提出的农户借贷"成本优势假说"认为，非正规借贷更适合中国农户，非正规借贷形式比正规借贷形式更加普遍。研究表明，能够通过规定手续从正规金融机构获得贷款的农户如凤毛麟角，在非洲这部分农户占整体农户的比例仅为 5%，在亚洲和拉丁美洲为 15%。不仅如此，这部分贷款并没有被真正最需要借贷的贫穷农户获得，而是集中在少数大生产者手中，也即 80% 的总贷款被

5%的总人口获得。80%的贷款增加额被不到1%的农户占有，剩下20%的贷款被15%的农民获得，也就是说超过80%的农民根本无法获得有效借贷机会（Pishchke、Adams、Donald，1987）。何广文（1999）计算出农户贷款来源倾向在1984年为1.46，到1998年为0.31，呈明显下降趋势。他们利用农户贷款来源倾向指标说明农户对非正规金融的依赖正逐渐增强，对正规金融机构的借贷需求呈下降态势，传统的以正规农村金融机构为主体的农村借贷市场已经发生本质上的改变。

但国内的地区调查研究认为，正规金融依然是农户借贷资金的主要供给者。据徐忠、程恩江（2004）测算，2001年，中国农业银行吸收的农村存款占比为49.3%，农村信用社这一比例为42.0%，邮政储蓄为8.6%。同年，农业银行发放农村贷款占比为45.3%，农村信用社为33.8%，中国农业发展银行为21.0%。可见农业银行、农业发展银行和农村信用社是农村正式金融安排的主要形式。对蚌埠市三个县的农户问卷调查表明，选择从银行或农村信用社等正规金融机构贷款的农户占借款农户总数的74.17%，而选择民间借贷等从非正规金融机构渠道贷款的农户占借款农户总数的25.83%（杨瑞，2007）。周宗安（2010）在调查研究2005~2008年山东省相关数据后，分析指出正规金融途径在农村借贷市场上与非正规金融途径是并驾齐驱的，但正规金融略占优势；农村信用社是正规金融支农的主力军。以上研究结论反映出中国农户借贷的主要来源是正规金融机构。相对的，另一部分研究者持相反的观点，即非正规金融尤其是民间私人借贷是农户借贷资金的主要供给渠道。少数较高社会阶层农户垄断了为数不多的正规金融资源，其中农村信用社是农村正规金融的主要供给者，其他正规金融机构供给很少（李延敏，2010）。但是，对于正规金融机构支农贷款这点张杰、谢晓雪、张淑敏（2006）也辩证地提出了质疑，"自1996年中国农业银行开始与农村信用社行社分离，国有银行逐渐退出农村金融市场以来，农村正式金融安排的农业贷款和乡镇企业贷款呈现萎缩态势。与此同时，农村信用社成为农村信贷资金的垄断供应者，国家希望农村信用社能承担起为'三农'提供金融服务的重担。但在实际运营过程中，农信社过分看重业绩的增长，以追求盈利为主要目标，偏离了为社员服务的合作原则"。

"中国农村非正式金融包括私人自由借贷、钱背和私人钱庄、合会等。市场的内在需求是民间借贷自20世纪90年代后期迅速发展的基础。农户的资金需求具有其自身的明显特点，比如贷款数额小，希望手续简便、灵活、及时，并采用较少抵押甚至无抵押的贷款方式，民间借贷正好可以满足这些需求。从供给角度看，农村贫富差别加大为农村非正式金融提供了金融供给的空间。农村正规金融机构的存款利率低并且征收利息税，同时农村又缺乏国债等证券投资渠道，使数量巨大的民间资本持有者受利益驱动而成为非正式金融的潜在供给者。1995年，全国农户借款中，银行信用社贷款占24.1%，农村合作基金会借款占5.5%，私人借款占67.9%，其他占2.5%；2000年，以上比例分别为29.5%、0.4%、68.4%和1.7%，说明农村民间借贷仍然是农户借款的主要来源。"（张杰、谢晓雪、张淑敏，2006）

从借贷用途看，鉴于我国的国情，农村社会保障机制的缺失，农户倾向于生活性借贷，包括孩子读书的教育费用，看病就医、盖房子买房子装修、婚丧嫁娶的费用等；但生产性借贷需求，诸如购买农具化肥等生产资料、种养殖业扩大农业生产、开小作坊等生意投资、买卖股票等也是存在一定比例的。何广文（1999）研究发现1996年农户生活性借贷的比例超过一半："1996～1998年6月，被调查农户中186个有借款经历的农户，涉及贷款323笔，用于购置生产资料的不足总笔数的32%，其余均用于与生产无关的婚丧嫁娶（7.45%）、建房（20.5%）、人情往来（4.35%）、临时性生活困难（11.8%）和其他方面（24.53%）开支等。由此可以认为，农村居民借款的自偿性较差，这也是农村资金借贷风险较大的原因之一。"也有学者认为农户的借贷用途正从以生活性借贷为主向生活性和生产性并重的方向转型，并通过对农户借贷动机的顺序变化进行了分析论证（史清华，2002）。史清华（2002）在对745户欠发达地区的农民家庭借贷行为进行前后相隔五年的两次调查之后，将已借贷农户和想借贷农户的借贷动机分别进行了分析。①已借贷农户。"从两次调查看，已借贷农户的借贷动机排序有些差异，但第一位动机是一致的，均为改善居住条件的住房建设；第二位动机在第一次调查时为婚丧嫁娶，而第二次调查时则为购置农机具或投资大型项目；第三位动机均为短期经营投资；

第四位动机在第一次为应付伤病等天灾，而第二次则为婚丧嫁娶；第五位动机在第一次为购置农机具或投资大型项目，第二次则为应付伤病等天灾。……这一差异从某种角度反映出，随着农户家庭生活水平的总体改善，民间借贷行为产生的动机也在变化，传统的以生活借贷为主模式正向生活与生产借贷并重方向发展。"②想借贷农户。"从两次调查统计看，想获得借贷农户的动机与已获得借贷农户的动机在第一次调查时基本一致。到第二次调查时则有了明显差异，在第一次调查时，前三位动机分别为：住房建设、短期经营投资、婚丧嫁娶。到第二次调查时，前三位动机则演变为购置农机具或投资大型项目、短期经营投资、住房建设。比较两次调查结果可以发现，经过五年变化，农民借贷动机发生了质的变化，生产性借贷已成为当前想借贷农户借贷的主要动机。"还存在另一种情况，由于以生产性用途的名义更容易向正规金融机构成功申请贷款，农户往往在申请贷款时以生产性用途为名，真正获得金融机构的贷款之后却将其用于非生产性目的（林毅夫，2000）。

另外，来自不同地区的农户借贷水平两极分化明显，地区结构性差异是农户借贷用途的另一个重要特征，主要体现在东中西部三大区域、沿海与内地、贫困地区的内部差异这三大比对范围。根据陕西、贵州、四川和甘肃四省四个贫困县229个农户的跟踪调查资料研究发现，建造房屋、孩子读书和看病就医等生活消费是贫困地区的农户借贷资金的主要使用方向，借贷用于日常开支的比重逐渐减少，借贷用于生产性投资的比例也在下降。原因可能在于外出务工农民人数的增加，外出务工本身可以带来更多的收入，同时也会降低农户家庭对借贷资金的需求量。用于生产性投资的借贷资金中，小作坊类小本生意的私营活动使用贷款的比重有所上升，同时其他活动的贷款使用比重均有不同程度地下降，尤其在扩大农业再生产的投入方面（汪三贵，2000），这也可能与之前提到的外出务工农民增多有关。对东、中、西部农户借贷行为的研究分析显示，生活性借贷占据了农户借贷的绝大部分比例，尤其对收入偏低的农户家庭来说，家庭借贷的主要用途就是生活性需求；和沿海地区农户相比，内地农户的借贷用途更倾向于生活性需求，且呈收敛特性；和内地农户相比，沿海地区农户的借贷用途则偏向生产性需求，且有明显扩大的趋势（史清华，2002）。

"在借贷来源上，同样各地区均以私人借贷为主，银行借贷为辅。相比较，东部农户家庭对私人借贷的依赖程度最高，中部次之，西部再次之，对银行借贷的依赖程度正好相反。进入20世纪90年代以来的发展趋势则为：银行借贷东部呈上升趋势，中部呈下降趋势，西部则呈'U'形趋势。而私人借贷趋势正好相反。在私人借贷中，付息借贷比例最高的是西部，其次是东部，中部则相对较低。到2000年，西部付息私人借贷的比例高达59.01%，东部为53.12%，中部仅为33.29%，分别较1993年提高了22.16个、9.33个和3.61个百分点。这一结果从某个角度反映出，中国实施的西部大开发战略，不仅在财政金融政策倾斜上对西部农户经济发展有了较大支持，同时还刺激了西部的民间借贷市场。在借贷用途上，东部农户家庭的借贷趋向一种生活与生产均等的模式，中部则趋向一种强化生活借贷弱化生产借贷的模式，西部则相反，趋向一种弱化生活借贷强化生产借贷模式。在生产性借贷上，各地区用于农业生产的比例均比较小，随着时间推移均呈下降趋势，相比较，西部下降最大，东部次之，中部最小。到2000年各地区生产借贷用于农业的比例，东部为25.30%，中部为27.31%，西部为14.17%。由此可见，受各地区经济发展水平以及政策倾斜差异影响，在借贷用途的侧重点上不同区域借贷用途倾向明显不同。"周宗安（2010）对山东省农户的借贷数据分析后得出，农户借款的最主要目的是生产性需求，且与地域分布相关。他指出，山东省东、中、西部的农户信贷需求占比较高，且由东向西呈现依次增加的趋势，近90%的信贷需求来源于西部地区的农户。山东省各地区农户信贷需求多是生产性信贷需求而非消费类生活性需求，前者占比达到80%；并且，生产性信贷需求呈现由东向西逐渐下降的趋势，而生活性信贷需求则相反。也就是说，经济发达地区的生产性信贷需求较高，生活性信贷需求较低；经济欠发达地区的生产性信贷需求较低，生活性信贷需求较高。

③借贷利率、期限、借据及担保。大多数文献研究显示，民间借贷中有息借贷的利率远远高于银行类正规金融机构商业贷款的利率水平，熟人间的无息借贷仅占民间借贷的一半。某次被调查的335起借贷案例显示，民间借贷大部分没有规定明确的还款期限，只有1年以内（含1年）的短期借贷有还款期限；借贷行为发生时，存在正式纸质形式合同的借贷关

系仅占 15%，大部分根本没有协议，或仅仅有口头协议；这些案例中发生的借贷行为大部分没有抵押物（何广文，1999）。但史清华（2002）认为，农民间借贷的"立约"率与农户的年龄、文化水平及收入水平呈正相关，且有借据的比例呈逐渐增加的趋势。"在两次相隔五年的调查中，民间借贷有字据率呈大幅上升趋势。第一次调查，借贷农户中有'字据'率仅为 9.26%，到第二次调查时，这一数据已上升到 28.46%。这一结果一方面反映出，传统的以'道义'为本的中国农村，开始向市场契约经济转化；另一方面也反映出传统的以信誉为本的中国农村，的确出现了一些不容乐观的问题，大有从'人人互信'向'人人互防'演化的迹象。"高利贷行为在农村已经成为一种被默认的普遍存在的现象。在高利贷在农村不断发展成熟的过程中，本不应该参与其中的乡村一级的官员和村级组织却成为高利贷放贷者的主体。这些本应维护农村金融市场健康秩序的干部和组织更加速了农村民间借贷利率的提升，农村民间借贷利率已经高于正规金融机构发放商业贷款利率的 10 倍，有时甚至还不止（黎东升，2003）。值得一提的是，尽管民间借贷在传统农业地区的发生率也很高，但在这些地区民间借贷绝大部分是发生在农户亲戚朋友、乡里乡亲之间的互助性借贷，且接近 90% 为无息贷款（朱守银，2003）。这一点在黎东升（2003）的研究中也得到了印证："由于借贷行为形成的基础是'两情'关系，所以在借贷中立有字据的比率比较低，需要支付利息的比率也相应较低。借贷时立有字据的比率为 25.93%，需要支付利息的比率为 23.46%，而分别余下的 74.07% 和 76.54% 根本不立字据，也不需要付利息。"张杰、谢晓雪、张淑敏（2006）认为，农户在农村信用社借贷时，生活性用途贷款利率与生产性用途贷款利率有差别，用于建造房屋和婚丧嫁娶等以消费为目的的农村信用社贷款利率略高于用于扩大农业生产或是生意投资等生产性用途贷款的利率，差距为 0.1 ~ 0.5 个百分点。温铁军（2001）的调查表明，民间借贷有 1/3 左右是互助性无息和低息借贷，还有 2/3 几乎均是高利贷。他在调查中发现："利息最低是无息，最多的达到了月息 2 分，并且在甘肃的调查发现，由于借贷和赌博结合了起来，驴打滚、利滚利的现象又重新出现了。在已知的月息（44 人次）中，低于一般资金市场利率的，也就是月息低于 1.5 分的借贷，占了近 36.4%。

其余为高利贷款,也就是高于资金市场利率的贷款,占63.6%。后者中,1.5~2分的月息是借贷人还能够接受的,占了已知借贷的20.5%;2~4分的月息占了18.2%,这是借贷人可以忍受的极限;值得注意的是,超过4分的月息也占了近25%,说明超高利借贷已经不是个别现象。在44起已知的借贷中,高利息借贷的确是主要的借贷形式。说明本书前面的假定是正确的。尤其是经济发展水平较低的地区,的确存在资金高度短缺问题,这是农民被迫举借高利贷的根本原因。第二个原因是从私人或农村合作基金会贷款可以有缓和的余地,可延期续贷。第三个原因是在村内借贷交易成本较少。由于高利借贷的不合法性,回收的风险加大,放贷人就要增加额外的风险收益,所以借贷人能够忍受的月息,就会比金融机构合法的借贷月息要高。"史清华等(2004)对晋浙两省固定跟踪观察农户的调查显示,当地民间借贷以无息的亲情借贷为主,付息比例相对较小,2000年民间借贷的付息比例仅为9.63%;而沿海民间借贷中的付息比例相当高,到2000年民间借贷的付息比例高达60.57%,且部分为高息借贷。在当前农村借贷中,付息借贷主要表现在营利性的生产借贷方面,而生活借贷多以亲情式的无息借贷为主。张杰(2006)表示:"从农村民间借贷的利息看,2003年,全国无息借款占私人借款的53.89%,东部地区此比率为44.07%,中部70.29%,西部47.09%;即中部的无息借款比重较大,东部和西部民间借贷中有息借款所占比例更大。至于农村借贷利率水平,据中国人民银行温州市中心支行公布的借贷利率加权平均数,1998年年利率26.4%,2001年18%,2003年10.8%;1998年温州民间利率是农信社贷款利率上限9.585%的3.315倍,2003年该比率为1.356倍。民间利率水平均高于正式金融机构农村贷款利率。可见,民间借贷利率一般高于正式金融机构农村贷款利率2~3倍。"周宗安(2010)对山东全省17个地市选取了11个地市(烟台、青岛、日照、潍坊、东营、滨州、济南、淄博、临沂、菏泽、济宁)的1320户农户调查后发现,山东省农户借贷行为中,保证担保已经成为最受农户欢迎的担保方式。调查结果显示:"就农户借款愿意提供的担保方式来说,无论从地区看还是按行业观察,首选均是保证担保,其次是抵押担保,再次是信用担保,最后为质押担保。保证担保之所以成为最受农户欢迎的担保方式,我们认为是基于风险防范的需要，农村信用社日渐减少发放信用贷款的比例，在缺少抵质押物的情况下，三五农户结对互保成为其所能提供的最经济、有效的担保方式。另外，质押担保之所以成为最不受农户欢迎的担保方式，我们分析主要有两方面的原因，一是农户缺少符合条件的质押物，二是办理质押贷款时，因需将质押物移交农村信用社，根深蒂固的传统思想使农户对此颇有抵触情绪。对于后者，我们认为，农村信用社加大宣传力度，逐步改变农户的传统思想，或许对提高质押贷款占比会有所裨益。"

（2）有关农户借贷行为影响因素的研究

对农户借贷行为影响因素的研究，国外文献主要集中在农户正规和非正规渠道借贷资金可获得性决定因素的分析上，以及影响非正规金融贷款者信贷配给行为的因素等方面。研究表明影响农户获得正规与非正规借贷的因素存在差异，其中借贷目的、土地等是影响农户借贷行为的重要因素。Fabiyi、Osotimehin（1984），分析农户获得贷款数量仅与农户规模大小和贷款经历的关系。Ahmed、Kennedy（1994），Downes（1988）则阐述了政策性贷款对农户进入正规金融部门的参与约束有重要影响。Pal（2002）对印度ICRISAT（国际半干旱热带研究中心，International Crops Research Institute for the Semi-Arid Tropics）的三个村庄进行了调查研究。研究表明，有过借贷经历对从正规金融渠道获得借贷的可能性影响显著，而对从非正规渠道获得借贷的影响不显著；获得无息贷款的可能性与农户从非正规渠道获得借款的可能性正向相关；农户同时从正规和非正规渠道借贷的可能性被消费性借贷的需求显著扩大了；农户只能获得正规借贷和同时获得正规借贷和非正规借贷的可能性与较高的工资性收入负相关；农户拥有的土地价值与其从正规渠道获得借款的可能性正向相关。Pham、Izumida（2002）对300多户来自越南三省的农户进行调查后发现，农户的生产能力、年龄、教育程度、借款目的及其所处地区综合影响着农户在正规借贷和非正规借贷之间的选择。其中，耕地总面积既是农户从正规金融机构获得贷款的决定性因素又是决定农户从非正规金融机构获得资金数量的主要因素，家畜总价值是农户从正规金融机构获得贷款的决定性因素，老人个数是决定农户从非正规金融机构获得资金数量的主要因素。

国内主要从两方面对影响农户借贷行为的因素进行了实证研究：一是

考虑到所有可能影响农户借贷行为的因素，把它们组合起来构建模型，比如农户家庭的人口基本情况、农户家庭的生产经营和收入情况、户主自身情况、家庭社会关系；二是针对一类因素重点分析其对农户借贷行为的影响，如社会阶层、非正规制度等。

汪三贵等（2001）从贫困农户的借贷需求、供给及其影响因素，以及农户生产和消费行为的影响因素等几方面，对来自六省份的六个国家级贫困县数据进行了计量经济分析。分析结果显示，借给其他农户钱的数量以及正规金融机构人均借贷资金、上等耕地面积、家庭耐用消费品总值、家庭成员是否为村干部均对农户获得正规借贷资源的能力有正向的影响力，未偿还的正规贷款数量对农户获得正规借贷资源的能力有负向的影响力，农户的人力资源因素对农户获得正规借贷资源的能力没有显著影响。在获得非正规借贷资源方面，房产、储蓄、耐用消费品等农民的财产和与主要成员交往的密切程度、关系网的大小等社会关系有重要影响力。农户借贷渠道对投资的影响研究结果显示，正规渠道借贷与投资有明显的正相关关系，相关系数达 0.7；而非正规渠道借贷与长期投资的关系不明显，反而相对较弱，即使在数值较高的年份相关系数也不超过 0.3，且呈现逐渐降低的趋势（张新民，2001）。另外，农户家庭的生命周期对借贷行为也构成直接影响，户主年龄偏老年和偏青年的农户倾向于生活性借贷，处于年龄中层的 31～40 岁农户则倾向于生产性借贷；农户用于婚丧嫁娶、看病问药、建造房屋等的生活性借贷随着家庭收入的提高而减少。相反，用于短期经营和投资入股的生产性借贷倾向随着收入的提高明显增强；借贷需求与户主的文化程度成反比，户主的文化程度越高，借贷需求反而越低（史清华，2002）。

谢平（2001）、徐忠等（2004）、陈天阁等（2005）认为，正规借贷中交易费用是影响农户借贷决策的重要因素。谢平（2001）借鉴西方国家信用合作社的发展经验，认为信用合作社的产生主要不是源于单纯的融资需求，而是来自"在正规资金市场（如银行信贷、发行证券融资）上受到差别待遇的中小经济个体以利他（互助）换取利己（融资）"的现实可能性，其根源是交易意识和降低交易成本的动机。他指出："农村金融机构体系必须实现多样化，在兼顾各地区需要与可能的前提下，必须建立包括政策性银行、商业银行、信用社、商业保险公司和证券机构在内的多层次机构网络；提供包括存贷款、证券融资、证券交易、财产、人寿与再保险和支付结算等中间业务在内的多样化金融工具。"徐忠、程恩江（2004）的研究也进一步肯定并扩展了谢平的观点，他们提出了价格形成机制，认为"农村信贷资金供给不足必须通过从根本上改变农村金融市场上的价格形成机制来加以缓解，而不能简单地由增加支农再贷款和其他政策性贷款来解决，更不能依靠向农信社施加农业贷款的政策性压力来解决。也就是说，必须按照市场规律，提高农村市场的贷款利率，包括允许农信社对高风险贷款收取风险贴水，使农信社能够按照农村金融机构的国际会计准则，提足经营亏损和坏账损失准备金，并使收取的贷款利息足以弥补组织资金的成本（尤其是对老少边穷地区发放贷款的高交易成本）和贷款的风险，从而获得充分的自我发展能力。同时，为增强农村金融市场的竞争性，打破农信社的垄断，监管机构在加强监管的同时，应适时放松对新的金融机构进入农村金融市场的限制。政府扶持政策的着力点应该放在降低农村地区尤其是贫穷地区的信贷风险和信贷交易成本上，而不只是用支农再贷款、扶贫贴息贷款来补贴农村金融机构。为控制信贷风险，政府必须采取措施提高农村经济组织和农民的还款能力，这可以通过增加对农民的教育、健康医疗支出和增加农业开发投资来实现，也可以通过改善农业延伸服务，帮助农村地区推广运用农产品优良品种、提高农业科技水平来实现。同时，政府还可以通过发展大宗农产品期货、为农民提供小额农贷的农业保险、为农民个人提供医疗保险来增强其抗风险和还款能力。为降低农村信贷交易成本，中央和地方政府可以对贫困和边远山区的农民自愿性的移民采取鼓励政策，也可以鼓励农村以社区为单位成立储蓄和信贷互助组织（真正的合作金融组织），规范民间借贷，发展非政府组织小额信贷，并将其纳入政府的有效监管之下"。陈天阁、邓学衷、方兆木（2005）对安徽省小麦主产区的皖北平原、单季稻主产区的江淮丘陵和棉花主产区的沿江地区的农户家庭的问卷调查也同样是支持以上主要观点的。他们的调查结果显示："大量的小额信贷需求构成了农村金融现实需求的主体，农户资金需求的结构表现出明显的层次性和动态性，非生产性和应对自然风险的融资占需求的比重很大，降低了农户的储蓄能力和再融资能力。农户的融资偏好表现出对民间金融的较强亲和力,这与主流观点有较大差别。农户融资成本呈'一低一高'结构,实际成本高于一般商业性融资成本,小型商业性融资机构在农村有很大的发展空间;在融资过程中,农户基本没有违约的主观故意。"

张杰(2004)认为农户借贷行为不同于中小企业,他们不按照一般融资顺序理论进行融资,而是先考虑国家政策性支农贷款,再考虑熟人信贷,最后考虑民间高息信贷,这也从某种意义上决定了农户借贷行为的选择。他根据国家统计局农村住户调查资料,抽样选取了辽宁、贵州和河南三省的数据资料研究影响农户借贷需求的主要因素,这些主要因素包括农户家庭现金支出、农户经营规模和农户纯收入等。分析后得出,对农户是否能获得有效借贷机会有正向影响的是以生产性现金支出、孩子教育医疗现金支出为代表的农户家庭现金支出和农户的农业经营规模,而有负向影响的是农户家庭的总纯收入和整个家庭的资产状况。值得注意的是,中国农户有"不借债"的传统理念,因此借贷需求较少的反而是那些收入较高、资产较多的农户家庭,即农户的经营规模、投资和支付倾向、现金支付对农户的借贷需求具有正向影响(周小斌,2004)。经营规模越大,农户的借贷需求倾向越强,需求规模也会越大。反之,小规模经营农户的借贷需求规模也小。农户的生产投资规模越大,其对信贷的需求规模也越大。农户的现金支付,尤其是教育和医疗现金支出规模越大,农户的信贷需求规模也越大。还有调查表明,农户是否有过从正规金融机构获得贷款的经历以及未来获得贷款的预期对农户当期的信贷需求具有正向的显著影响;劳动力数量、当前是否有投资和农业占家庭总收入的比例对农户的借贷需求具有负向影响(何广文、李莉莉,2003)。韩俊(2007)利用Iqbal模型①分析农村金融市场的利率后指出,利率在农村金融市场上是外生性的,远远排在那些决定农户借贷需求行为的因素(诸如农户家庭收入、家庭特征和生产经营特征等)之后,并不是农户借贷时考虑的主要因素。李锐等(2007)围绕农户资金需求和资金供给的问题研究了农户金融抑制的程度及福利损失的大小。他们发现,农户资金需求方面,具有

---

① Iqbal 模型是 Iqbal(1983,1986)建立的正规经济模型,用来分析农户的借贷行为。

正的显著影响的因素包括农户家庭的土地面积、教育医疗消费，具有负的显著影响的因素有农户家庭的金融资产总余额，农户家庭生产性固定资产原值、交通条件、文化水平和农户家庭的地理位置在影响上表现为不显著；农户资金供给方面，具有正的显著影响的因素包括农户家庭的土地面积、文化程度、农户家庭的地理位置和农户家庭的社会关系状况，农户家庭生产性固定资产总值、交通条件对资金供给在影响上表现为不显著，考察到的这些影响因素没有对资金供给构成负的显著影响。

（3）有关农户借贷行为的福利效果研究

大部分国外学者认为借贷能显著提高农户的福利效果，除了促进生产外同时对稳定消费具有重要作用。Khandker（1995）对印度农户的正规借贷数据进行分析后指出，在发生正规金融借贷后，农户家庭的收入水平和农户家庭成员的劳动生产率得到了显著提高；不仅如此，与未发生正规借贷或是发生正规借贷之前相比，借贷农户所在农村社区有了更好的发展。孟加拉的小额信贷是全球小额信贷的起源，来自那里的正规借贷项目研究显示，以小额信贷为代表的各种正规借贷项目对许多农户家庭的总产出具有决定性影响，而且还能为贫困农户家庭带来更多更切实际的福利（Khandker，1998）。借贷除促进生产外，对稳定消费也具有重要作用，同时正规借贷显著提高了贷款农户的劳动生产率和收入水平，并在一定程度上促进了农村社区的发展。

国内对农户借贷行为的福利效果研究不多，主要集中在对农户贷后家庭收入水平、生活水平和经营项目的销售水平的影响上。研究认为借贷对农户的福利具有正向作用。对有经营项目的农户来说，借贷可以显著促进农户整体经营收入的增加，但这种影响在不同收入层次的农户产出上表现出明显的差异性。借贷促进增收的作用最明显地体现在中低收入的农户家庭中，产出弹性可达 0.08；相比较而言，借贷对最富有和最贫困的农户收入增加的作用不明显。这一结论也再一次证明中低收入农户是信贷约束最强的群体，究其原因主要是我国农村富有农户占据了农村本就匮乏的金融资源的大部分配额（朱喜，2006）。朱喜将农户借贷的福利影响分为农户收入和农户消费两个层面。收入层面，"土地、固定资产等生产要素的参数估计值均显著为正，表明生产要素的增加能够显著地提高农户的经营收入。尤其是农户经营的土地面积呈现出规模报酬递增的特征（土地面积的平方项也显著），表明扩大农户经营的土地规模能够显著地提高生产率，教育程度较高的农户（不论是男性还是女性）获得的经营收入也比较高，表明农户的人力资本在生产经营中具有较高的回报率；借贷的参数估计值在 1% 的水平上显著，突出了借贷对提高农户收入的作用。对农户来说，借贷能在相当程度上缓解他们面临的流动性约束，促进他们在生产和经营活动上的投资，使他们获得更多的收益。这里借贷的收入弹性为0.102，即借款每增加 1 元，农户的经营收入增加 0.1% 左右。由此可以推算出借款的边际收入效应为 0.89，即借款每增加 100 元，农户的经营收入增加约 90 元"。消费层面，"对农户而言，土地、固定资产等生产要素投入具有两种作用相反的消费效应，一方面它们提高了农户的收入，从而增加了农户的消费支出，即收入效应，另一方面更多的生产要素可能导致更多的经营费用（即可变投入）的支出，从而减少了农户的消费支出，即替代效应。生产要素增加对农户消费的最终影响取决于这两种效应的对比。从估计结果看，拥有更多土地的农户在消费方面的支出相对较少，而拥有更多固定资产的农户消费相对较多，即土地的替代效应大于收入效应，而固定资产的收入效应大于替代效应。这可能与土地需要追加投资较多，而当前农产品价格又比较低迷，土地收益下降有关；教育程度较高农户家庭的消费支出显著高于教育程度较低的家庭；借贷的参数估计值显著为正，突出了借贷对农户平滑消费的重要意义。实际上，这里借贷对消费的作用机制包括直接效应和间接效应，前者指借款中直接用于消费的部分，后者指借款帮助农户缓解资金问题，从而导致收入增加后间接增加的消费，两者都会提高农户的消费水平。借贷的消费弹性为 0.077，即借款每增加 1%，农户的消费增加 7.7% 左右。由此可以推算出借款的边际消费效应为 0.49，即借款每增加 100 元，农户的消费增加约 50 元"。另外，农户借贷行为的福利效果还体现在对农户贷后生活水平的影响上，包括直接影响和间接影响。其中，直接影响指的是农户借贷直接用于增加资产或生活消费的过程，间接影响指的是农户把借贷资金投资生产活动后引起经营资产增加导致其生活消费支出增加的过程。通过对比直接影响和间接影响得出，借贷在提高农户家庭生活水平方面起到了很重要的作用（宫建强、张兵，2008）。李延敏（2010）在研究借贷对农户福利状况的影响时，也有过类似的对直接影响和间接影响的分析并得出了相同的结论。

三　社会资本对农户借贷行为的影响

（1）有关社会资本的研究

①社会资本的国外研究及其主要观点

自 20 世纪 80 年代开始，国际上兴起对"社会资本"的学术讨论。有别于经济学的"社会资本"概念，社会学的"社会资本"概念由社会学家率先提出，而后跨经济学、政治学以及法学等多学科被不同领域的专家广泛采纳，成为用来解释和说明各个研究领域相关问题的综合性概念和研究方法。社会资本理论的三位著名的代表人物是皮埃尔·布迪厄（Pierre Bourdieu）、詹姆斯·科尔曼（James S. Coleman）、罗伯特·帕特南（Robert D. Putnam）。美国著名华裔社会学家林南（Nan Lin）在总结和归纳前面这三位学者经典理论的基础上，把社会资本定义为"个体为了从嵌入性资源获取回报而在社会网络中进行的投资"。林南的社会资本概念界定吸收了阶级资本、人力资本和文化资本等资本概念的内容，是目前为止在社会学和经济学交叉学科领域运用较广的一个定义。

●皮埃尔·布迪厄的社会资本理论

法国社会学家皮埃尔·布迪厄第一个系统地提出了社会资本的概念。他指出："社会资本是现实或潜在的资源的集合体，这些资源与拥有或多或少制度化的共同熟识和认可的关系网络有关，换言之，与一个群体中的成员身份有关。它从集体拥有的角度为每个成员提供支持，在这个词汇的多种意义上，它是为其成员提供获得信用的'信任状'。"（Bourdieu，1986）

布迪厄把社会资本定义为一种体制化的社会关系网络。他认为，个体在参与群体活动的过程中增加了收益并为了创造资源建构了社会能力，而这整个过程就是形成和积累社会资本的过程。也就是说，社会成员主动对偶然关系进行制度化建构，个人或团体有意识或无意识地进行策略投资，社会资本是这两者综合作用的产物。布迪厄的观点核心在于几个资本之间的相互转化，即社会资本、文化资本、经济资本和符号资本。他所定义的社会关系网络是持久的，是通过有意识的投资策略而形成的，是一种在被制度化地建构之后可以获得收益的可靠资源。他认为，社会资本关注的是个体对社会资本的投资、利用和再生产，通过投资社会关系可以把私有的、自我的特殊利益转化为超功利的、公共的、集体的、合法的利益（Bourdieu，1990）。

● 詹姆斯·科尔曼的社会资本理论

作为被公认的第一位从理论上全面而系统论述社会资本的社会学家，科尔曼在《社会理论的基础》一书中，论述了社会资本从创造、保持到消亡的过程，并阐述了社会资本的形式和特征。他指出，不同于物质资本和人力资本的形式，社会资本存在于不同行为者相互关系的网络结构中。它既不以行为者自身的形式而存在，也不以产品的物质实现形式而存在。按照社会资本的功能，科尔曼把它定义为"个人拥有的社会结构资源"，"由具有两种特征的多种不同实体构成：它们全部由社会结构的某个方面组成，它们促进了处在该结构内的个体的某些行动"（Coleman，1990）。

科尔曼的理论包含了社会资本三个方面的内容：社会资本的社会结构性质、社会资本的功能和社会资本的作用范围。在他的理论里，社会资本是一种特定社会结构的属性和功能；社会资本存在的价值在于帮助和促进个人和集体行动者实现行动目标，它既有利于处于某一特定结构中的个人实现个体目标，又有利于集体行动者解决集体行动问题；有些具体的社会资本形式在促进某些活动的同时却也可能有害于其他某些活动。

科尔曼认为，社会资本有六种表现形式。一是义务与期望，在互相服务的社会结构中，社会资本表现为人们之间形成的义务与期望的相互作用。二是信息网络，个体通过利用自己拥有的已经构建成的社会关系网络获取有利于行动的信息，特别是在某些不易通过公开渠道接触的内部信息方面。三是规范和有效惩罚，集体内部的命令式规范可以使个体放弃自我利益，依集体利益行动，这种社会资本有利于实现组织目标、维护社会秩序，甚至促进整个社会运动的成熟与发展。四是权威关系，人与人之间的关系存在控制和被控制，社会资本在这种相互作用下表现为权威关系，这种权威关系对增进公共利益、解决共同性的问题是十分有利的。五是多功能组织，在为某一目的建立组织用于服务其他目的的过程中形成了社会资本，这种社会资本是可以利用的，是人们并非为了创造社会资本的目的而从事活动的副产品。六是有意创建的组织，行动者在某些特定情况下为某一目的而创建的组织体现为社会资本，这些组织形式的社会资本为行动者提供效益。

科尔曼对社会资本不同表现形式的划分是比较混乱的，这几种形式不仅属于不同范畴，而且彼此之间很难建立起清晰的逻辑联系。同时，这六个概念之间有交叠重复的部分。另外，科尔曼还认为，网络的封闭促使形成规范、建立信任关系和稳定社会结构，这些都是社会资本存在和维持的条件。

●罗伯特·帕特南的社会资本理论

罗伯特·帕特南通过把布迪厄和科尔曼的社会资本理论综合起来，进一步加以深化和拓展，得出了自己的社会资本思想。他将社会资本视为公民社会的基石，使之与集体行动和公共政策联系起来。帕特南指出："与物质资本和人力资本相比，社会资本指的是社会组织的特征，例如信任、规范和网络，它们能够通过推动协调和行动来提高社会效率；社会资本提高了投资于物质资本和人力资本的收益。"（Putnam，1993）信任、规范和网络是帕特南社会资本理论的三个组成要素，其中，信任是社会资本必不可少、最重要的组成部分。帕特南指出信任是社会资本的最关键和本质性因素。帕特南的社会资本有纽带作用和桥梁作用两种形式：社会资本的纽带作用是把原本已经彼此熟悉的人或群体团结在一起；社会资本的桥梁作用是把本来互相不相识的人或群体联系到一起（Gittell、Vidal，1998）。

●林南的社会资本理论

到目前为止，林南的社会资本概念是综合性比较好的，在吸收了马克思的资本概念，布迪厄、科尔曼和帕特南的社会资本概念的基础上，运用社会网络理论分析了社会资本，这也是目前为止公认的与经济学、金融学结合最紧密的社会资本概念（Lin Nan，2001）。

林南分析社会资本理论用的是社会网络的论点，在他的《社会资本——关于社会结构与行动的理论》一书中详细阐述了他的观点和方法。他认为，社会资本是可以从嵌入于社会网络的资源中获得的，于是有了这样的定义，"社会资本——作为在市场中期望得到回报的社会关系投资——可以定义为在目的性行动中获取的，或被动员的、嵌入在社会结构中的资源"。林南的定义很重要的一点是强调了社会资本的先在性，也就是说，在一定的社会结构之中已经有社会资本，人们通过有目的的行动可以从这一结构中获得它，但是必须遵循相应的规则才能获得其行动所需的社会资本。

林南对社会资本的界定主要包括以下三个方面的内容：其一，社会资本是可增值资源，它不仅可以为行动主体带来货币、财产等物质资本上的增值，还有声望、规范以及人力资本上的增值，同时，这些资本之间可以相互转化；其二，以资源形式存在时，社会资本嵌入在社会网络或社会关系中，以活动形式存在时，社会资本也是人们为了获得各种利益进行的投资活动，这两者都是社会资本；其三，社会网络或社会关系是社会资本植根的土壤，社会资本不是孤立地单独存在的。

林南的社会资本视角和个体主义方法论是他社会资本理论的特色。根据林南的观点，社会资源嵌入个人社会网络中，这种资源可以被这一主体外的其他人拥有，也可以存在于其社会位置中，还可以通过直接或间接的社会关系被获取。林南强调社会资源的说法，他在自己的社会理论中建立了一个结构化的网络，把行动者的目的行为放到这个网络中去考察。林南的理论肯定了结构对行动者选择行为的影响。他指出，一个人拥有的社会网络异质性越大，组成这个网络的成员地位越高，主体个人与网络成员之间的关系越弱，那么他就能拥有越丰富的社会资源。归纳起来，即三个因素决定社会网络中的个体所拥有社会资源的质量和数量：个体社会网络异质性的大小，组成网络的成员社会地位的高低，个体与网络成员之间关系的强弱。

基于以上各种学说，学者燕继荣①简要地概括了社会学、经济学和政

---

① 社会资本被当作一种新发现和新认可的资源，其学术价值体现在对于社会经济政治发展的解释方面。在经济学的研究当中，社会资本被看作促成合作和交易、保证交易制度良好运转、提高其他资本运营效率的关键因素。在社会学的研究当中，社会资本作为无形资源的社会关系，既被看作个人能力的储备，也被视为一个组织或社会凝聚力的来源。在政治学的研究当中，社会资本作为社会信任的来源和"公民社会"的黏合剂，被视为产生社会自治的基本条件，进而不仅被看作影响制度和政府绩效的关键，也被作建构良好的社会治理模式的核心基础。参阅燕继荣《投资社会资本——政治发展的一种新维度》，北京大学出版社，2006，第5~6页。

治学等主要学科对社会资本的研究状况，现借鉴燕先生的概括并将它们归纳如下。

其一，社会学。法国社会学家皮埃尔·布迪厄把社会资本与经济资本和文化资本首次区分开来，对社会资本做了初步的界定（Bourdieu，1986）；美国芝加哥大学教授詹姆斯·科尔曼分析了社会资本的功能及主要影响要素（Coleman，1990）；美国社会学家林南测量了社会资本的各项指标，并在此基础上构建了初步的理论模型（林南，2005）。社会学研究的观点可以归纳为：社会资本属社会公共物品，不具备可转让性，是具有使用价值的资源；社会资本表现为人们之间相互期望与义务的关系，是社会关系的黏合剂；无论是个体，还是集体组织，都可以通过投资提高其社会资本的持有量；和其他资本一样，社会资本同样需要不断更新。

其二，经济学。古典经济学把物质资本定义为土地、劳动和生产资料，新古典经济学认为决定古典生产要素利用率的是受过培训和教育的健康工人。经济学把社会资本独立于物质资本和人力资本之外，研究这一资本要素与经济增长和发展的关系。这样的研究尤其被应用于解释亚洲经济的成长模式，分析从地区到国家的经济增长和发展的成就。社会资本主要从三个方面被用来解释区域经济增长，一是社会资本推动市场交易制度，二是社会资本推动组织创新，三是社会资本推动企业合作（Michael Woolcock，1998）。

其三，政治学。站在政治学的角度看社会资本，更强调信任、规范和网络的价值，以及在此基础上的集体行为或组织行为的重要意义（Putnam，2000）。可以肯定的是，社会资本对社会政治的发展很重要，而且影响到社会稳定。

②社会资本的国内研究及其主要观点

中国的本土学者对社会资本的研究大致是从 20 世纪 90 年代中期开始的，首先主要是社会学者，文献的内容主要集中在乡镇企业、私营企业的发展原因和外来务工人员流动的方式（李路路，1995；郭于华等，1997）。中国社会文化有其特殊性，尤其是中国改革开放以来发生了巨大的变化，中国的这种关系网络中同学、同事、同门、同乡、同族占了很大的比例，因此也被称作"同"字头社会关系网络。"同"字头的关系网络与中国传统文化背景是密不可分的。自古以来，中国社会关系网络中的三缘关系奠定了整个社会交际的基础，即血缘、地缘、业缘。

国内首个真正提出社会资本并进行深入研究的是张其仔（1999）。他认为要分析社会资本就要分析社会网络，要分析社会网络就必须分析网络的结构、资源、规则和动态四大要素。围绕社会网络的要素和范畴，一方面把社会网络作为最重要的个体与个体之间的联系，另一方面又把社会网络视作一种重要的配置社会资源的方式。卜长莉（2001）也同意社会资本是社会网络的说法，她认为这个社会关系网络是通过人际交互作用形成的，建立在某种社会关系基础之上，以某种文化作为内在的行为规范，被某种或某些群体或组织的共同利益所驱动。赵延东（2002）在对武汉市下岗职工的调查中发现，下岗职工拥有的社会资本越丰富，再就业情况越好。

李惠斌和杨雪冬（2000）对社会资本的定义是目前国内认同度较高的，也是本书比较认同的观点。他们认为，社会资本是具有生产性的社会网络，身在其中的社会机构和成员会产生互动作用，它在数量和质量上的变化都会影响这些相互作用相互交往的组织机构、关系和信念。社会资本以规范、信任和网络化为核心，与物质资本、人力资本相区别但是可以相互转化。社会资本既可以是个人的，也可以是某个组织或共同体的。社会资本对共同体的主要作用在于通过维持该共同体的稳定和形成这个共同体的成员个人行动的相对一致性，巩固共同体的整体认同感，从而达到提高共同体内部成员个人行为或制度运行效率的目的。构成这个共同体的成员个人或成员组织与共同体的内部和外部对象经过长期交往、合作共赢形成了一系列认同关系。不仅仅是这些认同关系，更重要的是在形成这些关系的过程中，价值观念和行为范式就此积淀下来，于是才有了我们的信仰和历史传统。

综上所述，可以把国内外学者对社会资本的定义归纳为四类观点：一是将社会资本定义为社会网络；二是将社会资本定义为一种社会关系，即人与人之间的普遍联系；三是将社会资本定义为行动主体嵌入其所在社会结构中的社会资源；四是将社会资本定义为信任、规范、网络和制度等。社会资本的概念一直没有被统一起来，时至今日仍颇有争议。

（2）有关农村社会资本的研究

中国农村复杂多层的血缘、族缘、业缘和地缘交织的关系，使渗透其中的社会资本比其他国家的、其他环境下的社会资本更加具有可研究性。国内文献主要涉及农村社会资本的系统性框架结构、农村社会资本的一般测量方法和农村社会资本对农村金融市场的影响等方面。

①农村社会资本的概念和类型。马红梅、陈柳钦（2012）对农村社会资本理论的系统性框架结构做了分析，并对概念做了较为详细的梳理。他们把农村社会资本定义为人际组织关系网络，这种关系网络是特定地存在于农村社会中的，形成于这一社会网络中的成员长期交往和互利合作，受历史传统和习俗等因素的影响。参与这一网络的建设将促进某一或某些共同体内部成员之间构筑信任、互惠和合作，通过信任互惠进而促进共同体成员之间统一共同收益目标，从而提高集体行动的效率。从层次上对农村社会资本进行分类，可将其划分为农村个体社会资本和农村团体社会资本，都具备增值性和过程性。从主要类型上对农村社会资本进行分类，可从主体、客体和内容三个角度进行划分。从主体上来看，农村社会资本可以划分为村民社会资本、家庭社会资本、农村组织社会资本、农村社区社会资本和国家社会资本；从客体上来看，农村社会资本可以划分为文化规范、制度体系和关系网络等；从内容上来看，农村社会资本可以划分为互惠规范、人际信任和关系网络。

②农村社会资本的一般测量方法。在测量个人层次的社会资本方面，边燕杰（2004）利用社会网络的四项指标来计算，即社会网络规模、网顶、网差和网络构成。赵延东、罗家德（2005）的测量方法侧重于个人使用社会资本的情况，考察个人在行动中实际用到的社会资本的情况。王卫东（2006）在边燕杰方法的基础上，将社会网络资本总量视同社会网络资本的总价值量，以"一般等价物"为单位，这源于社会网络是社会资本的一种表现形式。马红梅、陈柳钦（2012）则侧重考察个人拥有社会资本总量的情况。他们通过测量个人能够调用的嵌入其社会网络中的资源总体来确定个人的社会资本总量。

③农村社会资本对农村金融市场的影响。林聚任、刘翠霞（2005）对山东省农村社会资本的状况进行问卷调查和访谈分析之后得出，社会资

本对社会和经济发展以及民众的生活幸福感和满意度有较大影响。此项调查涉及农村社会风气观、农村社区公共参与、村民处世之道、村民间信任安全感和关系网络五个方面。程昆等（2006）的研究表明，农村社会资本对农村非正规借贷有工具性和情感性两方面的作用。农户个人社会网络中的强弱关系的变化引发了农户借贷对象的变化，弱关系"信息桥"的作用比强关系更加明显。借贷关系中借贷金额的上升和农户社会资本情感性作用的减少导致了利率的总体上升。

（3）有关社会资本影响农户借贷行为的研究

本书所说社会资本影响的农户借贷行为均指中国农户的借贷行为。中国农村小农经济生产方式从某种意义上决定了村民们聚族而居的生活方式。建立在小农经济基础上的传统农业和现代农业同时存在的二元结构是中国农村的一大特色，也正因为如此，中国的农村具备讨论社会资本的良好条件。西方社会体系下的社会网络（关系网络）更多地表现为以某些特定的共同目的集合在一起的人们组成的社会组织，比如义工等志愿者团体。在中国农村社会网络下的"团体"更为复杂也更立体丰满，镶嵌在这个网络之中的资源在巩固这个网络的同时也深深地影响着农户的借贷行为。建立在深厚的血缘、族缘、地缘关系基础之上的农户社会网络因所处地域的不同，其血缘、族缘、地缘关系强弱的表现也有差异（费孝通，2011）。

国外学者对社会资本影响农户借贷行为的研究主要集中在非正规借贷的"信用贷款"上，农户的商业关系、声誉和偿债能力是他们考虑的社会资本影响因素，关联市场借贷契约农户的接受和参与情况也在考虑之列。多数学者认为非正规贷款者与之前的借款者建立商业关系的时间越长，借款者可能获得借贷的机会就越大，也就是说，非正规贷款者通过和借款者之间的"关系"对申请借贷者进行筛选。也有学者认为非正规贷款者还会看重潜在借款者的声誉，一个不讲诚信、名声不好的借款者是很难在非正规贷款者那里借到钱的。因为在以信用贷款为主的非正规借贷中，借款者的声誉是一个非常重要的判断标准。越南三省300多户农户的调查研究显示，银行等正规金融机构在进行借贷配给时主要考虑的因素包括农户在村庄的声誉、农户家庭的老年人数量以及农户申请借贷的金额大小（Pham、Izumida，2002）。

国内学者针对社会资本影响农户借贷行为的文献不多，主要研究重点在农户获取贷款的这一过程中社会资本的作用。可以看到，国内的研究者们对社会资本影响农户借贷行为的研究在不断探索的过程中，已经渐渐成熟起来。本章主要从社会资本对农户获得贷款过程的影响和对农户借贷的风险控制的影响两方面进行了阐述。

一是社会资本对农户获得贷款过程的影响。对四川、贵州、陕西和甘肃四省贫困地区农户借贷行为的调查结果表明，农户借贷的主要来源是同一宗族内的近亲和同一村庄的村民；农户的社会关系网络规模越大，获得借贷的能力就越强；富裕农户的社会关系网络规模明显大于贫穷农户（汪三贵，2001）。汪三贵（2001）在分析六省份六个国家级贫困县数据的结论中也提到，与社会网络中主要成员交往的亲密程度、关系网络的规模等农户的个人社会关系特征对农户是否能获得非正规借贷资源有重要影响。农户之间建立在血缘和地缘基础上的信任是关系型信用。在农村社区中，一旦欠钱不还，借贷农户的违约行为除了接受未按时还贷应有的惩罚之外，还要承受惩罚的扩大效应，其借贷违约的详细情况会被包括放贷农户在内的乡里乡亲们以"闲言碎语"的方式开始快速传播，借贷农户欠债的"恶劣行径"在短时间内就会被整个村落共享（高帆，2003）。解决诸如违约问题等农户借贷问题，更多的是依靠农户与农户之间的人际信任而非制度信任。构建农村互助合作金融组织和农户间信贷担保机构，就要充分利用农村独有的"声誉机制"、道德约束、村民个人信任和交易者社会规范等约束机制（周脉伏、徐进前，2004）。研究表明，社会资本对农户正规借贷和非正规借贷都有相当强的影响力，只是对两者的作用方式、影响的广度和深度有所不同（郑世忠、乔娟，2007）。农村非正规金融由于有效地利用了村庄信任、道德习俗、网络和社会资本等非正规制度，从而有效地节约了信息成本和监督费用，因此农户在借贷渠道的选择上，倾向于非正规金融（蒋永穆，2006）。有关不同社会资本因素影响农户借贷行为的研究，方文豪（2005）认为，农户自营工商业收入、户主是否担任干部等情况对农户的借贷行为有比较显著的影响。黎翠梅、陈巧玲（2007）的研究结果显示，农户非劳动力人数占家庭人口数的比例、耕地面积、户主的政治面貌、对借贷政策的认知程度、农业生产性收入、生产性支出、生活性支出情况等因素对农户借贷行为的影响较为显著。童馨乐、褚保金等（2011）对八省份 1003 个农户进行了实地调查，建立计量经济模型从有效借贷机会和实际借贷额度两个层次进行的实证分析结果发现：农民专业合作组织关系和正规金融机构关系等社会资本变量对农户获得有效借贷机会和实际借贷额度均具有显著影响，农户文化程度等特征变量也显著影响其借贷行为。

二是社会资本对农户借贷的风险控制的影响。在农村借贷市场，农户和正规金融农村服务机构之间的最优双向选择靠的是信任和合作形成的无形抵押品。这种无形抵押品在农村市场发挥的作用甚至超过有形的物质抵押品，可以有效地控制农户借贷违约现象的发生（费孝通，1999）。小额信贷中的五户联保借贷方式，也是利用社会资本中的亲缘和业缘作无形抵押品，达到防控借贷违约风险的目的。张龙耀、陈畅等（2013）选取了中国传统农业地区 110 个小额信贷的贷款小组为样本，对社会资本降低小额信贷风险的理论作用机制进行了实证检验。小额信贷还款率影响因素模型回归结果显示，在小组贷款机制作用下，同伴压力和信任模式能显著提高小额信贷的还款率，从而很好地验证了社会资本降低农户小额信贷风险的作用。另外，社会资本对借贷风险的控制作用也有一定的局限性，存在有效边界，社区内部化特征显著。

第二节　文献述评及研究发展趋势

通过对国内外文献进行综述和比对，可以看到学者们在农户借贷行为上的研究还是很丰富的，他们从借贷的发生率、规模、资金来源、用途、利率、期限、借据及担保等多方面进行了较为系统的研究。在对农户借贷行为影响因素的研究方面，国内外学者从不同的侧重点和视角分别进行了分析，国外学者侧重于对农户正规和非正规渠道借贷资金可获得性决定因素的分析以及影响非正规金融贷款者信贷配给行为的因素的分析，国内则偏向用多因素建模和单一重点因素建模进行实证研究。有关农户借贷行为的福利效应研究较为薄弱，国内外学者在这一点上有相对一致的结论，都认为借贷能显著提高农户的福利效果，增强家庭幸福感。

社会资本这一概念在 20 世纪 80 年代是由法国学者最先提出的，经过国外学者们十几年的研究之后才引进到我国，所以在这一块文献里，国内的部分是相对薄弱的。但是在中国这个被社会资本深深影响和浸润着的强大而复杂的社会网络里，丰富而立体的从古到今的各类案例是社会资本研究的温润土壤，我国本土学者对社会资本的研究自 20 世纪 90 年代中期开始之后有迅速升温的势头。尤其是中国的农村，复杂多层的血缘、族缘、地缘和业缘交织的关系，使渗透其中的社会资本比其他国家、其他环境下的社会资本更加突显且更具有典型性。国内学者从农村社会资本的系统性框架结构、农村社会资本的一般测量方法、农村社会资本对农村金融市场的影响等方面展开了初步的研究。

有关社会资本对农户借贷行为的影响，就现有文献而言，国内外的相关研究从数量上来说仍为少数。国外学者考虑更多的是农户的商业关系、农户在村庄的声誉、农户偿债能力、关联市场借贷契约的农户接受和参与情况，国内学者则主要从社会资本对能否帮助农户获得有效借贷机会和能否有效控制农户借贷违约风险两方面进行了研究。而有关农户借贷行为反作用于社会资本、农户借贷对社会资本的数量和质量产生影响的文献比较少见。社会资本和农户借贷行为之间是一对互动关系，会产生作用力和反作用力，社会资本有助于借贷行为的发生，同时，借贷行为也可以有助于社会资本的积累。

我国是一个社会网络复杂的大国。中华文明悠久的历史就是一部宗族发展变迁的历史，中国的农村正是宗族文明最精华最浓缩的特别舞台。以宗族伦理为核心价值判断扩展而来的血缘、族缘、地缘、业缘关系正是社会资本的最基本概念——社会网络的构成。借贷关系，尤其是发生在农村农户之间的借贷关系是在一定的社会资本前提下实现的。所以，有理由认为，基于社会资本的视角来研究和分析农户借贷关系，特别是中国农户的借贷关系是未来很长一段时间应该注重的研究重点。这一研究，在促进和加深对社会资本理论的研究的同时，对深化我国农村金融体制改革、规范农村金融市场有着更为重要的实践意义。

第三章　农户借贷和社会资本的
相关理论基础

　　本书是透过社会资本的视角研究农户借贷行为的。借贷行为是金融行为的一种，要就某种金融行为展开分析，需要相关的金融理论作为支撑。其中，金融发展理论是近年来金融学研究的重要理论，其中的金融深化论和金融抑制论都对金融行为尤其是借贷行为的研究产生了影响。金融深化论实际上已经在被许多发展中国家所采纳并付诸实践。金融风险理论中的逆向选择和道德风险理论通常被用来分析和解释借贷市场中的违约现象和不同对象的行为心理。农村金融理论中，占重要地位的农业信贷补贴论认为，在结构性收入差距方面缩小农业与非农业之间的差距，将导致农业融资利率低于其他产业。本章中，笔者将把农村社会资本从社会资本理论中提取出来加以说明，并对社会网络关系中的结构洞理论、弱关系和强关系理论进行阐述。

第一节　金融发展理论和金融约束理论

一　金融发展理论

　　金融发展理论的研究对象是金融发展与社会经济增长间的关系，即包括金融中介和金融市场在内的金融体系在社会经济发展中所起到的作用，如何建立能够最大限度促进经济增长的有效金融政策和金融体系的组合，以及为了实现金融的可持续发展如何合理利用金融资源并最终实现整个社会的经济可持续发展，等等。金融发展是一个广义的金融学术语，金融发展理论的发展轨迹表明，金融结构理论、金融深化理论都属于它的不同阶段或组成部分。

格利和爱德华·肖分别发表《经济发展中的金融方面》和《金融中介机构与储蓄——投资》两篇论文，从而揭开了金融发展理论研究的序幕。他们通过建立一种由初始向高级、从简单向复杂逐步演进的金融发展模型，以此证明经济发展阶段越高，金融的作用越强。继而他们在 1960 年发表的《金融理论中的货币》一书中，试图建立一个以研究多种金融资产、多样化的金融机构和完整的金融政策为基本内容的广义货币金融理论。格利和爱德华·肖在《金融结构与经济发展》一文中，对上述问题进行了更深入地研究，他们试图发展一种包含货币理论的金融理论和一种包含银行理论的金融机构理论，他们相信金融的发展是推动经济发展的动力。帕特里克（1966）在《欠发达国家的金融发展和经济增长》一文中提出需求带动和供给引导的金融问题。他认为，由于金融体系可以改进现有资本的构成，有效地配置资源，刺激储蓄和投资，在欠发达国家，需要采用金融优先发展的货币供给带动政策。与需求推动的金融发展政策不同，它不是在经济发展产生了对金融服务的要求以后再考虑金融发展，而是在需求产生以前就超前发展金融体系，即金融发展可以是被动的和相对滞后的，也可以是主动和相对先行的。

在 20 世纪 70 年代初期，金融发展理论有了重大的突破。发展中国家经济增长过程中的"金融深化论"和"金融抑制论"分别由两位经济学家爱德华·肖（Shaw Edwards.，1973）和罗纳德·麦金农（Mckinmon, Rorald I.，1973）提出。肖的《经济发展中的金融深化》和麦金农的《经济发展中的货币与资本》对金融理论和金融实践都产生了深远的影响，是金融自由化和金融深化理论的奠基之作。麦金农在《经济自由化的秩序》中对"金融抑制"给出了精练的定义："一种货币体系被压制的情形，这种压制导致国内资本市场受到割裂，对实际资本积聚的质量和数量造成严重的不利后果。"肖认为，金融体制与经济发展之间存在相互推动和相互制约的关系。一方面，健全的金融体制能够将储蓄资金有效地动员起来并引导到生产性投资上，从而促进经济发展；另一方面，发展良好的经济同样也可通过国民收入的提高和经济活动主体对金融服务需求的增长来刺激金融业的发展，由此形成金融与经济发展相互促进的良性循环。肖指出金融深化一般表现为三个层次的动态发展：一是金融增长，即金融规模不断扩大，该层次可以用指标广义货币（MZ）与国民生产总值（GNP）的比值（MZ/GNP）或金融相关比率（FIR）来衡量；二是金融工具、金融机构的不断优化；三是金融市场机制或市场秩序的逐步健全，金融资源在市场机制的作用下得到优化配置。这三个层次的金融深化相互影响、互为因果关系。

根据罗纳德·麦金农和爱德华·肖的研究分析，适当的金融改革能有效地促进经济的增长和发展，使金融深化与经济发展形成良性循环。为了更好地解释这种良性循环，罗纳德·麦金农提出了一种经过修正的哈罗德－多马模型。在修正后的模型中，罗纳德·麦金农舍弃了储蓄倾向为一常数的假设。他指出，在经济增长中，资产组合效应将对储蓄产生影响，因而储蓄倾向是可变的，它是经济增长率的函数。

但实际上，金融抑制是一个相对复杂的概念，难以用一句话归纳其全部内涵。严格意义上说，在金融抑制的过程中，政府拥有决策权力，通过决策层的权力干预金融市场中的交易和价格，扭曲金融市场机制，达到发展政府经济战略的目的。金融抑制是两面性的概念，短期金融抑制对政府发展经济战略有益处，可以给决策层调整和改变战略的时间。而长期的金融抑制会破坏金融市场机制和价格体系，尤其是配置稀缺资源的机制和体系。长期处于金融抑制状况下的国内资本市场和货币市场无法成熟和健全，金融体系难以发挥其本身应有的资金配置功能，结果会直接影响整个国家的金融增长和经济发展。（王曙光，2010）

二　金融约束理论

在总结金融市场中市场失败原因，并根据一定原则确定政府对金融市场监管的范围和标准的基础上，赫尔曼、穆尔多克、斯蒂格利茨（Hellman，Murdock 和 Stigliz，1997）三人在《金融约束：一个新的分析框架》[①] 中提

---

① 青木昌彦：《政府在东亚经济发展中的作用》，张春霖译，中国经济出版社，1998。

出了金融约束理论的分析框架。他们认为金融约束是指政府通过一系列金融政策在民间部门创造租金机会，以达到既防止金融压抑的危害又能促使银行主动规避风险的目的。金融政策包括对存贷款利率的控制、对市场准入的限制，甚至对直接竞争加以管制，以影响租金在生产部门和金融部门之间的分配，并通过租金机会的创造，调动金融企业、生产企业和居民等各个部门的生产、投资和储蓄的积极性。政府在此可以发挥积极作用，采取一定的政策为银行创造条件鼓励其积极开拓新的市场进行储蓄动员，从而促进金融深化。

他们三人的金融约束论的核心观点是：提供宏观经济环境稳定、通货膨胀率较低并且可以预测的前提，由存款监管、市场准入限制等组成的一整套金融约束政策可以促进经济增长。

该理论认为金融约束创造的是租金机会，而金融压抑下只产生租金转移，租金机会的创造与租金转移是完全不同的。在金融压抑下，政府造成的高通胀使其财富由家庭部门转至政府手中，政府又成为各种利益集团竞相施加影响进行寻租活动的目标，其本质是政府从民间部门夺取资源。而金融约束政策则是为民间部门创造租金机会，尤其是为金融中介创造租金机会，这会使竞争性的活动收益和福利递增。

赫尔曼等人认为，资本要求虽然也是一个防止银行发生道德风险的工具，但在发展中国家，对存款利率的控制比对银行资本的控制更为有效。在金融约束环境下，银行只要吸收到新增存款，就可获得租金，这就促使银行寻求新的存款来源。如果这时政府再对市场准入进行限制，就更能促使银行为吸收更多的存款而增加投资，从而增加资金的供给。建立合理数量的储蓄机构，可以吸收更多的存款，金融机构吸引更多的储户是发展中国家金融深化的一个重要组成部分，因此，金融约束可以促进金融深化。

金融约束论是赫尔曼、穆尔多克、斯蒂格利茨对东南亚经验进行总结后的理论思考。东南亚金融危机的爆发使他们又重新研究了他们的金融约束论，并认为这一危机从反面证明了他们的理论。事实上，金融约束是发展中国家从金融抑制状态走向金融自由化过程中的一个过渡性政策，它针对发展中国家在经济转轨过程中存在的信息不畅、金融监管不力的状况，发挥政府在市场失灵下的影响，因此并不是与金融深化完全对立的政策，相反是金融深化理论的丰富与发展。

自 20 世纪 70 年代起，金融深化理论的影响逐渐扩大，它进一步阐述了金融抑制的表现形式和经济后果，提出了如何实现金融自由化方面的政策建议，深刻影响了发展中国家的金融制度改革。由于金融深化的核心政策工具包括利率政策、金融发展政策和信贷政策，因而也对我国农户的借贷行为产生了深远影响。利率政策的主要内容即由市场自身决定利率水平，资本的稀缺程度能够在利率上真实反映出来，政府不再直接干预利率，而是通过采取积极措施治理通货膨胀以达到维持较高的实际利率水平的目的，从而进一步刺激储蓄和投资增长。金融发展政策制定的初衷是扶持发展金融中介机构。一方面，通过建立多样化的金融机构来提高金融资产机构化程度；另一方面，通过鼓励金融机构间的相互竞争，消除金融体系中的大银行垄断和降低市场准入限制，从而提高整个经济中的资金融通效率和增加金融市场中的可贷资金数量。信贷政策取代了政府原有的信贷配给政策。信贷政策实施的目的在于促使资金配置方式转型，由政府主导转向市场机制主导，国家不仅不从行政上干预信贷资金流动，而且积极鼓励金融机构加大对中小企业信贷的投放力度。

金融约束论从信息和激励的角度，抓住了解决经济金融问题的两个基本点，一方面政府应创造条件使决策者掌握信息，或让有信息能力的行为人成为决策者；另一方面政府可利用自身掌握和拥有的信息，为金融中介机构创造持久有效的经营激励机制。当然政府的职责不是直接提供担保和保护，而是促进金融体系市场约束机制发挥作用，积极促进信息的传播，增加市场上可供信息的公开化范围，并充分发挥掌握内部信息的金融机构和民间组织的优势，而非越俎代庖，过多干预，避免金融约束政策蜕变为纯粹的金融干预政策，严格的金融约束政策与金融抑制可能相差不大。"金融约束应该是一种动态的政策制度，应随着经济的发展和向更具竞争性的金融市场这一大方向的迈进而进行调整。它不是自由放任和政府干预之间静态的政策权衡，与此相关的问题是金融市场发展的合理顺序。"在金融约束政策框架下，政府的作用既不是"亲善市场论"强调的政府只能促进市场建设，不应干预金融经济；也不是"国家推动发展论"所要求的政府为了弥补市场失灵，必须始终强力干预金融经济；而应是"市场增进论"强调的政府的职能是促进民间部门的协调，发挥政府进行选择性控制的补充性功能，避免产生不利于社会大众的道德危害，使中国在向市场经济转轨过程中稳步实现真正的金融深化。鉴于本书研究的是农户的借贷行为，因而首先应对农村的金融发展和金融抑制进行简要分析。农村金融部门主要服务于农村居民和其他农业部门，它们争取更多的资金支持用于农业经济发展。但在包括我国在内的大部分发展中国家，农村金融体系长期处于被严重抑制的状态，与资金实力雄厚、历史悠久的国有商业银行（工农中建交）和其他金融机构（诸如股份制商业银行）相比，农村金融机构不但资金规模较小、资金来源单一，而且金融产品种类少，这导致农村金融结构不尽合理。我国的金融体制改革明显滞后于其他部门，国有商业银行大规模从农村地区撤走或是合并业务，又使农村金融部门实质上成为向城市地区和国有商业银行输送资金的机构。正是通过抑制农村金融，农村金融部门成了承担国家制度变迁成本的重要主体，而广大农户和农业部门则成为整个过程的最终买单者。

改革开放以来，我国经济得到了高速发展，而农村金融市场的发展却明显滞后，这引起了国内外学者们的广泛思考。Meyer（2001）深入研究了我国经济体系由计划经济向市场经济转轨过程中农村金融市场的演变过程，[①] 认为政府应当放权以帮助农村金融市场更加自由地发展，但同时要加强金融市场的基础性建设，比如农村金融中介。马晓河（2003）认为我国农村的金融抑制不是简单的单方面抑制，而是"双重金融抑制"，即农村正规金融机构的供给和需求均存在抑制的情况。他提出，我国农村金融政策应以"供给主导"为主，"需求遵从"为辅。张杰（2003）认为，我国利率应当市场化以实现农村金融深化。

第二节　金融风险理论

中国目前的金融体系中累积了大量的金融风险，在改革进程中，人们应客观地评价和估计金融深化和金融抑制所可能带来的长期性风险，本着

---

① 李海峰：《农村金融发展文献简述》，《经济视角》2011年第2期。

市场配置资源的原则，结合中国金融体系的实际情况，在经济转轨时期采取必要的金融管制与金融深化相结合的改革方略。除了解决政府需不需要干预经济和金融活动的问题，中国还需要解决如何把握干预力度，避免信息不对称的道德风险和逆向选择等问题。美国经济学家克鲁格曼 1997 年就曾指出，政府的不当干预才是造成东南亚金融危机的本质原因：在危机中资产价值的猛跌使很多金融中介机构破产，从而暴露出金融机构在金融活动中的破坏作用；而金融中介机构的借贷活动与资产价值之间存在一种政治经济动力关系，政府对金融中介机构或明或暗提供的债务担保，是造成金融中介机构进行道德风险和逆向选择的根本原因。另外，中国进行金融体系改革的过程中，也必须要协调货币金融与经济发展之间的关系。目前，中国"经济货币化"趋势有所增强，货币金融对经济的支持强度与日增强，广义货币（M2）占国内生产总值（GDP）的比重上升到了130%，这都充分说明货币金融在经济中的广度和深度都有质的变化。货币金融在经济中的地位和影响逐步加大。随着中国开放程度的深化，外部的冲击已经开始影响本国货币金融政策的有效性，影响本国经济的内部均衡和外部均衡，这说明开放经济中，货币金融政策与经济发展有相当强的关联。因此，应在充分考虑世界经济发展趋势的基础上，制定与中国经济发展目标相协调的货币金融政策，避免金融业脱离经济发展的需要而独自繁衍。与金融风险相关的理论很多，涵盖面较广，本研究主要涉及其中的逆向选择及道德风险理论。金融风险理论来自对充满不对称信息的市场的分析。借贷市场是一个信息永远不可能完全对称的市场，因此必然存在风险。

一 逆向选择

乔治·阿克尔洛夫（George A. Akeriof, 1970）在 1970 年发表了《柠檬市场：质量不确定性和市场机制》，在这篇文章中他首次提出了"逆向选择"理论。逆向选择问题源于旧车市场上买卖双方有关车的质量的信息不对称。市场价格下降的结果是劣质品驱逐优质品，即"劣币驱逐良币"，导致整个市场交易产品的平均质量集体下降。市场上破烂车成堆，最极端的情况是一辆车都不能成交。"逆向选择"（adverse selection）可以被视为信息不对称所造成的市场资源配置扭曲的现象。

逆向选择经常存在于二手市场、保险市场。虽然"逆向选择"的含义与信息不对称和机会主义行为有关，却超出了这两者所能够涵盖的范围，"逆向选择"是制度安排不合理所造成的市场资源配置效率扭曲的现象，而不是任何一个市场参与方的事前选择。逆向选择，指的是这样一种情况，市场交易的一方如果能够利用多于另一方的信息使自己受益而对方受损时，信息劣势的一方便难以顺利地做出买卖决策，于是价格便随之扭曲，并失去了平衡供求、促成交易的作用，进而导致市场效率的降低。"逆向选择"在经济学中是一个含义丰富的词汇，它的一个定义是指由交易双方信息不对称和市场价格下降产生的劣质品驱逐优质品，进而出现市场交易产品平均质量下降的现象。在现实的经济生活中，存在一些和常规不一致的现象。本来按常规，降低商品的价格，该商品的需求量就会增加；提高商品的价格，该商品的供给量就会增加。但是，由于信息的不完全性和机会主义行为，有时候，降低商品的价格，消费者也不会做出增加购买的选择（因为可能担心生产者提供的产品质量低，是劣质产品，而非原来他们心中的高质量产品）；提高价格，生产者也不会增加供给。

乔治·阿克尔洛夫和迈克尔·斯宾塞、约瑟夫·斯蒂格利茨由于在"对充满不对称信息市场进行分析"领域所做出的重要贡献，而获得2001年诺贝尔经济学奖。阿克尔洛夫、斯宾塞和斯蒂格利茨的分析理论用途广泛，既适用于对传统农业市场的分析研究，也适用于对现代金融市场的分析研究。同时，他们的理论还构成了现代信息经济学的核心。

逆向选择是无处不在的，比如金融市场。尤其是借贷市场上，那些最有可能造成逆向（不利）结果或者说是造成违约风险的借贷者，往往是那些最积极寻求借款且最有可能得到借款的人。这种逆向选择效应的根源在于农村借贷市场上以正规金融机构为代表的贷方无法完整地掌握借贷所需的全部信息，即"信息不对称"。尽管贷方可能估计得到它的顾客中哪些人风险偏高、哪些人风险偏低，但农村环境不同于城市，贷方不能通过程式化的评估来确定每一个贷款客户的精确风险度。换言之，贷方知道农户和农户之间肯定存在差别，应该通过量化的方式努力把不同农户划分到不同等级的风险类别中去（这个等级越细致越好），并给予不同利率、金额等差别化的借贷服务。但由于它无法准确判定不同个体的风险程度，这种努力往往难以取得成效。那些最需要借贷的人群往往也包含了大量还贷最困难的人群，因为他们缺乏资金且缺乏资金再生能力，所以更需要借贷。而借贷意愿不那么强烈的人则犹豫不决，如果借贷条件严格了反而会把他们首先拒之门外。可以预见，提高借贷门槛会导致的结果是，那些相对较不容易逾期还款的人退出了借贷市场；相反，容易逾期还款的那部分人可能仍留在借贷市场中，高风险顾客比例的上升导致的直接结果是逾期贷款比例的大幅上升。

二　道德风险

经济学家们 20 世纪 80 年代提出的"道德风险"概念，指的是从事经济活动的人不惜做出有损他人的行动以达到最大限度地增进自身效用的目的。较早提出"道德风险"理论的是著名的发展经济学家麦金农，他和哈佛大学的经济学家皮尔（Mckinnon and Pill，1997）合作撰写了数篇论文，[①] 探讨发展中国家的存款担保（显性的或隐性的）与过度借债（Over Borrowing）之间的关系。亚洲金融危机的爆发使这一问题更加凸显出来。在众多将这次危机归因于金融机构的道德风险问题的经济学家中，最具代表性的仍属克鲁格曼。他认为，在由政府免费保险且又监管不严的情况下，金融中介机构具有很强的从事风险投资的欲望而很少考虑投资项目的贷款风险。在国内机构无法从国际资本市场上融资的情况下，国内投资需求过度只会造成国内利率的上升，而不至于引发过度投资、过度借债。但如果资本项目放开，国内的金融中介机构可以在世界资本市场上自由融资，那么由政府保险引发的道德风险就可能导致经济的过度投资。而外国金融机构也因为相信有政府及国际金融机构的拯救行动而过于轻率地满足了国内企业及银行的贷款愿望，从而导致了严重的资产泡沫和大量的无效投资，最终只能以危机收场。其主要表现为以下两方面。

第一，存款引发"道德风险"问题。银行为防范破产风险，从政府机构或私营保险公司那里购买全部或部分保险，这种保险又被称为显性保险；而存款者断定政府会防止银行破产，即政府会给银行安全保障，或是

① 王爱俭主编《20 世纪国际金融理论研究：进展与评述》，中国金融出版社，2005。

在破产情况下政府会介入并补偿储户的损失，这种保险被称为隐性保险。然而，如果这种存款保险不能充分反映银行各贷款组合的风险，不利于银行的自律，那么它的提供就会激励金融机构去承担超额风险。银行为增加收益会把资金投入高风险的项目甚至直接从事投机活动，从而增加了存款人受损害的可能性。在经济高涨时期，各银行争相放贷，而当经济形势逆转时银行就有可能陷入困境。这时被保险者（金融机构）也就可能获得其他金融机构能提供的显性或隐性的存款担保。在一个管制越来越松的环境中，保险机构对被保险者提供的保护越强，这种显性或隐性激励造成的扭曲就越严重，因为在这种情况下，金融机构的冒险动机也将越发强烈。

第二，金融监管部门和国际组织积极地扮演"最后贷款人"的角色，可能引发"道德风险"问题。当银行可能倒闭破产时，政府一般会承担最后贷款人的角色，向陷于困境的银行提供紧急援助等。同时，为了减轻银行恐慌，政府通常向储户提供存款保险。但是，这些支持和存款保险无形中激励了银行和储户承担更多的风险。例如，在美国有两个层次的"最后贷款人"：联邦储备体系是会员银行（尤其是大的会员银行）的最后贷款人；而大的会员银行又是那些利用商业票据进行市场融资的机构和组织的最后贷款人。明斯基（1986）认为，[1] 由于一些银行机构和组织具有双重保护，即使对会员银行的监管放松，依然存在联邦储备体系的"最后贷款人"的保护，这些金融机构和组织也不会稳健经营、谨慎行事。在常见的道德风险模型中，危机前的政府虽然在账面上赤字不大，但是由于它是企业投资损失的最终承担者，有大量的潜在财政赤字，这些赤字最终可能要通过货币化来加以消化，而赤字货币化的预期又会使危机提前到来。

在此，我们看到了"道德风险"问题是货币经济中存在两难困境的结果：若不存在最后贷款人和存款保险，我们就无法避免金融体系的崩溃；而如果存在上述保护的话，又难免在金融机构与其客户之间以及中央银行与其他金融机构之间出现道德风险的问题。危机是危机发生国制度扭

---

① 明斯基：《稳定不稳定的经济——一种金融不稳定的视角（中文修订版）》，石宝峰、张慧贲译，清华大学出版社，2015。

曲的必然结果，只能依靠危机国自身的机构调整来解决；外界援助只会使国际层面的道德风险问题更加严重。如果从委托代理理论出发，道德风险是指契约的甲方（代理人）拥有一定的信息优势，利用这一优势可以在契约的乙方（委托人）无法观测和监督到的范围内行动或不行动，从而可能导致代理人的获利或委托人的损失。实际上，亚当·斯密 1776 年在《国富论》中就已经意识到了道德风险的存在，只是没有采用这个词。

农户借贷行为中，委托人也指借方，代理人指贷方或是介于借方和贷方之间的第三方。实际上道德风险于借方、贷方和第三方都是存在的，所以这其中的角色可以互相转换。但是在目前的金融体制下，借贷行为仍然是一个贷方市场，尤其是在已经被严重边缘化的农村金融环境中，农户承担了由信息不对称造成的道德风险的大部分成本。

就目前的农户正规借贷来说，贷方（诸如正规金融机构）和第三方（诸如政策性贷款中的政府部门）在信息获取和甄选上占有绝对的优势。

贝琪兹和乔纳森在《微型金融经济学》 （Beatriz and Jonathan，2013）一书的第 4 章针对联保贷款进行了分析，他们认为信息不完善导致的道德风险和逆向选择问题可以通过联保贷款得到一定程度上的解决。即使当放贷机构（诸如银行）一直无法获得借款人有效信息导致不能有效实施合约时，联保贷款合约制度仍然为借款人获得有效贷款提供了一种方式。更重要的是，联保贷款方式能够通过促进社会资本提高贷款运作的效率。

第三节　农村金融理论

目前农村金融理论分为三个学派，即农业信贷补贴论、农村金融市场论和不完全竞争市场论。纵观农村金融理论的发展历史，传统发展经济学强调的是政府作用，新古典发展经济学强调的是市场调节，市场的自我调节弱化了政府作用，也使新古典发展经济学逐渐取代了传统发展经济学。

农业信贷补贴论这一传统学说在 20 世纪 80 年代以前一直在农村金融理论界占主流地位。农业信贷补贴论认为农村地区信贷供应不足的原因是商业银行接纳农业生产作为可能融资对象的意愿下降，其源头是农业收入的不确定性、农业投资的长期性和农业盈利的低收益性，这些与农产品生产周期较长和农产品需求弹性低有关，也与整个市场风险和自然风险有关；农村地区信贷供应不足的直接结果是农户尤其是贫困农户丧失储蓄资金的能力，农村金融市场面临资金供给不足的问题，而农户在发展现代化、规模化农业生产时需要大量资金，因此外部资金进入成为必然。一方面农村资金需求旺盛，另一方面农村金融市场资金供给严重不足，供求矛盾催生了大量农村非正规金融机构，而这些非正规金融的供给是以高利贷为特征的，服务对象主要是富农和商人，贫困农户无力负担过高的利率从而无法获得贷款。

面对这些问题，农业信贷补贴论给出的解决办法是：①政府应当适度干预农村金融市场，通过建立起非营利性的专门金融机构进行资金分配，将政策性资金从农村外部注入，以满足农业生产的增加和缓解农村贫困；②政府应当施加压力促使农村高利贷资本的消亡，将大量政策性资金注入农村，这需要依托政策性银行在农村的驻点支行和农业信用合作组织等；③融资利率对农业应当有适当倾斜，要采取低于其他产业的利率来缩小农业与其他产业间的结构性收入差距。

农业信贷补贴论对农业特征的描述是很客观的，它提出的政府介入、低息贷款等措施确实有助于减少农村高利贷的存在，促进农业生产力发展。但也存在一些问题。

（1）农村借贷市场的信息不对称可能导致低息贷款存在道德风险问题。实际上，真正极贫的农户很难成为低息或免息贷款的受益人，政策性贷款往往在运行一段时间后逐渐被集中到较富有农户的身上。政策性借贷机构的机会主义行为，加上富有的农户拥有更广泛的人脉关系和更牢固的关系链条——更多的社会资本，他们更容易获得更多更准确的借贷信息，使政策性借贷的分配更容易偏向富有农户。同时，鉴于农业收益的不稳定性以及市场和自然的风险性，获得政策性贷款的农户很少真正把贷款用于农业再生产。

（2）政府支持的农村金融机构以及政府内部专门负责政策性贷款的机构不具有多少经营责任，这些机构对借贷资金的实际流向缺乏有效监督，对还贷行为也缺乏风险控制，这样容易造成借贷者故意拖欠贷款，认为"国家的钱可以不还"。农业信贷补贴重"量"轻"质"，重农业生产轻非农生产，长此以往可能造成大面积的贷款拖欠，违约率上升，很多政策性贷款的实施出现虎头蛇尾的情况。由于巨大的呆坏账形成，最终政府不得不停止发放贷款，还要想办法解决这些账目的核销问题。

（3）农业信贷补贴论假设有关农户没有储蓄能力的前提是不符合现实的。Adams（2002）对亚洲国家的调查研究发现，贫困农户储蓄的充分不必要条件是存在获得储蓄的机会和储蓄的激励机制。Cuevas 和 Graham（1984）认为，如果农村金融机构在发展储蓄业务客户时由政府权力部门转向贫困农户，他们在开展信贷业务分配贷款时会更有效率也会更加谨慎。

基于以上问题，农村金融市场理论自 20 世纪 80 年代后开始逐渐取代农业信贷补贴论。农村金融市场理论主张政府减少干预，让金融市场发挥作用，通过市场化的利率实现农村资金供应和农户储蓄的平衡。因为农村金融资金不足的原因并不是农民缺乏储蓄能力，而是农村金融体系的不完备和农村金融市场的不健全。这一理论在 20 世纪 90 年代之后得到了更深一步的发展——形成了第三个学派"不完全竞争市场论"。当时，苏联和部分东欧国家的市场经济混乱及东南亚的严重金融风暴让人们意识到，尽管市场竞争对活跃农村金融市场具有重要意义，但农业的弱质性、农村金融市场的不完全竞争性与信息不对称性，决定了完全依靠市场机制无法培育出有效率的农村金融市场。农村金融市场并非完全竞争市场，银行类正规金融机构或是提供政策性贷款的政府组织作为放贷的一方无法完全充分地掌握借款人的详细情况，即信息不对称。尤其是正规金融机构很难通过现有的信贷风险评测体系去衡量和控制农村借贷的系统风险，有必要让政府适当介入金融市场，对借款人的组织化管理等非市场措施进行协助。农村金融理论根据我国农村的这些实际情况做了改进，改进的重点在于解决农村金融市场的信息不对称问题，不再绝对地限制政府对农村金融市场的干预权，而是强调政府应当采取间接调控机制，根据一定的原则明确政府监管的范围和标准。

第四节　社会资本理论

一　社会资本的内涵

关于社会资本，在"文献综述"部分陈述了许多国内外学者在这方面的探讨，有布迪厄的"资源说"，边燕杰的"能力说"，博特、张其仔等人的"网络说"，肯尼斯的"文化规范说"等。众多说法也包含着一些学术的共识，我们综合上述五种观点，力求较为完整地阐述社会资本的内涵。

值得说明的是，社会资本有两个范畴。一是经济学范畴，这个范畴的社会资本是指社会资金进入生产过程之后，即为社会资本，其全部的表现形式都是货币和物质性的，人们已经用了多年。二是社会学范畴，社会学范畴的这个社会资本，并不是货币与物质性的，而是一种网络、一种关系。这两个范畴，在学界本不应有太多的分歧和混淆。但由于社会学的社会资本问世比较晚，在20世纪80年代才被学者提出来，运用不广，共识不深，学派也多。所以从表面上看，还有可能与经济学的社会资本概念混淆，而从深层次看，还有进一步探讨并获得更多共识的必要。

最早的社会资本理论源自马克斯·韦伯的《新教伦理与资本主义精神》。韦伯虽然没有明确地定义社会资本，但是在他的很多论述中已经体现了社会资本在经济行为中的作用，呈现出社会学的内涵。他在讨论"资本主义的精神"时，引用了美国早期的政治家、科学家、作家本杰明·富兰克林（1706～1790年）的大量话语。这些话语论述经济行为中的信用精神的重大意义，而信用或诚信，正是社会资本的要旨所在。"切记，信用就是金钱。如果有人觉得应该把钱存在我手里，那么，他就是把利息给了我，或者说，是把我在这段时间利用这笔钱获得的利息给了我。假如一个人的信用良好，能够得到大笔贷款，并且善于利用这些钱，那么他得来的数额就会相当可观。"①"切记下面的格言：善付钱者是别人钱袋

---

① 马克斯·韦伯：《新教伦理与资本主义精神》，阎克文译，上海人民出版社，2010，第182～183页。

的主人。谁若被公认是一贯信守诺言、按时还钱的人，他便可以在任何时候、任何场合聚集起他朋友们的所有闲钱。这一点时常大有裨益。除了勤奋和节俭，凡与人交往都要守时并公道，这对年轻人立身处世最为有益；因此，借人的钱到该还的时候一小时也不要耽搁，否则一次失信，朋友的钱袋就会永远对你关闭。""此外，要表现出你一直把受人之惠记在心上；这样会使你显得是个细心可靠的人，这也会增大你的信用。""假如你是个公认的节俭、诚实的人，你一年虽只有 6 英镑的收入，却可以使用 100 英镑。"[①] 良好的信用是人在社会网络（关系）中存在的"社会资本"，这个"资本"虽然不是货币或物质，但也会"增值"。只要你用得好，你会获得越来越多的人的信任，你在社会上获得各种资源的机会也就越多。你在整个一生中都享受着它的"利息"。这里提到的信用即诚信是最重要的抵押物，社会资本就是指这样一种以诚信为基础建立起来的社会网络以及嵌入这个网络中为个体（组织）带来经济效益的潜在的或是显现的资源的集合。把"社会网络说"和"资源说"放在一起并不矛盾，因为就社会资本本身而言，这两点是不可分割的。以"社会资源"形式存在的社会资本通过人们进行社会活动这一过程产生增值；这种增值包括它们在经济活动中更好地完善了它们所嵌入的关系网络，同时巩固这一环境并使它更加丰厚和有效。另外，以网络形式表征的社会资本即我们最常理解的社会关系，会为嵌入其中的社会资源的增值构建新的渠道和优化环境。

社会资本有信任和规范等特征，这些特征通过相互协调和作用来提高社会资源的效率（如以信任为基础构建起来的稳固而有效的社会网络），将个体的需求转化为网络群体或者社会的需求，从而完成某项活动。在韦伯的这个场景中，即是通过良好的信用构建的"朋友"这一社会网络，完成借贷这项活动。这项活动也是本书要研究的。信任和规范，是约束借贷行为的两个重要因素。社会资本在农村借贷行为中的约束力远远高于写在纸上的法条规定的约束力。

社会学的社会资本虽然没有货币和物质的内涵，但也具备资本的基本

---

① 马克斯·韦伯：《新教伦理与资本主义精神》，阎克文译，上海人民出版社，2010，第 182～183 页。

要素。一是价值的存量，资本必然是有价值的东西，借贷行为当中的社会资本有时扮演"抵押物"的角色。由于不守信用而失去社会关系（网络），实际上就是失去了自己所拥有的宝贵的资源存量；而恪守信用，不仅可以保住存量，而且可以获得增量。二是增值性，包含两层意思，一层意思是能够为其所有者带来利润，比如农户借贷中，可以通过社会资本获得贷款；另一层是社会资本本身是可增值的，上面说到社会资本无论是以资源形式存在还是以关系形式存在都是可以再扩大、增加的，资源生产出更多资源，关系衍生出更多关系且强弱关系之间不断转化。

二　农村社会资本的内涵

自 1978 年十一届三中全会始，我国开始实行对内改革和对外开放的政策。其中，对内改革首先从农村开始，农村的社会经济生活出现了根本性的变迁。"三农"工作的地位越来越重要。2008 年，第十个"三农"问题"一号文件"发布，要求进一步深入推动农村金融体制改革。学者们在研究中国农村社会问题时逐步将社会资本这一崭新的视角引入并发现了许多新的切入点。于是，"农村社会资本"这一概念被越来越多地运用到中国农村问题各个领域的研究中。当然，从历史层面考察，只要有社会关系，就存在社会资本。不过，我们过去不从这个学术角度去讨论问题。

本书研究的农村社会资本指的是我国的农村社会资本，国外的相关研究对象不列入讨论之中。农村社会资本是指处在农村社会环境中的建立在宗族传统、历史习俗的文化模式和村民长期相处、互利合作的生活模式基础之上的社会关系网络。中国的"农村社会资本"具有鲜明的特征。数千年来，我国的农村社会是一个建立在血缘、族缘、地缘、业缘基本人际关系基础上的社会网络，社会资本在农村社会发展中都具有十分深厚的历史积淀和重大的现实作用。社会学家用"宗法共同体"来概括中国农村社会的本质特征，不仅说明血缘、族缘这些最核心的社会关系是农村社会存在的根本维系，也说明中国的农村居民就是依靠甚至依赖镶嵌在这种社会关系中的社会资源生存、发展的。农户是构筑农村社会网络的成员个体，农户和农户之间、农户家庭和农户家庭之间形成的这种特殊信任，使他们相互依赖和信任、彼此帮助和协作，由此衍生出普遍化的互惠规范。

我国农村独有的"差序格局"（费孝通，2011）又同时决定着这种社会网络中的成员之间的信任关系由于血缘、族缘层次不同有亲有疏，即存在天然的强弱关系。所以，农村社会网络是一个有效而复杂的社会网络。基于这种特殊的信任关系，当成员之间产生利益分歧时，沟通和协调变得更加容易，化解矛盾达成统一和谐也会更加有效率。

我国的农村社会网络以每个农户家庭为不同的节点，是"一根根私人联系所构成的网络"（费孝通，2011）。节点越多，节点之间连接的线越多，网络越复杂。实际上，将村的范围再扩大，每一个村也是以乡为单位的社会网络当中的节点，每一个乡是以县为单位的社会网络当中的节点，每一个县是以设区市为单位的社会网络当中的节点，以此类推，概不赘述。

三　农村社会资本的一般测量

关于社会资本的一般测量，学界已多有论述，方法各有不同，在文献综述中已做陈述。大部分学者喜欢把社会资本分成微观（个体）和宏观（集体）两个层面来讨论其不同的测量方法。本书测量的农户借贷行为中的社会资本，以农户小家庭为单位，是微观层面上的社会资本。研究社会资本理论离不开社会网络的分析，尤其是对个体层次社会资本的测量。目前研究者主要运用"个体中心网络"的分析方法对个体层次社会资本进行测量。整体社会网络是由许多个个体网络构成的，因此可以把个体网络作为社会网络的一个局部来研究。"个体中心网络"分析法把每一个被研究者视为一个网络的中心，研究由这个中心延伸出去的所有情况。①

本章开篇对社会资本进行定义的时候提到，社会资本有两个层面的含义：一是建立在诚信基础上的社会网络；二是镶嵌在这一网络当中的各种资源。基于这一定义，对社会资本的测量可以分为两类：一是测量农户占有社会资本的总量，二是测量农户使用社会资本的总量。

---

① Scott，John. *Social Network Analysis：A Handbook.* London：Sage Publications，1991. 78～94.
赵延东、罗家德：《如何测量社会资本：一个经验研究综述》，《国外社会科学》2005 年第 2 期。

（1）农户占有的社会资本。每个农户小家庭作为它所在村的社会网络的一个节点，其本身的特征属性即是它所占有的社会资本。这些节点的特征属性作为可利用资源嵌入以村为单位的社会网络当中，直接决定了农户或农户家庭在村庄上的社会地位，影响着农户的借贷行为。在测量这一类社会资本时，本章结合我国农村的特色，考察了农户的政治特征、经济特征和宗族特征，在第六节中进行详述。

（2）农户使用的社会资本。在农村的社会网络当中，以每个农户小家庭为单位的节点和其他农户节点之间的关系，以及和其他机构节点之间的关系，即是农户可使用的社会资本。这些不同强度的关系，像一条条线把一个一个不同的节点连接起来。这些关系的存在基础是以血缘、族缘、地缘和业缘为前提形成的信任机制，关系的强弱同时还受到第一点提到的资源的影响。在测量这一类社会资本时，我们考察了农户与农户之间的关系、农户与农户组织之间的关系以及农户与正规金融机构之间的关系，也在第六节中进行详述。

第五节　结构洞理论

罗纳德·伯特（Ronald Burt，2011）在他的《结构洞》一书中对结构洞下定义之前先提到了社会资本，他认为社会资本由关系双方共同拥有且涉及市场生产等式中的回报率。他认为从来没有完全竞争，所以社会资本才显得尤为重要。而如何利用竞争场上的竞争环境——也就是网络结构的特点，才是赢得竞争的重点。他把结构洞定义为"非重复关系人之间的断裂"，他指出"非重复关系人通过一个结构洞联系起来"。所谓结构洞是指两个关系人之间的非重复关系。结构洞是一个"缓冲器"，"其结果是，彼此之间存在结构洞的两个关系人向网络贡献的利益是可累加的，而非重叠的"。[①] 就借贷市场来说，尤其是农村正规借贷市场，借方和贷方之间的结构洞是巨大的，农户借贷无门，正规金融机构对该放贷给谁判

---

① 〔美〕罗纳德·伯特（Ronald Burt）：《结构洞——竞争的社会结构》，任敏、李璐、林虹译，格致出版社，上海人民出版社，2008，第18页。

断不准。在非正规借贷市场，那些所谓的中间人正是充当了这样的结构洞并从中获得利益。

自己的资源和关系人之间的关系在结构洞的研究中呈现开来。比较著名的是格兰诺维特（Granovetter，1973）的"弱关系的力量"的说法，他还在他的《找工作——关系人与职业生涯的研究》（Granovetter，1974）[①]中做了强调。他通过互动频率、感情力量、亲密程度和互惠交换的四维度标准来定义关系强度。其中，互动频率指关系双方的互动次数，次数多为强关系，反之为弱关系；感情力量指关系双方的感情深度，感情较深为强关系，反之为弱关系；亲密程度指关系双方的关系密切程度，关系密切为强关系，反之为弱关系；互惠交换指关系双方的信息交换程度，交换多而广为强关系，反之为弱关系。他通过探究网络结构与找工作之间的关系，发现如果一个工作机会的信息是从私人关系得来的，那么这个关系通常是很远的"弱关系"（比如在某次社交活动中偶遇的学生时代的熟人），而非亲密的"强关系"（近期联系频繁的密友或是亲戚）。但是在中国社会中，弱关系理论并不明显，甚至很多时候能够为网络结构中的个体带来有效信息的是"强关系"而非弱关系。边燕杰（1999）通过对天津地区职业流动中影响因素的调查和对新加坡职业流动的调查，就得出该结论，认为在华人社会里强关系比弱关系更重要。申正茂、周立（2014）提出"控制半径"的概念，通过对江苏、山东两地的资金互助合作社的调查，分析认为随着合作社"控制半径"的扩张，将会因为超出"信任半径"而出现潜在风险，从而减弱合作社的控制优势。他们认为，结构洞决定了信任半径，信任半径又决定了控制半径，这条关系链影响了资金互助社的可持续发展。当合作社的规模处在一个安全的信任半径内时，依靠这个半径内的血缘、族缘、地缘和业缘维持的合作关系不容易出现挤兑问题。但是一旦合作社扩大经营范围，距离负责人越远的社员与负责人之间的中间节点人会不断增加，即负责人对社员的控制半径加大，这时控制强度就会减弱。控制半径的加大导致原先的社员和负责人之间的强关系转变为弱关

[①] 〔美〕马克·格兰诺维特（Mark Granovetter）：《找工作——关系人与职业生涯的研究》，张文宏译，格致出版社，上海人民出版社，2008，第255~298页。

系。当控制半径大过某个临界值，这个关系弱到某个低点，即信任半径过长时，贷款农户会降低还款意愿甚至拖欠借款，存款农户会降低对合作社的信任。

第六节　我国农村社会资本的特征与类型

一　农村社会资本的特征

（1）农村社会资本的本质特征

农村社会资本也是资本的一种，所以它也具备资本所具有的一切特征，包括资本的生产性、增值性和过程性[①]。

农村社会资本具备生产性，即个人和集体可以通过投资行为获得农村社会资本。小到村民或组织，大到社区或国家。以村民或组织为行动者主体，他们的投资行为是付出一定的人力成本和物质成本，建立某种社会关系网络，并通过认同文化规范和运用正式制度等对关系网络加以维系。以社区或国家为行动者主体，它们的投资行为则是把普惠信任和文化规范等价值体系植入，这些价值体系都是有利于村民集体行为的，但不仅要依靠政策制度作为条条框框植入，更要利用教育培训和舆论引导等软方式深入人心。

农村社会资本具备增值性，它可以为投资者带来经济收益和社会收益。从微观层面上来看，表现为增加个人或组织的经济收入、增强威信权力、提高社会声望等；从宏观层面上来看，表现为提高农村社会生产效率、增加农民收入、提高整体信任水平等。

农村社会资本具备过程性，和其他社会资本一样，也具有出现、扩大和消亡的运作过程。微观层面上表现为个人或组织构建、完善、扩张和脱离社会网络的过程；宏观层面上表现为社区或国家通过制定政策制度和形成文化规范，以沉淀、变迁的形式"内化"于社会网络成员中，从而提

---

① 马红梅、陈柳钦：《农村社会资本理论及其分析框架》，《经济研究参考》2012 年第 22 期。

高集体行为能力的过程。

（2）农村社会资本的一般特性

农村社会资本具有关系性、公共性、独占性和潜在性四个一般特性。

第一，关系性。社会资本的本质是关系资本，尤其是农村社会资本不能离开社会关系研究讨论。例如信任、规范和结构性资源，这些社会资本都依靠农村社区成员的关系存在。

第二，公共性。一是农村社会资本的存在并不是表面上看起来的依附于某个农户个体或农户家庭，实质上是依附于农户个体和个体之间（农户家庭和家庭之间）关系的。也就是说，社会资本被占有和调动的前提是农户个体或农户家庭与其他农户个体或农户家庭存在"关系"。二是作为一项公共产品，农村社会资本本身也是一种社会结构，它有益于结构内的所有"节点"——农户个体。三是普遍性的信任、规范使农户共同体得以解决他们的问题，他们有着高度的互惠性。

第三，独占性。首先，农户通过自己在农村社会网络中的成员身份来确保收益；其次，农户在网络结构中占据的特定位置是其得以控制网络资源在其他节点之间流动状况的保证。

第四，潜在性。农村社会资本能够发挥其能量作用的前提是其所在的关系网络能够调动和利用社会结构和文化制度。当它未被调动和利用时，它是一种潜在的社会关系资源。

二　农村社会资本的类型

农村社会资本以农户为单位，即农民小家庭。所以在这里，个人社会资本和团体社会资本不进行划分。农村社会资本分为直接型社会资本和间接社会资本①两部分。

第一，直接型社会资本，也可作网络型、显现型社会资本。借鉴童馨乐（2011）等人的研究，凭借农户的社会关系网络形成的社会资本直接影响到农户是否能够获得有效借贷机会和借贷金额大小，所以把这部分社

---

① 注：本书第 3 章、第 5 章和第 6 章均涉及社会资本的类型分析，基于不同研究侧重点的需要，分类的方式和名称各异，其涵盖的内容是一致的，具有关联性，参看附录 3。

会资本归纳为直接型社会资本。包括：①农民专业合作组织关系，主要指农户与农民专业合作组织之间较为明确的农业生产产前、产中、产后联系，这里以农户是否加入农民专业合作组织和获得相应农业技术指导的情况为衡量标准；②正规金融机构关系，主要指农户围绕资金与农村信用社等农村正规金融机构所形成的存款、贷款、信用等关系，用农户的农村信用社评级情况和农村正规金融机构借贷情况来反映；③亲戚关系，主要指农户因血缘关系和族缘关系所形成的关系网络资本，用农户经常来往的亲戚数量、信任程度、亲戚中是否有人在政府机构中工作和亲戚中是否有人是企业家或高收入人群来反映；④邻里关系，主要指农户因地缘关系与当地特定区域的农户之间所形成的关系网络资本，用农户与邻里间的和睦程度、信任程度、邻里中是否有人在政府机构中工作和邻里中是否有人是企业家或高收入人群来反映。①

　　第二，间接型社会资本，也可作资源型、隐性型社会资本。农户自身及家庭的一些主要属性和状况，这部分社会资本相对独属于持有者本人却又间接影响了农户社会网络的形成和分布，所以这里把它们归纳为间接型社会资本。包括：①政治特征，即农户是否为党员和乡村干部（农户自身由于所拥有的政治身份会形成特定的关系网络，进而影响其资源配置能力）②（政治关系是一种由政治身份带来的间接关系，它是一种个人本身的特征属性，所以放在资源型社会资本里更为妥当）。②宗族特征，包括农户的户主性别、姓氏是否为大姓；③信用特征，即农户所在村对该农户的信用评级（乡里乡亲对农户在做人做事诚信度上的口碑）。

　　网络型社会资本和资源型社会资本并不是完全独立的两种社会资本类型。从某种程度上来说，资源型社会资本影响着网络型社会资本的积累，同时，网络型社会资本也促进着资源型社会资本的形成。比如，网络型社会资本中的正规金融机构关系一项，农村信用社在考察是否对农户进行信

---

① 童乐馨、褚保金、杨向阳：《社会资本对农户借贷行为影响的实证研究——基于八省1003个农户的调查数据》，《金融研究》2011年第12期。
② 童乐馨、褚保金、杨向阳：《社会资本对农户借贷行为影响的实证研究——基于八省1003个农户的调查数据》，《金融研究》2011年第12期。

贷授信和给予什么等级的评级时，就需要对农户的众多资源型社会资本进行详细审查。

第七节　我国农村社会资本的变迁

我国农村社会资本的变迁是一个很大的题目，这里只作为一个小节，其实是稍欠妥当的。但是站在社会资本的视角来研究农户借贷行为，确实有必要了解农村社会资本变化和发展的过程。农村社会资本的变迁源自农村社会的变迁，农村社会变迁又是在我国社会变迁这个大环境下发生的。我国的社会变迁过程，简单地说，就是农业文化和工业文化的交替（费孝通，2011）。我国的农村社会变迁过程，就是传统农业文化和现代农业文化的交替。农村社会资本的变迁历史，就是传统宗法依附型社会资本和现代公民型社会资本①交替变化的过程。

一　传统宗法依附型社会资本

以精耕细作为特点的农耕经济的传统农业在我国延续的时间十分长久，从战国、秦汉至今，一直深深地影响着我国的农村社会。传统农业的经济发展依赖于对土地和家庭、家族劳动力资源的占有和配置，这就决定了这一时期的社会资本主要依附于血缘、族缘和相对封闭的村落地缘（村落是狭义地缘，不是现在广义上的乡、县、市、省乃至国家地缘关系）。人们日出而作日落而息，春播秋种完全靠天、靠地和靠人力吃饭。农民的活动范围也比现在小很多，这也就决定了农村社会的网络关系不可能有过多过大的拓展。人们看重的是，你和我是否同村同姓，你在这个村、这个家族、这个家庭中的身份是什么。建立在血缘、族缘关系基础上的"宗法共同体"，是最传统的社会资本依附体。科尔曼就曾指出："在工业革命前的传统社会结构中（原始性社会结构），社会资本主要是由家庭和家庭派生出来的其他社会结构（如邻里社区等原始性社会组织）所提供的，它具有社会保障和社会支持的功能，而且是人力资本和物力资本

---

① 卜长莉：《社会资本与社会和谐》，社会科学文献出版社，2005，第245～246页。

所无法替代的。"①

构筑在血缘和族缘基础上的宗法关系几乎成为社会网络的全部。这是一个狭窄而封闭的空间，我们把它称作"熟人社会"。活动在其中的个体和家庭的人际关系都局限在这个熟人社会里，熟人社会的关系网络中人口的流动性和交往范围都很小，习惯习俗、传统道德和宗法制度成为规范农村社会行为的主要方式。一方面，共同体内所有人员必须服从这些道德规范，按照这些道德规范行事的人往往受到称赞和奖励，同时可以获得良好的口碑和更高的社会地位。相反，与这些道德规范背道而驰的人会背上骂名，多数时候影响到的不仅仅是这个行为人本身，甚至会牵连到他的家庭和他身后的宗族。另一方面，这个共同体又承担着支持和保障所有成员基本生存的责任。从管理共同体的领导者到共同体内的每一个成员，大家都在共同体规定的规则内相互关心、相互帮助，成员体会到共同体大家庭般的温暖，从而更坚定地维护这种社会关系，巩固并不断扩大这个社会网络，从而形成半封闭式社会资本的巨大能量。之所以讲半封闭，是指宗法共同体构成的社会资本状态并非完全封闭，一旦共同体中有成员走出乡村进入城市、进入商界或进入政界，社会网络立即因此延伸，社会资本的构成也会突破原来的封闭状态。所以说，在传统的中国农村，社会资本的力量是巨大和复杂的，原始性社会组织正是依靠它来迫使人们履行义务、讲信用，从而维系社会的稳定和引导社会向积极方向发展。

二　现代公民型社会资本

随着我国由农业社会向工业社会的转变，我国农村也由传统农业向现代农业方向发展。由于现代工业经济时代的经济发展主要取决于对自然资源和劳动力的占有和配置，以血缘、族缘和狭义地缘为纽带的早期农村社会资本开始向以广义地缘和业缘关系为主导的社会资本方向转化。

越来越多的农民或是用知识改变命运，靠读书走出乡村，或是用体力、手艺和技术改变命运，到外地务工挣钱。改革开放之后，农村人口的

---

① 詹姆斯·科尔曼：《社会理论的基础》，邓方译，社会科学文献出版社，1999，第380页。

流动性有了明显的增强，"农民工""农二代"等新名词是这一历史时期的重要投影。这个群体不仅把从外面学到的文化知识和技术手段带回了农村，而且彻底打破了传统农村封闭的社会网络环境。广义的地缘关系取代了原先狭义的地缘关系，新出现的业缘关系逐渐弱化了血缘和族缘关系的影响。契约、合同和法律成为新规范，它们简化了传统人际关系建立从陌生、交往到熟悉的烦琐程序，缩短了人际关系从预热、沸腾到恒温的时间周期。这和传统熟人社会形成的人际关系不同，这样形成的人际关系是具有合作性的、平等和民主的。

但是，正如科尔曼对社会资本的论述中提到的，家庭和由家庭衍生出的社会结构是社会资本在传统社会结构中的主要来源，具有社会保障和支持的功能。原始社会组织通过大规模的社会资本和规范结构来达到维持社会稳定和发展的目的，人们履行义务、保证信任关系。相对于已经习惯了传统社会关系的中国农民来说，建立在现代合同和法律基础上的规范也不是完美无缺的，甚至也是有一些缺陷的。所以，新型社会资本永远不可能取代传统社会资本的地位，而且在已有的替代过程中这些缺陷已经导致了一些问题。现代社会资本还需要吸收传统社会资本的合理性，在丰富新型内涵的同时，与传统社会资本更好地结合，才能更好地协调人际关系。

第八节　社会资本在农村金融借贷活动中的作用

我国的农村金融市场尚处初级开发阶段，正式信贷约束的执行力不强，可操作性不佳，法律、政策和条例亟须健全和完善。刚刚接触到现代农村金融概念的农户们还处在金融市场的懵懂期，需要较长的时间通过不断的摸索和实践来理解和熟悉这一整套规范。如果现在就要求农民在规定的较短的时间内立刻适应现代金融市场的规章制度，按照正式信贷约束的步伐行走，会起到反效果。"揠苗助长"的结果不仅仅是农民更难获得有效借贷机会，而且还贷违约率也会上升。这种恶性循环还会进一步催生更多地下钱庄的兴起，繁荣已经成规模的农村高利贷市场。因此，利用社会资本的信任机制，在实践的过程中不断修正正式信贷约束的规范制度，才是农村金融体制改革深化的方向之一。

我国乡土文化中积累逾千年的血缘、族缘、地缘和业缘社会关系及其信用资源，使社会资本成为一种较为有效的非正式信贷约束。社会资本在农村金融借贷活动中的作用可以分为两点来讨论，一是事实存在的无形"抵押物"，二是"看不见"的资源配置操控手。

一　事实存在的无形"抵押物"

正如前文所述，农村中传统的宗法依附型社会资本是一种衍生于血亲和族亲之内，延展至邻里同乡之间的复杂社会网络中的资源，在农村宗族和农民家庭中代代相传下来；它是一种建立在信任基础上的牢固的社会规范，在农民的思维模式中根深蒂固，被绝大部分农民认可和接受。农村社会资本是事实存在的，又是无形的。源于血脉和宗族的传统农村社会资本具有比任何一种"抵押物"都更权威的说服力。扩展至同乡同学同事等关系网络的现代农村社会资本在保留原始农村社会资本优点的同时，覆盖面更广，这张网内容纳的人群和信息量更大，可以在其中进行更多更复杂的经济活动。在我国的乡土社会中，这种"抵押物"不仅具有至高无上的权威性，而且有明显而准确的等级差异。这种等级差异就是中国乡土社会的"差序格局"——"以'己'为中心，像石子一般投入水中，和别人所联系成的社会关系，不像团体中的分子一般立在一个平面上的，而是像水的波纹一般，一圈圈推出去，愈推愈远，也愈推愈薄"。[①] 简单来说，农民通过"从自己推出去的和自己发生社会关系的那一群人里所发生的一轮轮波纹的差序"[②] 这样一种关系强弱程度的等级差异来匹配不同的借贷供需、防控借贷风险。

二　"看不见"的资源配置操控手

1978 年改革开放之后，我国社会的经济体制由计划经济向社会主义市场经济转型，农村金融体制开始构建；2008 年进一步明确了农村金融体制改革的方向。但是国家权力已经放弃了对社会资源的完全垄断性控

---

① 费孝通：《乡土中国·生育制度·乡土重建》，商务印书馆，2011，第 28 页。
② 费孝通：《乡土中国·生育制度·乡土重建》，商务印书馆，2011，第 29 页。

制，同时农村金融市场机制并没有完全建立起来而形成了"体制洞时期"，[1] 这些造成了农村金融供给和需求之间的不协调。这样一来，已经扎根在我国乡土社会当中的社会资本对金融资源配置的重要性凸显了出来。农村社会资本的发展经过了相当长的时间，它已经是一个相对成熟、完善和稳定的社会网络。有别于国家权力和市场经济体制这"两只手"，农村社会资本是看不见的第三只手，[2] 在一定程度上对农村金融资源尤其是借贷资源起到了引导的作用，能够缓解农民的借贷供需矛盾。

从身份社会到契约社会，从血缘族缘到地缘业缘，我国农村社会网络的复杂度也在增加。用好社会资本这一过去、现在和将来都在运行着的非正式信贷约束，不仅可以优化农村金融市场的资源配置和缓解转型期的农村融资供求矛盾，继续帮助农民获得更多借贷机会、更大的借贷额度和降低借贷风险，还可以协助政府制定出更接地气的农村金融政策，引导农民适应、接纳和掌握新市场经济条件下正式借贷约束的规则，从而建立起良性循环的农村金融市场秩序。

第九节　本章小结

本章的主要内容是对农户借贷行为和社会资本相关的理论基础做了阐述和分析。前三节对前人在金融发展理论、金融风险理论和农村金融理论上所做的研究做了总结和分析。其中金融风险理论涉及逆向选择和道德风险。

根据从马克斯·韦伯论述的资本主义精神中发掘出的社会资本的具体含义，本章对社会资本做了如下定义：社会资本指的是一种以诚信为基础建立起来的社会网络以及嵌入这个网络中为个体（组织）带来各种效益的潜在的或是显现的资源的集合。明确了社会资本是有价值存量的、可增值的、以非物质形态存在的。同时，对社会网络关系中的结构洞理论、弱

---

① 秦琴：《当代乡村社会中的"社会资本"研究——以鄂西北 X 村为例》，博士学位论文，上海大学，2005，第 66 页。

② 秦琴：《当代乡村社会中的"社会资本"研究——以鄂西北 X 村为例》，博士学位论文，上海大学，2005，第 66 页。

关系和强关系理论进行了阐述。

本书研究的是社会资本视角下的农户借贷行为，所以对农村社会资本专门做了分析和解释。本书的农村社会资本是指处在农村社会环境中的建立在宗族传统、历史习俗的文化模式和村民长期相处、互利合作的生活模式基础之上的社会关系网络。农村社会资本最大限度地体现了以"宗法共同体"为核心的社会信任、互惠、合作的关系。

关于社会资本的一般测量，主要是围绕微观（个体）社会展开的，测量方向可分为农户占有的社会资本和农户使用的社会资本。这一点与后面小节中提到的资源型社会资本和网络型社会资本的分类也是相互对应的。

关于农村社会资本的特征和类型，农村社会资本的特征包括生产性、增值性和过程性等本质特征和关系性、公共性、独占性和潜在性等一般特性。农村社会资本的类型分为网络型和资源型两类。网络型社会资本包括农户与农户之间的关系、农户与正规金融机构之间的关系、农户与农村合作组织之间的关系。资源型社会资本包括农户的政治特征、宗族特征和信用特征。

从传统农业社会到现代农业社会，我国的农村社会资本也发生了从传统宗法依附型社会资本到现代公民型社会资本的变迁。传统社会资本主要依附于血缘、族缘和相对封闭的狭义地缘关系，以习俗习惯、道德规范和宗法制度为规范。现代社会资本更强调广义的地缘和业缘关系，以合同和法律为规范。

社会资本作为一种较为有效的非正式借贷约束手段在我国尚在开发和摸索阶段的农村金融市场中扮演着重要的角色，它既是事实存在的无形"抵押物"，又是有力的"看不见"的资源配置操控手。用好社会资本，对缓解农村金融市场的供求矛盾具有重大意义。

第四章　农户借贷行为现状和特征

　　江西是我国的农业大省，地处中部地区，东邻福建、浙江，南连广东，西毗湖南，北接安徽、湖北，为长江三角洲、珠江三角洲和闽南三角洲三个经济发达地区的交界点。特殊的地理条件和历史原因，使江西不同县区的农民有着不同的思维方式，从而导致了差异化的经济行为。他们的生活习惯和经济状况往往与毗邻省份的农户类似，于是他们也就有了相近的借贷习惯。同时，江西正走在"中部崛起"的路上，如何更好地开展农村金融体制改革、构建多元化的农村金融市场显得尤为重要。鉴于上述几点，以江西为例对农户借贷行为进行研究，具有一定的代表性。

第一节　农户借贷行为发展历程

　　前面章节已经对"农户"概念做了界定，为了使分析更为严谨，此处再对相关概念进行补充界定。本书所讨论的农户范畴，即持有传统的农业户口或是在传统的农业区域生活的人群。农户借贷，尤其是江西省的农户借贷近30多年的发展是有一定轨迹可循的。自1978年改革开放始，城镇化建设的推进和农村金融市场的改革无不影响着农民的经济思维模式的转变，进而直接影响了农户借贷行为的演变。农户借贷行为的演变是农村金融改革的一个缩影，1978～2014年大致可以划分为四个阶段。

　　第一阶段：1978～1993年

　　自改革开放到20世纪90年代初，农户借贷的金额很小，农户几乎都是向亲戚朋友借钱。农民的思想里没有"贷款"这一概念。一般来说，也都是在农忙季节大量购买种子化肥或是家里操办红白喜事时产生突然性的大额支出需求才会考虑借钱。这一时期的农户借贷以改善生活、补贴家用的生活性需求为主，有极少数具备创业冲动的农民个人通过借贷获得启动资金做成了第一笔小买卖，他们除了向亲戚朋友借钱和向地下钱庄等高息借钱，还向当时的农村信用社贷款。这个时期到农信社贷款的农民是很少的，信贷员和农民的关系也相对简单。因为贷款户少，所以贷款相对容易。这一极少数的农民群体成了农村里"先富起来的那群人"，当时的"万元户"多出身于这群人之中。

1978 年 12 月的十一届三中全会正式开启了中国对内改革、对外开放的大门。本书将这个时点作为分阶段研究农户借贷行为的重要起点。2 个月之后的 1979 年 2 月，国务院下发的《关于恢复中国农业银行的通知》（国发〔1979〕56 号）规定农村信用社为农业银行的基层机构。该文明确"中国农业银行作为国务院的一个直属机构，由中国人民银行代管。主要任务是，统一管理支农资金，集中办理农村信贷，领导农村信用合作社，发展农村金融事业"，规定农业银行的业务范围包括和信用社一起审查、拨付、发放和监督"财政部门的农业拨款、商业部门的预购定金和金融部门发放的各项贷款，以及主管业务部门自筹的支农资金等"的使用，与农信社共同办理"农村人民公社、生产大队、生产队、社队企业、国营农业企事业、农工商联合企业以及供销社等单位的存款和贷款"，单独办理"国家设在农村的机关、团体、学校、企事业单位的存款、贷款，以及城乡结算、现金管理等"，"主管农村人民公社基本核算单位的会计辅导，协助社队管理资金"。在规范农业银行的操作上，特别提到"农业银行要按经济规律办事，充分发挥信贷对经济活动的促进和监督作用。要严格划清信贷资金和财政资金的界限。农业贷款不准截留挤占挪用，不准用于赈灾救济。在资金使用上，社队自有资金、财政拨款和银行、信用社的贷款，要统筹安排，合理使用。银行和信用社的贷款重点用于支持商品生产的发展。各地区、各部门都要维护国家赋予金融部门管理信贷资金的自主权，不得违反国家规定强令银行和信用社发放和收回贷款，不得强迫社队用贷款办群众不愿办的事情"。该文提到加强农村金融工作，要求信用社抓紧配齐人员编制并把职工的政治待遇和福利待遇同银行一致起来，以解决信用社任务繁重、人手不足的问题，且特别提到"任何单位不得平调或挪用信用社的资金"。通知的内容不长，专门列出一点强调了农村信用合作社提高经营管理水平的问题，可以看出国家对农村金融工作开始重视。

1981 年 5 月，国务院转批的《中国农业银行关于农村借贷问题的报告》比较清晰地描绘了当年我国农村借贷的基本情况和政策问题。中国农业银行对全国的 15 个省、市农业银行进行了调查和座谈，总结出当时近两年农村借贷的基本情况：借贷比较普遍，与所处地区的农民收入状况、主要耕种作物、地理位置没有直接关系；借贷主要发生在个人之间，凭人情，有的需要送礼，有的要利息有的不要，也有部分（1/3）借贷来源于银行和信用社；借贷的用途方面生产队和个人有区别，生产队和社队企业主要是生产性需求，其中商品经济发达地区和机械化重点地区侧重点不同，而社员个人主要是生活性需求。农村金融市场的借贷需求和正规金融机构提供的服务之间的供求矛盾创造了非正规民间借贷得以发展的生存空间。这份报告中提到"银行、信用社业务开展不够，有些政策规定过严过死，工作搞得不活，没有充分发挥融通资金的作用，不能适应农村经济发展的需要，这也是农村借贷比较普遍的原因"，可见当时的中央政府对其采取支持的态度，对民间借贷是表示肯定的。

1984 年 8 月，国务院转批了《中国农业银行关于改革信用社管理体制的报告》。这份《报告》提出恢复农村信用社的群众性、民主性和灵活性，把农信社办成真正群众性的金融合作组织。《报告》要求信用社重新恢复合作金融的性质，变"官办"为"民办"，积极吸收农民入股，增强群众基础，壮大资金力量，把信用社和农民的经济利益紧密联系起来。在农民自愿的基础上吸收农民入股，农村个人和集体经济单位都享受入股和退股的自由，实行保息分红制度，且在利率方面对入股社员贷款有优惠。同时，加强信用社经营上的灵活性。"信用社组织的资金，要优先用于农村。存款除按规定比例向农业银行交提存准备金外，其余资金信用社有权按照国家信贷政策充分运用，多存可以多贷。在信用社之间，可通过县联社调剂资金余缺，有余时可存入农业银行。农业银行和信用社要有合理分工，并允许有某些业务交叉。信用社发放贷款，要贯彻以承包户、专业户（重点户）为主，以农业生产为主和以流动资金为主的方针，在保证农业贷款需要的前提下，可以经营农业工商信贷业务。"《报告》还提出建立信用合作社的县联社，由农业银行县支行领导，日常具体工作由县支行信用合作股负责，主要任务有：在全县范围内调剂信用社的资金余缺；从信用社利润中，提取一定数量的互助基金，用于调剂盈亏；统筹解决职工退职退休经费；组织经验交流和信息交流；管理职工培训教育工作；综合并考核信用社各项计划执行情况；检查信用社执行方针、政策的情况。

1993 年 12 月，国务院颁发《关于金融体制改革的决定》。《决定》明确金融体制改革的目标是：建立在国务院领导下，独立执行货币政策的中央银行宏观调控体系；建立政策性金融与商业性金融分离、以国有商业银行为主体、多种金融机构并存的金融组织体系；建立统一开放、有序竞争、严格管理的金融市场体系。具体内容包括以下几个方面。

（1）确立强有力的中央银行宏观调控体系：明确人民银行各级机构的职责，转换人民银行职能；改革和完善货币政策体系；健全金融法规，强化金融监督管理；改革人民银行财务制度。

（2）建立政策性银行：组建国家开发银行，管辖中国人民建设银行和国家投资机构；组建中国农业发展银行，承担国家粮棉油储备和农副产品合同收购、农业开发等业务中的政策性贷款，代理财政支农资金的拨付及监督使用；组建中国进出口信贷银行；政策性银行要设立监事会，监事会由财政部、中国人民银行、政府有关部门代表和其他人员组成。

（3）把国家专业银行办成真正的国有商业银行：在政策性业务分离出去之后，现国家各专业银行（中国工商银行、中国农业银行、中国银行和中国人民建设银行）要尽快转变为国有商业银行，按现代商业银行经营机制运行；我国商业银行体系包括国有商业银行、交通银行以及中信实业银行、光大银行、华夏银行、招商银行、福建兴业银行、广东发展银行、深圳发展银行、上海浦东发展银行和农村合作银行、城市合作银行等；积极稳妥地发展合作银行体系。合作银行体系主要包括两部分：城市合作银行和农村合作银行，其主要任务是为中小企业、农业和发展地区经济服务；根据对等互惠的原则，经中国人民银行批准，可有计划、有步骤地引进外资金融机构；逐步统一中资金融机构之间以及中资金融机构与外资、合资金融机构之间的所得税税率；金融机构经营不善，允许破产，但债权债务要尽可能实现平稳转移。

（4）建立统一开放、有序竞争、严格管理的金融市场：完善货币市场；完善证券市场。

（5）改革外汇管理体制，协调外汇政策与货币政策。

（6）正确引导非银行金融机构稳健发展：保险体制改革要坚持社会保险与商业保险分开经营的原则，坚持政企分开；信托投资公司的资金来源，主要是接受长期的、大额的企业信托和委托存款，其业务是办理信托贷款和委托贷款、证券买卖、融资租赁、代理和咨询业务；企业集团财务公司主要通过发行商业票据为企业融通短期资金；证券公司不得从事证券投资之外的投资，进入一级市场和二级市场的证券公司要加以区分，证券公司的自营业务与代理业务在内部要严格分离。

（7）加强金融业的基础建设，建立现代化的金融管理体系：加快会计、结算制度改革；加快金融电子化建设；加强金融队伍建设。

这一《决定》提出组建中国农业发展银行，由其代理财政支农资金的拨付并监督其使用，同时承担一部分业务中的政策性贷款，这些业务包括国家粮棉油储备、农副产品合同收购和农业大开发等。这是后来农业发展银行成立的序曲，也是政策性金融服务农村的前奏。

第二阶段：1994～2002年

从20世纪90年代中期到2000年之后，中国的农村逐渐出现了"空心村"现象。因为改革开放的不断深入，沿海一带制造业和服务业的兴盛为农民带来了大量外出务工的机会。相比在家务农种地，外出务工的收入更多。于是，内陆省份的农民们纷纷背井离乡，去大城市和沿海地区的工厂企业打工，其父母和后代则大多留在农村。为了节省路费和其他开销，这些农民工们一般到过年才回家。所以平日里的农村人少，异常安静，被称为"空心村"。对于这样家庭结构的农户，他们已经不需要靠借贷来买化肥和种子，但是婚丧嫁娶和修缮房屋的借贷需求仍然是存在的，而且金额比从前更多。这部分外出的农民里，有给别人打工的，也有自己做老板创业的。离乡创业的资金需求量更大，他们的低学历和薄弱的社会关系网络增加了他们创业投资的风险，资金链断裂是常有的事，借贷需求成为必然。农户借贷的需求也比上一阶段更加强烈，在以"三驾马车"为开端的中国农村金融的第二轮改革中，农村信用社从"官办"向"民办"的转型成为改革的核心。

1994 年 4 月，国务院下发的《关于组建中国农业发展银行的通知》标志着中国农业发展银行的成立。该《通知》定义"中国农业发展银行是直属国务院领导的政策性金融机构"，其主要任务是：按照国家的法律、法规和方针、政策，以国家信用为基础，筹集农业政策性信贷资金，承担国家规定的农业政策性金融业务，代理财政性支农资金的拨付，为农业和农村经济发展服务。通知赋予了农业发展银行政策性金融的使命，承担从农业银行剥离出来的一部分政策性金融业务。

1996 年 8 月，国务院下发了《关于农村金融体制改革的决定》。《决定》明确了农村金融体制改革的指导思想：根据农业和农村经济发展的客观需要，围绕"九五"计划和 2010 年农业发展远景目标，建立和完善以合作金融为基础，商业性金融、政策性金融分工协作的农村金融体系；进一步提高农村金融服务水平，增加对农业的投入，促进贸、工、农综合经营，促进城乡一体化发展，促进农业和农村经济的发展和对外开放。

农村金融体制改革的重点是恢复农村信用社的合作性质，进一步增强政策性金融的服务功能，充分发挥国有商业银行的主导作用。农村金融体制改革是现有农村金融体制的自我完善，要坚持稳健过渡，分步实施，保持农村金融整体上的稳定性。在改革中，要不误农时地做好各项金融服务工作。决定中要求农信社脱离与农业银行的行政隶属关系，重新划归中国人民银行直接监管，逐步改为"由农民入股、由社员民主管理、主要为社员服务的合作性金融组织"。这一《决定》明确了农村信用社管理体制改革是我国农村金融体制改革的重点。《决定》中还提到了关于清理整顿农村合作基金会的内容，肯定了农村合作基金会对增加农业投入、缓解农民生产短缺的作用，明确农村合作基金会不属于金融机构，没有办理存、贷业务的权力。可见农村合作基金会在此时已经具有一定的影响力，但在风险控制和规范管理上存在比较大的隐患和漏洞。

至此，构建农村金融"三驾马车"框架的基本任务已经完成，此时改革的目的是形成政策金融、商业金融、合作金融三位一体的金融体系。政策性贷款由农业发展银行发放，商业性贷款由中国农业银行发放，小额农户贷款由农村信用社按合作制原则发放，三大农村正规金融服务机构分工合作，使金融体系逐渐迎合农村融资需求。

因此，国务院办公厅于 1997 年 6 月转发了《中国人民银行关于进一步做好农村信用社管理体制改革工作意见》（国办发〔1997〕20 号）。《意见》总结了农村信用社改革和发展中存在的几大问题，主要表现在以下几方面。

（1）农村信用社与中国农业银行脱钩后，如何把农村信用社真正办成合作金融组织，并按合作制改进农村信用社与各方面关系等问题，还需要进一步统一认识。

（2）农村信用社资产质量差、亏损严重、案件较多、风险突出的问题亟须解决。

（3）中国人民银行对农村信用社的监管亟须完善和加强。

（4）农村合作基金会违规经营金融业务，与农村信用社恶性竞争，给双方增加了严重的经营风险。围绕这些问题，《意见》要求把农村信用社办成合作金融组织，旨在强调农村信用社"民办"的性质，认为这一发展方向有利于发展多种形式的合作和联合，积极推进农业产业化经营，增加农民收入；也有利于完善以合作金融为基础、商业银行和政策性银行分工协作的农村金融服务体系，促进农村经济全面发展。

1998 年 11 月，国务院办公厅转发了《中国人民银行关于进一步做好农村信用社改革整顿规范管理工作的意见》（国办发〔1998〕145 号）。《意见》明确了农村信用社改革整顿规范管理工作的总体要求：坚持按合作制原则改革农村信用社管理体制，强化对农村信用社的监管，改善内部经营管理，建立防范和化解风险的机制。经过二至三年的努力，使农村信用社真正恢复合作制的性质，经营状况明显改善，金融风险得到基本控制和有效化解，进一步改进和加强支农服务，逐步建立起与社会主义市场经济相适应、符合农村经济发展需要的农村信用社管理新体制。具体内容和措施包括清产核资、规范改造、化解风险、加强监管、强化内部经营管理、组建行业自律组织和改善外部经营环境。

1998 年 7 月，国务院颁布了《非法金融机构和非法金融业务活动取缔办法》（国务院〔1998〕第 247 号令），取缔非法金融机构和非法金融业务活动。1999 年 1 月国务院下令全国统一取缔农村合作基金会。农村合作基金会自 1983 年在黑龙江、辽宁、江苏等地为有效地管理和用活集体积累资金而兴起，利用所统管集体资金在集体经济组织成员之间有偿借用进行内部融资；至 1991 年中央都对农村合作基金会持鼓励和推广的态度，允许这种内部相互融资的办法试行，条件是不开展存贷业务。因此，在 1992～1995 年，邓小平南方谈话后，全国掀起投资热潮，农村合作基金会也在实现它的高速扩张，同时积累起多重矛盾：地方政府干预过度，金融秩序混乱，资金投放风险加大，经营效益逐步下滑，甚至局部地区出现小规模挤兑。于是，1996～1998 年这一时期，农村合作基金会由以数量扩张为主转向强化管理，但是已经存在的不良资产和不合理的基金会管理结构加剧了整顿和改革的难度。在 1998 年以四川、河北为首的各地出现挤兑风波的情况下，1999 年 1 月国务院发布 3 号文，正式结束了农村合作基金会的历史，农村合作基金会被宣布取缔。这一年，中央政府对民间借贷的态度出现大转折，对非正规金融实施严厉打压。自此，民间金融转入地下。

随之而来的 2002 年中国人民银行下达了《关于取缔地下钱庄及打击高利贷行为的通知》（银发〔2002〕30 号），这是继国务院正式下令宣布取缔农村合作基金会之后中央政府更广泛意义上对民间金融的否定和更大力度对民间金融的控制。《通知》一开头就指出，"在部分农村地区，民间信用活动活跃，高利借贷现象突出，甚至出现了专门从事高利借贷活动的地下钱庄，破坏了正常的金融秩序，影响了社会安定"，要求人民银行各分行、营业管理部严格执行 1998 年国务院 247 号令的规定。《通知》要求，"人民银行各分行、营业管理部要组织力量摸清当地地下钱庄和高利借贷活动的情况；对非法设立金融机构、非法吸收或者变相吸收公众存款以及非法集资活动，一经发现，应立即调查、核实，经初步认定后，及时提请公安机关依法立案侦查；对经调查认定的各类形式的地下钱庄和高利借贷活动，要坚决取缔，予以公告，没收其非法所得，并依法处以罚款；构成犯罪的，由司法机关依法追究刑事责任"。同时，《通知》对民间借贷行为做了严格的规范，指出"民间个人借贷活动必须严格遵守国家法律、行政法规的有关规定，遵循自愿互助、诚实信用的原则。民间个人借贷中，出借人的资金必须是属于其合法收入的自有货币资金，禁止吸收他人资金转手放款。民间个人借贷利率由借贷双方协商确定，但双方协商的利率不得超过中国人民银行公布的金融机构同期、同档次贷款利率（不含浮动）的4倍。超过上述标准的，应界定为高利借贷行为"。

第三阶段：2003～2007年

第二轮改革中的"三驾马车"实际运行的结果加剧了本就紧张的农村资金供求矛盾。"三驾马车"逐渐偏离农村金融市场需求，农村正规金融"三驾马车"的改革设想走进了死胡同。正规金融机构中唯独剩下农村信用社还在坚守农村信贷市场，于是自然而然从前两轮改革的配角转为第三轮改革的主角。2003年第三轮改革正式开始，农信社成为重点。

2003年1月中共中央、国务院联合发布《关于做好农业和农村工作的意见》（中发〔2003〕3号）。《意见》提出，要加快农村金融体制改革，加强信贷支持在农业和农村经济上的力度。首先提到的就是要进一步深化农村信用社的体制改革，明晰产权关系，进一步扩大农户小额信用贷款和农户联保贷款的规模，帮助农民调整结构。"要适应新阶段农业和农村经济发展的要求，从农村实际出发，加快农村金融体制改革步伐，着力改善农村金融服务，加大信贷支农力度。农村信用社要进一步深化改革，总的要求是明晰产权关系，强化约束机制，增强服务功能，国家适当扶持，地方政府负责。要坚持为农业、农村和农民服务的宗旨，加大农业信贷投放，增加农户贷款，着力满足农户生产生活及投资方面的合理资金需求。农户小额信用贷款和农户联保贷款，对帮助农民调整结构效果明显，要进一步扩大规模，简化手续，加强管理。对中西部地区资金困难的农村信用社，要继续安排支农再贷款。农业银行要重点支持农业产业化经营和农村城镇化发展，进一步做好信贷扶贫工作。国家政策性银行和其他国有商业银行也要加强对农业和农村经济发展的信贷支持。整顿农村信用秩序，引导规范民间借贷。"

2003年3月，国家成立中国银监会，农村信用社划归银监会监管。2003年6月，国务院下达《关于印发〈深化农村信用社改革试点方案〉的通知》。《方案》明确了深化信用社改革要重点解决好的两个问题。一是以法人为单位，改革信用社产权制度，明晰产权关系，完善法人治理结构，妥善处理历史积累和包袱。构建新的产权关系，按照股权结构多样化、投资主体多元化原则，根据不同地区的不同情况，分别进行不同产权形式的试点。二是改革信用社管理体制，将信用社的管理交由地方政府负责。成立农村信用社省（市）级联社，正式开启了第三轮农村金融改革的序幕。这一轮改革从东、中、西部共选择 8 个省（区、市）进行试点向全国扩展，试点的省份中就包括江西省。

2004 年 2 月，中央"一号文件"——《中共中央国务院关于促进农民增加收入若干政策的意见》要求改革和创新农村金融体制，不仅是农村信用社和农业银行，还提到了要完善邮政储蓄的有关政策。要求针对农村的实际情况，有关部门应研究出更多担保办法，诸如动产抵押、仓单质押、权益质押等，鼓励有条件的地区成立农业担保机构。

"要从农村实际和农民需要出发，按照有利于增加农户和企业贷款，有利于改善农村金融服务的要求，加快改革和创新农村金融体制。建立金融机构对农村社区服务的机制，明确县域内各金融机构为'三农'服务的义务。扩大农村贷款利率浮动幅度。进一步完善邮政储蓄的有关政策，加大农村信用社改革的力度，缓解农村资金外流。农业银行等商业银行要创新金融产品和服务方式，拓宽信贷资金支农渠道。农业发展银行等政策性银行要调整职能，合理分工，扩大对农业、农村的服务范围。要总结农村信用社改革试点经验，创造条件，在全国逐步推开。继续扩大农户小额信用贷款和农户联保贷款。鼓励有条件的地方，在严格监管、有效防范金融风险的前提下，通过吸引社会资本和外资，积极兴办直接为'三农'服务的多种所有制的金融组织。有关部门要针对农户和农村中小企业的实际情况，研究提出多种担保办法，探索实行动产抵押、仓单质押、权益质押等担保形式。鼓励政府出资的各类信用担保机构积极拓展符合农村特点的担保业务，有条件的地方可设立农业担保机构，鼓励现有商业性担保机构开展农村担保业务。加快建立政策性农业保险制度，选择部分产品和部分地区率先试点，有条件的地方可对参加种养业保险的农户给予一定的保费补贴。"

2004 年 6 月，国务院办公厅转发《银监会、人民银行关于明确对农村信用社监督管理职责分工的指导意见》（国办发〔2004〕48号），《意见》明确了省级政府、银监会、人民银行和农村信用社省级管理机构在农村信用社监督管理、风险防范和处置方面的职责分工。省级人民政府对信用社的管理职责主要包括以下几方面。

（1）按照国家有关要求，结合本地实际，对当地信用社改革发展的方针政策、目标规划等重大事项进行研究决策，并通过省级联社或其他形式的信用社省级管理机构实现对当地信用社的管理、指导、协调和服务。

（2）督促信用社贯彻执行国家金融法律、行政法规和金融方针政策，引导信用社坚持为"三农"服务的经营宗旨，提供地方经济发展政策信息，指导信用社搞好金融服务；组织有关部门对信用社业务经营及管理行为是否合法合规进行检查。

（3）坚持政企分开的原则，对信用社依法实施管理，不干预信用社的具体业务和经营活动。

（4）按照有关法律、法规和行政规章，指导信用社省级管理机构制定当地信用社行业自律性管理的各项规章制度，并督促信用社省级管理机构组织落实。

（5）按照有关规定，组织有关部门推荐，并经银监会核准任职资格后，按规定程序产生信用社省级管理机构高级管理人员；负责对信用社省级管理机构领导班子的日常管理和考核。

（6）组织信用社省级管理机构和有关部门依法对信用社各类案件进行查处；负责对信用社省级管理机构主要负责人的违法违纪行为做出处理，并督促信用社省级管理机构和有关部门对信用社违法违纪人员做出处理。

（7）帮助信用社清收旧贷，打击逃废债，维护农村金融秩序稳定，为信用社发展营造良好信用环境。

（8）信用社党的关系可实行省委领导下的系统管理，也可实行属地管理，地方党委要加强对信用社党的领导，做好信用社干部职工的思想政治工作。

省级人民政府对信用社风险处置的责任主要包括以下几方面。

（1）组织协调银监会、人民银行、信用社省级管理机构等有关部门，制定当地信用社风险防范和处置的具体办法并组织实施。

（2）组织协调有关部门处置信用社发生的突发性支付风险。

（3）指导信用社省级管理机构做好信用社重组和市场退出的有关组织工作。

银监会及其派出机构对信用社监管的职责包括如下几方面。

（1）根据有关法律、行政法规，制定监管制度和办法。

（2）审批机构的设立、变更、终止及其业务范围。

（3）依法组织现场检查和非现场监测，做好信息统计和风险评价，依法查处违法违规行为。建立信用社监管评级体系和风险预警机制，根据信用社评级状况和风险状况，确定对其现场检查的频率、范围和需要采取的其他措施。

（4）审查高级管理人员任职资格，并对其履行职责情况进行监管评价。

（5）向省级人民政府提供有关监管信息和数据，对风险类机构提出风险预警，并协助省级人民政府处置风险。

（6）对省级人民政府的专职管理人员和省级联社的高级管理人员进行培训。

（7）受国务院委托，对省级人民政府管理信用社的工作情况进行总结评价，报告国务院。

银监会在信用社风险处置中的职责包括如下几方面。

（1）按照《中华人民共和国银行业监督管理法》有关规定的要求，定期对信用社的风险状况进行考核和评价，按照评价结果实施分类监管，并将考核评价结果通报省级人民政府和人民银行。对风险较高的信用社，要提出明确的监管措施和整改要求，并监督省级联社制定改进措施和风险处置措施。

（2）对违反审慎经营规则、资本充足率低于2%、存在风险隐患的信用社，应当责令其限期改正，逾期未改正的，可以区别情形，采取以下措施。

①责令暂停部分业务、停止批准开办新业务；

②限制分配红利和其他收入；

③限制资产转让；

④责令控股股东转让股权或者限制有关股东的权利；

⑤责令调整理事或董事、高级管理人员或者限制其权利；

⑥停止批准增设分支机构。

（3）按上述措施整改后仍难以化解风险的信用社，应进一步采取停业整顿、依法接管、重组等措施。具体办法由银监会会同有关部门制定。

（4）对违法违规经营造成严重后果、已经发生支付风险或预警将发生支付风险，通过外部救助无法恢复其正常经营的信用社，可及时予以撤销。银监会做出撤销决定后，省级人民政府和银监会应联合公告，并由省级人民政府按照《金融机构撤销条例》的规定组织实施。

（5）信用社发生突发性金融事件，银监会及其派出机构应及时通报省级人民政府和人民银行，并协助省级人民政府按照既定的应急处置方案进行处置。

省级联社的具体职责包括如下几方面。

（1）建章立制，加强监督管理。结合当地信用社实际，制定信用社业务经营、财务核算、劳动用工、分配制度、风险控制等管理制度并督促执行。

（2）指导信用社健全法人治理结构，完善内控制度，逐步形成决策、执行、监督相制衡，激励和约束相结合的经营机制。督促信用社依法选举理事和监事，选举、聘用高级管理人员。

（3）对信用社业务经营、财务活动、劳动用工和社会保障及内部管理等工作进行培训、辅导和稽核检查。逐步扩大对外部股东、社员代表、理事、监事的培训，提高其参与信用社决策的能力。

（4）改进和完善当地信用社的资金清算和结算的技术支持系统，提高资金清算和管理效率。办理或代理信用社的资金清算和结算业务。

（5）为当地信用社提供业务指导和信息咨询服务。及时提供资金需求信息，鼓励法人之间开展同业拆借等同业融资活动。在平等自愿、明确债权债务关系和法律责任的前提下，为基层信用社融通资金。

（6）代表信用社协调有关方面关系，维护信用社的合法权益。

（7）省级人民政府授权行使的其他管理职责。

2004 年 8 月，国务院下发了《国务院办公厅关于进一步深化农村信用社改革试点的意见》（国办发〔2004〕66 号）。《意见》总结推广农村信用社在吉林、山东、江西、浙江、江苏、陕西、贵州、重庆 8 个试点省（区、市）的改革经验并就进一步做好 8 个试点省（区、市）深化改革试点工作给出了指导方向。值得注意的是，《意见》指出要"改善农村金融服务，加大金融支农力度"。农村信用社要进一步改善农村金融服务，加大金融支农力度。无论采取何种产权模式，选择何种组织形式，都要坚持服务"三农"的经营方向，信贷资金大部分要用于支持本地区农业和农民，即使是实行了股份制改造的机构，也要根据当地农村的产业结构状况，确定一定比例的资金用于支农。加大推广农户小额信用贷款的力度，进一步完善农户联保贷款办法。健全、完善农村信用社资金结算体系，大力发展银行卡等现代支付工具，不断探索代理保险、证券、委托理财、信息咨询服务等新的金融支农服务方式。国务院有关部门和地方政府要为农村信用社业务发展创造良好环境，取消不合理的限制性政策和规定，扩大农村信用社支农资金来源，提高支农服务水平。《意见》最后，还将北京、天津、河北、山西、内蒙古、辽宁、黑龙江、上海、安徽、福建、河南、湖北、湖南、广东、广西、四川、云南、甘肃、宁夏、青海、新疆21 个省（区、市）作为进一步深化农村信用社改革试点地区。

可以看出从 2003 年至 2004 年这两年，中央和国务院下发文件的频率是比较高的，尤其对农信社改革的力度相当大。这一轮的农村金融改革取得了突破性进展，逐步形成了农村商业银行、农村合作银行、县级农信社统一法人，县乡两级法人等多种产权制度相结合的新型管理模式。2004年，全国农信社在整整亏损 10 年后，首次获得盈利。

2004 年 12 月 31 日中共中央、国务院联合发布《中共中央国务院关于进一步加强农村工作提高农业综合生产能力若干政策的意见》（中发〔2005〕1 号）。《意见》要求改革和完善农村投融资体制建设，健全农业投入机制，推动农村金融改革和创新。要求明确金融机构在县及县以下机构、网点新增存款用于当地农业和农村经济发展的比例，以确保取之于农、用之于农，防止农村筹集资金外流。

2006 年 12 月，银监会发布《关于调整放宽农村地区银行业金融机构准入政策更好支持社会主义新农村建设的若干意见》（银监发〔2006〕90号）。《意见》放宽了农村地区新设金融机构的限制条件，首次允许境内外银行资本、产业资本和民间资本新设农村地区的金融机构，同时还鼓励在农村地区增设村镇银行、小额贷款公司和农民资金互助社等三类金融机构。积极支持和引导境内外银行资本、产业资本和民间资本到农村地区投资、收购、新设以下各类银行业金融机构。

（1）鼓励各类资本到农村地区新设主要为当地农户提供金融服务的村镇银行。

（2）农村地区的农民和农村小企业也可按照自愿原则，发起设立为入股社员服务、实行社员民主管理的社区性信用合作组织。

（3）鼓励境内商业银行和农村合作银行在农村地区设立专营贷款业务的全资子公司。

（4）支持各类资本参股、收购、重组现有农村地区的银行业金融机构，也可将管理相对规范、业务量较大的信用代办站改造为银行业金融机构。

（5）支持专业经验丰富、经营业绩良好、内控管理能力强的商业银行和农村合作银行到农村地区设立分支机构，鼓励现有的农村合作金融机构在本机构所在地辖内的乡（镇）和行政村增设分支机构。

《意见》还特别指出，这些新设银行类金融机构具备贷款服务功能的营业网点只能设在县（市）或县（市）以下的乡（镇）和行政村，确保机构的金融服务能够覆盖其所在地辖内的各个乡（镇）或行政村。《意见》还提到"建立农村地区银行业金融机构支农服务质量评价考核体系。一是农村地区银行业金融机构应制定满足区域内农民、农村经济对金融服务需求的信贷政策，并结合当地经济、社会发展的实际情况，制定明确的服务目标，保证其贷款业务辐射一定的地域和人群。二是银行业金融机构应根据在农村地区开展贷款业务的特点，积极开展制度创新，构建正向激励约束机制，建立符合'三农'实际的贷款管理制度，培育与社会主义新农村建设相适应的信贷文化。三是监管机构应建立对农村地区银行业金融机构的支农服务质量考核体系，并将考核结果作为对该机构综合评价、行政许可以及高级管理人员履职评价的重要内容，促进农村地区银行业金融机构安全稳健经营，满足农村地区的有效金融需求"。

2007年3月，中国邮政储蓄银行正式宣布成立，邮政储蓄无贷款业务的历史宣告结束。同年6月，邮储银行"好借好还"小额贷款业务在河南省新乡长垣县启动试点，至年末共有7省试点开办。多年的邮政业务使中国邮政形成了一个遍布全国乡村的工作网络，这个网络如果与金融业务结合起来，用得好，对农户借贷无疑是一个十分方便的平台。

2007年8月，银监会发布《关于银行业金融机构大力发展农村小额贷款业务的指导意见》（银监发〔2007〕67号），强调了农村小额贷款业务的社会意义和经济意义。《指导意见》开头就指出"随着社会主义新农村建设的大力推进，农村经济社会发生了深刻变化，农村小额融资需求已逐步由简单的生产生活需求向扩大再生产、高层次消费需求转变，由零散、小额的需求向集中、大额的需求转变，由传统耕作的季节性需求向现代农业的长期性需求转变，呈现多元化、多层次特征，原有的农村小额贷款已经无法满足日益增长的融资需求。主动适应农村小额融资需求变化，大力发展农村小额贷款，是有效解决农民贷款难，支持广大农民致富奔小康，促进农村市场繁荣和城乡协调发展的迫切需要；是银行业金融机构履行社会责任，培育新的利润增长点，提高竞争力和可持续发展能力的有效选择；是加强农村诚信建设，优化农村信用环境，抑制非法金融活动，建立良好金融秩序的重要依托"。同时明确发展农村小额贷款业务要坚持的五点原则：一是坚持为农民、农业和农村服务与可持续发展相结合；二是坚持发挥正规金融主渠道作用与有效发挥各类小额信贷组织的补充作用相结合；三是坚持市场竞争与业务合作相结合；四是坚持发展业务和防范风险相结合；五是坚持政策扶持与增强自身支农能力相结合。该《指导意见》具体要求通过放宽对象、拓展用途、提高额度、合理确定期限、科学确定利率、简化手续、强化动态授信、改进服务方式、完善约束机制和培育农村信用文化十个方面完善和创新农村小额贷款政策。

（1）放宽小额贷款对象。进一步拓宽小额贷款投放的广度，在支持家庭传统耕作农户和养殖户的基础上，将服务对象扩大到农村多种经营户、个体工商户以及农村各类微小企业，具体包括种养大户、订单农业户、进城务工经商户、小型加工户、运输户、农产品流通户和其他与"三农"有关的城乡个体经营户。

（2）拓展小额贷款用途。根据当地农村经济发展情况，拓宽农村小额贷款用途，既要支持传统农业，也要支持现代农业；既要支持单一农业，也要支持有利于提高农民收入的各产业；既要满足农业生产费用融资需求，也要满足农产品生产、加工、运输、流通等各个环节融资需求；既要满足农民简单日常消费需求，也要满足农民购置高档耐用消费品、建房或购房、治病、子女上学等各种合理消费需求；既要满足农民在本土的生产贷款需求，也要满足农民外出务工、自主创业、职业技术培训等创业贷款需求。

（3）提高小额贷款额度。根据当地农村经济发展水平以及借款人生产经营状况、偿债能力、收入水平和信用状况，因地制宜地确定农村小额贷款额度。原则上，对农村小额信用贷款额度，发达地区可提高到10万～30万元，欠发达地区可提高到1万～5万元，其他地区在此范围内视情况而定；联保贷款额度视借款人实际风险状况，可在信用贷款额度基础上适度提高。对个别生产规模大、经营效益佳、信用记录好、资金需求量大的农户和农村小企业，在报经上级管理部门备案后可再适当调高贷款额度。

（4）合理确定小额贷款期限。根据当地农业生产的季节特点、贷款项目生产周期和综合还款能力等，灵活确定小额贷款期限。禁止人为缩短贷款期限，坚决打破"春放秋收冬不贷"和不科学的贷款不跨年的传统做法。允许传统农业生产的小额贷款跨年度使用，要充分考虑借款人的实际需要和灾害等带来的客观影响，个别贷款期限可视情况延长。对用于温室种养、林果种植、茶园改造、特种水产（畜）养殖等生产经营周期较长或灾害修复期较长的贷款，期限可延长至3年。消费贷款的期限可根据消费种类、借款人综合还款能力、贷款风险等因素由借贷双方协商确定。对确因自然灾害和疫病等不可抗力导致贷款到期无法偿还的，在风险可控的前提下可予以合理展期。

（5）科学确定小额贷款利率。实行贷款利率定价分级授权制度，法人机构应对分支机构贷款权限和利率浮动范围一并授权。分支机构应在法规和政策允许范围内，根据贷款利率授权，综合考虑借款人信用等级、贷款金额、贷款期限、资金及管理成本、风险水平、资本回报要求以及当地市场利率水平等因素，在浮动区间内进行转授权或自主确定贷款利率。

（6）简化小额贷款手续。在确保法律要素齐全的前提下，坚持便民利民原则，尽量简化贷款手续，缩短贷款审查时间。全面推广使用贷款证，对已获得贷款证的农户和农村小企业，凭贷款证和有效身份证件即可办理贷款手续。增加贷款申请受理的渠道，在营业网点设立农村小额贷款办理专柜或兼柜，开辟农村小额贷款绿色通道，方便农户和农村小企业申请贷款。协调有关部门，把农户贷款与银行卡功能有机结合起来，根据条件逐步把借记卡升级为贷记卡，在授信额度内采取"一次授信、分次使用、循环放贷"的方式，进一步提高贷款便利程度。

（7）强化动态授信管理。根据信用贷款和联保贷款的特点，按照"先评级—后授信—再用信"的程序，建立农村小额贷款授信管理制度以及操作流程。综合考察影响农户和农村小企业还款能力、还款意愿、信用记录等的各种因素，及时评定申请人的信用等级，核发贷款证，实行公开授信。对农村小企业及其关联企业、农业合作经济组织等，以法人机构或授权的分支机构为单位，推行内部统一授信，同时注重信息工作，注意发挥外部评级机构的作用，防范客户交叉违约风险。对小额贷款客户资信状况和信用额度实行按年考核、动态管理，适时调整客户的信用等级和授信额度，彻底纠正授信管理机制僵化、客户信用等级管理滞后的问题。

（8）改进小额贷款服务方式。进一步转变工作作风，加强贷款营销，及时了解和满足农民资金需求，坚决改变等客上门的做法。要细分客户群体，对重点客户和优质客户，推行"一站式"服务，并在信贷审批、利率标准、信用额度、信贷种类等方面提供方便和优惠。尽量缩短贷款办理时间，原则上农户老客户小额贷款应在一天内办结，新客户小额贷款应在一周内办结，农村小企业贷款应在一周内办结，个别新企业也应在二周内告具结果。灵活还款方式，根据客户还款能力可采取按周、按月、按季等额或不等额分期还本付息等方式。对个别地域面积大、居住人口少的村镇，可通过流动服务等方式由客户经理上门服务。提高农村小额贷款透明度，公开授信标准、贷款条件和贷款发放程序，定期公布农村小额贷款授信和履约还款等情况。

（9）完善小额贷款激励约束机制。按照权、责、利相结合的原则，建立和完善农村小额贷款绩效评估机制，逐步建立起"定期检查，按季通报，年终总评，奖罚兑现"的考核体系。实行农村小额贷款与客户经理"三包一挂"制度，即包发放、包管理、包收回，绩效工资与相关信贷资产的质量、数量挂钩。建立科学、合理、规范的贷款管理责任考核制度，进一步明确客户经理和有关人员的责任。加强对农村小额贷款发放和管理各环节的尽职评价，对违反规定办理贷款的，严格追究责任；对尽职无错或非人为过错的，应减轻或免除相关责任；对所贷款项经常出现风险的要适时调整工作人员岗位，或视情况加强有针对性培训。

（10）培育农村信用文化。加快农村征信体系建设，依托全国集中统一的企业和个人信用信息基础数据库，尽快规范和完善农户和农村小企业信用档案。银行业金融机构要积极主动加入企业和个人信用信息基础数据库，实现与其他金融机构的信息共享。进一步推广信用户、信用村、信用乡（镇）制度，发挥好银行业金融机构的主导作用，通过建立农户自愿参加、政府监督指导、金融机构提供贷款支持的信贷管理模式，激发广大农民的积极性，把信用村镇创建活动引向深入。要坚持实事求是、循序渐进的原则，做到成熟一个发展一个，避免流于形式。对信用户的贷款需求，应在同等条件下实行贷款优先、利率优惠、额度放宽、手续简化的正向激励机制。结合信用村镇创建工作，加大宣传力度，为农村小额贷款业务的健康发展营造良好的信用环境。

这一《指导意见》的出台为 2008 年中国人民银行、财政部、人力资源和社会保障部三部委联合出台《关于进一步改进小额担保贷款管理积极推动创业促就业的通知》（银发〔2008〕238 号）奠定了基础。这也正是下一个阶段第四轮改革的破冰之举。

2007 年 10 月，经国务院批准的村镇银行等工作扩大试点到全国 31 个省区市（不含台湾）。

第四阶段：2008～2014 年

2008 年，美国次贷危机引发的全球金融海啸给我国沿海一带的工厂、企业带来了灭顶之灾。这些工厂企业尤其是中小型企业的员工们很大一部分正是上一节中提到的那些外出务工的农民兄弟。企业的倒闭迫使他们不得不回到家乡、回到农村另谋出路。于是，2009 年的政府工作报告上诞生了一个新名词——"返乡农民工"。这些返乡农民工年龄在 40~50 岁，学历不高（一般都没有上过大学），他们有一定的家底，优势是长年外出务工积累的经验和技术。在国家政策的鼓励下，他们开始了自己"从头再来"的创业之路。所以，这之后，农户借贷进入了一个全新的时期，一个从"生活性需求"向"生产性需求"进化的时期，一个从"生存型动机"向"发展型动机"转变的时期。

2008 年 4 月，格莱珉模式小额信贷项目在中国第一个官方性质的试点海南省琼中县展开。20 世纪 70 年代末，"穷人的银行家"、乡村银行的创办者尤努斯教授从试验小额贷款开始成功创办"格莱珉银行"，这一成功举措普惠了孟加拉国境内 600 多万低收入者，覆盖近 7 万个村庄。格莱珉银行成为全孟加拉国最大的村镇银行和全球典型的穷人银行，[①] 尤努斯教授凭此获得 2006 年诺贝尔和平奖。格莱珉银行的主要特点为：瞄准最贫困的农户，并以贫困家庭中的妇女作为主要目标客户；提供小额短期贷款，按周期还款，整贷零还（这是模式的关键）；无须抵押和担保人，以五人小组联保代替担保，相互监督，形成内部约束机制；按照一定比例的贷款额收取小组基金和强制储蓄作为风险基金；执行小组会议和中心会议制度，检查项目落实和资金使用情况，办理放、还、存款手续，同时交流致富信息，传播科技知识，提高贷款人的经营和发展能力。它向贫穷的农村妇女提供数额较小的贷款（即微型贷款），作为非政府组织（NGO）支持其生活。此系统是基于一个观点，即贫穷的人都有未开发的技术。银行同时也接受存款和其他服务，也进行发展导向的经营，包括纺织品、电信和能源公司。[②] 格莱珉模式在琼中的成功移植大大触动了中国高层，开放农村金融市场的改革新政由此酝酿。

2008 年 5 月，中国人民银行、银监会发布《关于村镇银行、贷款公司、农村资金互助社、小额贷款公司有关政策的通知》（银发〔2008〕

---

① 陈熹：《小额贷款可持续发展模式分析》，《江西社会科学》2013 年第 10 期，第 63 页。
② 〔孟〕穆罕默德·尤努斯（Muhammad Yunus）：《穷人的银行家》，吴士宏译，三联书店，2012，第 235~245 页。

137 号），肯定了村镇银行、贷款公司、农村资金互助社、小额贷款公司对改进和完善农村金融服务、培育竞争性农村金融市场的积极作用，明确了这四类农村金融机构的存款准备金管理、存贷款利率管理、支付清算管理、会计管理、金融统计和监管报表、征信管理、现金管理和风险监管等相关政策。

2008 年 9 月，中国人民银行发布《中国农村金融服务报告（2008）》，提出深化农村金融服务在今后一段时间内的基本思路，即适度提高农村信用社贷款利率上限，继续放宽新设农村金融机构的准入门槛和降低监管标准，加快建立存款保险制度。《报告》显示，我国农村金融体系已经初步实现了多层次、广覆盖的目标。截至 2007 年末，全国县域金融服务网点为 12.4 万个，县域金融机构存款余额达到 9.11 万亿元，占全国金融机构各项存款总额的比重为 23.4%；全部金融机构涉农贷款余额为 6.12 万亿元，占全部金融机构贷款总额的 22%，占 GDP 的 24.8%（见表 4 – 1）。①

表 4 – 1 县域金融服务网点情况

单位：个

	2004 年	2005 年	2006 年
县域金融服务网点总数	134073	128728	123974
其中:邮政储蓄网点数	23239	23468	23695
中国农业发展银行网点数	1555	1533	1517
中国农业银行网点数	16926	15511	13175
农村商业银行网点数	535	524	505
农村合作银行网点数	1800	2142	2515
农村信用社网点数	60869	55953	52089
证券公司机构网点数	664	680	711
期货公司机构网点数	15	15	23
保险公司机构网点数	11130	12548	14135
担保公司机构网点数	752	975	1365
典当行机构网点数	499	602	713
其他县域金融机构网点数	16089	14777	13531

数据来源:《中国农村金融服务报告（2008）》。

---

① 中国人民银行农村金融服务研究小组:《中国农村金融服务报告（2012）》,中国金融出版社,2013。

2008 年 10 月，中国共产党第十七届中央委员会第三次全体会议通过
《中共中央关于推进农村改革发展若干重大问题的决定》。在阐述大力推
进改革创新、加强农村制度建设时，《决定》要求建立现代农村金融制
度。《决定》指出，充足的资金支持是农村发展的关键所在，也是建立农
村现代金融制度的着眼点。"农村金融是现代农村经济的核心。创新农村
金融体制，放宽农村金融准入政策，加快建立商业性金融、合作性金融、
政策性金融相结合，资本充足、功能健全、服务完善、运行安全的农村金
融体系。加大对农村金融政策支持力度，拓宽融资渠道，综合运用财税杠
杆和货币政策工具，定向实行税收减免和费用补贴，引导更多信贷资金和
社会资金投向农村。各类金融机构都要积极支持农村改革发展。坚持农业
银行为农服务的方向，强化职能、落实责任，稳定和发展农村服务网络。
拓展农业发展银行支农领域，加大政策性金融对农业开发和农村基础设施
建设中长期信贷支持。扩大邮政储蓄银行涉农业务范围。县域内银行业金
融机构新吸收的存款，主要用于当地发放贷款。改善农村信用社法人治理
结构，保持县（市）社法人地位稳定，发挥为农民服务主力军作用。规
范发展多种形式的新型农村金融机构和以服务农村为主的地区性中小银
行。加强监管，大力发展小额信贷，鼓励发展适合农村特点和需要的各种
微型金融服务。允许农村小型金融组织从金融机构融入资金。允许有条件
的农民专业合作社开展信用合作。规范和引导民间借贷健康发展。加快农
村信用体系建设。建立政府扶持、多方参与、市场运作的农村信贷担保机
制。扩大农村有效担保物范围。发展农村保险事业，健全政策性农业保险
制度，加快建立农业再保险和巨灾风险分散机制。加强农产品期货市场建
设。"

2009 年 6 月，银监会发布《关于印发〈小额贷款公司改制设立村镇
银行暂行规定〉的通知》（银监发〔2009〕48 号）。《暂行规定》明确了
小额贷款公司改制为村镇银行的准入条件、改制工作的程序和要求、监督
管理要求等。依据《暂行规定》，小额贷款公司改制为村镇银行必须满足
村镇银行市场准入的基本条件，包括必须由银行业金融机构作为主发起
人。除此之外，拟改制小额贷款公司还应当在法人治理、内部控制、经营
管理及支农服务等方面符合一定要求。一是公司治理机制完善、内部控制

健全。二是考虑经营能力和持续发展的要求，小额贷款公司按《关于小额贷款公司试点的指导意见》新设后持续营业 3 年及以上；清产核资后，无亏损挂账，且最近 2 个会计年度连续赢利。三是考虑防范和控制风险的要求，小额贷款公司资产风险分类准确，且不良贷款率低于 2%；已足额计提呆账准备，其中贷款损失准备充足率 130% 以上。四是考虑支农和服务当地的要求，小额贷款公司资产应以贷款为主，最近四个季度末贷款余额占总资产余额的比例原则上均不低于 75%，且贷款全部投放所在县域；最近四个季度末涉农贷款余额占全部贷款余额的比例均不低于 60%。五是考虑流动性风险和抵债资产减值风险的要求，小额贷款公司抵债资产余额不得超过总资产的 10%。《暂行规定》的出台，对小额贷款公司规范经营、持续稳健发展具有积极的引导和推动作用，对促进小额贷款公司活跃县域和农村金融市场，加强对"三农"和中小企业的支持，促进"保增长、扩内需、调结构"宏观调控政策的落实将发挥积极作用。

2009 年 10 月，银监会与全国总工会联合发布了《关于开展工会创业小额贷款试点工作的通知》（银监发〔2009〕89 号）。《通知》旨在有针对性地解决下岗失业人员及农民工自主创业资金短缺问题，推出工会创业小额贷款这一新型贷款品种。该类型贷款品种具有受益面广、手续简便、形式多样、方式灵活等特点。《通知》还对该类型贷款做了如下详细规定。其一，工会创业小额贷款的借款人为具有工会会员资格的下岗失业等就业困难人员。其二，开办工会创业小额贷款的贷款机构为经银监会批准设立的具备经营个人贷款业务资格的银行业金融机构。其三，工会创业小额贷款，采取信用贷款方式的，额度原则上控制在 3 万元以内，一般不超过 5 万元；采取抵押、质押、保证担保、创业合伙人联保等贷款方式的，视借款人实际承担风险能力，贷款额度可适度提高。其四，贷款期限一般设定在 2 年以内，可适当展期，但展期期限最长不得超过 1 年，其中短期贷款展期期限累计不得超过原贷款期限；经客户申请，贷款人在审查之后可适度延长贷款期限（双方协商确定其他条件），无须签订新的《借款合同》，但原合同中应对此做法做有关约定。其五，按照"保本微利"的业务运营原则，在人民银行公布的同期贷款利率基础上适当进行风险定价。其六，贷款人可比照小企业流动资金贷款方式，与工会创业小额贷款借款人在《借款合同》中约定灵活、便捷的贷款发放和还款方式。该类型贷款采取在部分银行业金融机构和部分地区先行试点、总结经验后再全面推广的方式开展。试点机构范围为中国邮政储蓄银行、各城市商业银行和各类农村中小金融机构，试点地区范围为全国九个省份的 20 个城市。通过发布《通知》，开展试点工作，初步形成了以工会创业小额贷款为载体、以金融产品和服务方式创新为动力的支持下岗失业人员及农民工创业的金融服务体系，较大程度上缓解了下岗失业人员及农民工的创业资金短缺问题，引导和帮助了就业困难群体就地创业、农民工返乡创业，使受到贷款扶持的人员成为创业带头人，以创业带动就业，完善了就业扶持政策体系，提高了城乡就业水平。

2009 年银监会相继发布的以这两个文件为代表的大范围发展小额贷款公司的指导以及小额贷款公司可转制成村镇银行的规定，很大程度上传递了大力发展的意图，小额贷款公司作为正规金融服务机构的补充力量得到蓬勃发展。从这一年起，随着国家对民营资本组建村镇银行的态度向积极化方向发展，外资银行纷纷下乡组建村镇银行，掀起了一股狂潮，有力地补充了已有的农村金融服务。

2011 年 1 月，中国人民银行再次发布《中国农村金融服务报告 (2010)》，提出加快建立多层次、多样化的农村金融服务体系，并鼓励适度竞争，积极推进农村信贷产品和金融服务方式创新，同时发挥地方政府在农村金融发展中的积极促进作用。根据《报告》的数据，截至 2010 年末，金融机构涉农贷款明显增加，涉农贷款余额达 11.77 万亿元，占各项贷款余额的 23.1%，比 2007 年末增长 92.4%。其中农村贷款余额 98017.4 亿元，占金融机构全部涉农贷款余额的 83.3%；农村贷款中农户贷款余额为 26043.3 亿元，比 2007 年末增加 12644.8 亿元，占全部涉农贷款余额的 22.13%。（见图 4-1）

2012 年 3 月，国务院决定设立温州市金融综合改革试验区，同时召开常务会议批准实施《浙江省温州市金融综合改革试验区总体方案》。《方案》对构建与经济社会发展相匹配的金融体系提出了要求，包括体制机制创新、引导和规范民间融资发展、提升金融服务实体的经济能力和多元化金融服务内容等，旨在为全国金融改革的深化提供经验。这是我国金

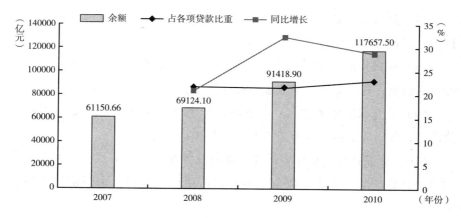

图 4 - 1 金融机构涉农贷款变化情况

数据来源：《中国农村金融服务报告（2010）》。

融体制改革上的一个重要方案，也是民间融资从地下转到地上的一个重要里程碑。国务院在温州金融总体改革方案中下达了十二项主要任务。

（1）规范发展民间融资：制定规范民间融资的管理办法，建立民间融资备案管理制度，建立健全民间融资监测体系。

（2）加快发展新型金融组织：鼓励和支持民间资金参与地方金融机构改革，依法发起设立或参股村镇银行、贷款公司、农村资金互助社等新型金融组织。符合条件的小额贷款公司可改制为村镇银行。

（3）发展专业资产管理机构：引导民间资金依法设立创业投资企业、股权投资企业及相关投资管理机构。

（4）个人境外直接投资：研究开展个人境外直接投资试点，探索建立规范便捷的直接投资渠道。

（5）深化地方金融机构改革：鼓励国有银行和股份制银行在符合条件的前提下设立小企业信贷专营机构，支持金融租赁公司等非银行金融机构开展业务，推进农村合作金融机构股份制改造。

（6）创新发展面向小微企业和"三农"的金融产品与服务，探索建立多层次金融服务体系：鼓励温州辖区内各银行机构加大对小微企业的信贷支持，支持发展面向小微企业和"三农"的融资租赁企业，建立小微企业融资综合服务中心。

（7）培育发展地方资本市场：依法合规开展非上市公司股份转让及技术、文化等产权交易。

（8）积极发展各类债券产品：推动更多企业尤其是小微企业通过债券市场融资，建立健全小微企业再担保体系。

（9）拓宽保险服务领域：创新发展服务于专业市场和产业集群的保险产品，鼓励和支持商业保险参与社会保障体系建设。

（10）加强社会信用体系建设：推进政务诚信、商务诚信、社会诚信和司法公信建设，推动小微企业和农村信用体系建设，加强信用市场监管。

（11）完善地方金融管理体制，防止出现监管真空，防范系统性风险和区域性风险：建立金融业综合统计制度，加强监测预警。

（12）建立金融综合改革风险防范机制：清晰界定地方金融管理的职责边界，强化和落实地方政府处置金融风险和维护地方金融稳定的责任。

可以看出，其中的首要任务就是规范和发展民间融资。具体到建立民间融资的管理制度，制定民间融资的管理办法和健全民间融资的检测体系等。这像是一个风向标，不仅仅肯定了民间融资在金融市场发展中的重要性和必要性，更意味着未来我国金融市场正规与非正规渠道共同作用、相互协调时代的到来。

2012 年 10 月银监会下达《关于印发〈农户贷款管理办法〉的通知》（银监发〔2012〕50 号）。这是银监会首次从国家层面对农户贷款的管理架构与政策、基本要素、受理与调查、审查与审批、发放与支付、贷后管理、激励与约束等制定的一个全面细致的规范性办法。《通知》要求"农村金融机构应当坚持服务'三农'的市场定位，本着'平等透明、规范高效、风险可控、互惠互利'的原则，积极发展农户贷款业务，制定农户贷款发展战略，积极创新产品，建立专门的风险管理与考核激励机制，加大营销力度，不断扩大授信覆盖面，提高农户贷款的可得性、便利性和安全性。农村金融机构应当增强主动服务意识，加强产业发展与市场研究，了解发掘农户信贷需求，创新抵押担保方式，积极开发适合农户需求的信贷产品，积极开展农村金融消费者教育"。

同年，银监会还发布了《关于农村中小金融机构实施金融服务进村入社区工程的指导意见》（银监办发〔2012〕190 号）、《关于农村中小金融机构实施阳光信贷工程的指导意见》（银监办发〔2012〕191 号）和《关于农村中小金融机构实施富民惠农金融创新工程的指导意见》（银监办发〔2012〕189 号），引导农村中小金融机构启动上述"三大工程"，针对农村地区金融需求存在较大差异、抵押担保物缺失等特点，研发新的农村信贷产品，探索新的金融服务。其中，最后一项文件对农村金融创新提出了具体的要求。

（1）理念创新。农村中小金融机构要将富民惠农金融创新作为提升核心竞争力和履行社会责任的重要途径，不断创新和丰富服务"三农"和社区的经营理念。

（2）组织创新。按照"流程银行"要求构建以农村金融服务为核心的组织架构，建立健全跨部门、跨层级的良好信息沟通和紧密业务协作机制，鼓励通过专业支行或事业部方式，加强对区域支柱行业和特色产业的金融服务。

（3）产品创新。根据农村金融服务对象、行业特点、需求差异，细分客户群体，积极开发符合农村经济特点和农户消费习惯的金融产品。加强融资产品创新，满足不同客户的融资需求，科学运用微贷管理等先进技术，开发多样化有特色的农户、商户贷款产品，积极扩大小额信用贷款和联保贷款覆盖面，探索与银行卡授信相结合的小额信贷产品；创新涉农科技金融产品，切实加大对农业技术转移和成果转化的信贷支持；立足区域经济特点，围绕地方支柱行业、特色产业及其核心企业、产业集群开发产业链信贷产品，促进区域经济发展；开发促进农业产业化经营和农民专业合作社发展的信贷产品，促进农业规模化发展和产业升级；加快结算产品创新，根据农村金融客户的融资特点创新结算产品，开发适合农村客户需要的结算工具，提高农村客户结算效率，降低资金在途成本。

（4）担保方式创新。在有效防范信用风险的前提下，创新开办多种担保方式的涉农贷款业务，有效解决担保难问题。扩大抵押担保范围，鼓励法律法规不禁止、产权归属清晰的各类资产作为贷款抵质押物；要因地制宜灵活创新抵押、共同担保、产业链核心企业担保、专业担保机构担保、应收账款质押、商铺承租权质押、自然人保证、信用、联保和互保等贷款担保方式；积极鼓励以政府资金为主体设立的各类担保机构为涉农业务提供融资担保；加强与保险机构合作，探索开展涉农贷款保证保险业务等业务品种。在全面调查农户信用状况等"软信息"基础上，适当降低担保门槛和抵押贷款比重。

（5）商业模式创新。着力打造适应农村金融服务特点的商业模式，以全面满足"三农"客户需求、实现客户价值最大化为目标，整合内外部金融服务资源，探索"信贷工厂""金融管家"等不同形式，形成完整、高效、具有独特核心竞争力、可持续经营的运行系统，实现对农户、商户、农企的标准化、批量化、规模化的营销、服务和管理。

（6）业务流程创新。积极开展流程再造，合理配置审批权限，简化审批手续，实行限时审批，动态管理授信额度，建立透明高效的信贷流程。

（7）服务渠道创新。拓宽授信业务申请渠道，利用通信、网络、自助终端等科技手段广泛受理客户申请。

（8）信用体系建设创新。完善区域信用评价体系，创新农户信息采集方式，建立农户信用信息共享机制。建立健全农户经济档案，全面记录农户贷款还款情况，加强各类信用信息的收集管理工作，引导增强农户信用意识，为开展产品服务创新打造良好的外部信用环境。

2013年初，中国人民银行发布《中国农村金融服务报告（2012）》。《报告》显示，从2007年末到2012年底，国家对"三农"发展的金融支持力度有大幅度提升，全部金融机构本外币农村（县及县以下）贷款余额、农户贷款余额、全口径涉农贷款余额这5年的增速几乎都超过了20%（见表4-2）。

全国各地在农村金融产品和服务方式上都有不同的个性化创新内容，较有影响的包括：集体林权抵押贷款、大型农机具抵押贷款、"信贷+保险"产品、农村特殊群体小额担保贷款、中小企业集合票据和涉农企业直接债务融资工具等。具体到个案，有江西的文明信用贷款、陕西的订单农业和供应链融资、吉林的粮食涉农直补资金担保贷款、湖南耒阳的油茶林权抵押贷款、湖北咸宁的"1+1"金融模式等。

表4-2 2007年以来涉农贷款及"三农"贷款统计情况

单位：亿元；%

时期（年）	农村（县及县以下）贷款					农林牧渔业贷款					农户贷款					全口径涉农贷款					各项贷款		
	余额本期数	占各项贷款比例	比年初增量本期数	占各项贷款比例	余额同比增长	余额本期数	占各项贷款比例	比年初增量本期数	占各项贷款比例	余额同比增长	余额本期数	占各项贷款比例	比年初增量本期数	占各项贷款比例	余额同比增长	余额本期数	占各项贷款比例	比年初增量本期数	占各项贷款比例	余额同比增长	余额	比年初增量	余额同比增长
2007年12月	50384	18.1				15055	5.4				13399	4.8				61151	22.0				277747	39205	16.4
2008年12月	55569	17.4	9265	18.6	18.4	15559	4.9	1507	3.0	10.0	15170	4.7	2192	4.4	16.4	69124	21.6	12738	25.6	20.8	320049	49774	17.9
2009年12月	74551	17.5	20195	19.2	34.2	19488	4.6	4248	4.0	25.2	20134	4.7	4973	4.7	32.7	91316	21.5	23482	22.3	32.1	425597	105199	33.0
2010年12月	98017	19.2	23467	28.1	31.5	23045	4.5	3557	4.3	18.3	26043	5.1	5909	7.1	29.4	117658	23.1	26342	31.5	28.9	509226	83629	19.7
2011年12月	121469	20.9	22508	28.6	24.7	24436	4.2	2937	3.7	13.7	31023	5.3	5079	6.4	19.1	146016	25.1	27271	34.6	24.9	581893	78825	15.7
2012年12月	145385	21.6	23886	26.2	19.7	27261	4.1	3103	3.4	11.6	36193	5.4	4999	5.5	15.9	176227	26.2	30036	33.0	20.7	672872	91074	15.6
2007~2012年均增长	24.4					13.4					22.3					24.3					19.7		

注：（1）本表统计口径为本外币。涉农贷款专项统计自2007年9月起实施，2007年当年无法统计涉农贷款，2007年新增额及其占比。（2）①涉农贷款按用途划分包括农林牧渔业贷款和其他涉农贷款两部分。农林牧渔业贷款是指各金融机构发放给各主体进行农林牧渔业生产的贷款，包括农业贷款、林业贷款、牧业贷款、渔业贷款和其他农林牧渔服务业贷款；其他涉农贷款，以及涉农贷款之外的各项贷款，其中包含金融机构发放的除农林牧渔业生产之外的各类特定用途贷款，主要有农用物资和农副产品流通贷款、农村企业和各类组织用于支付农业产前、产中、产后的各环节，农业生产资料制造贷款、农业科技贷款等。此外，还包括其他地方促进农村地区经济发展的村基础设施建设贷款，农产品加工贷款，农田基本建设贷款，农田水利建设贷款，如县域地区的房地产贷款，建筑业贷款，除农林牧渔业贷款之外的农村个体户贷款等。②涉农贷款按承贷主体划分包括个人涉农贷款，企业涉农贷款。

贷款和各类非企组织涉农贷款三个部分。其中，个人涉农贷款包括农户贷款和非农户个人农林牧渔贷款。农户贷款是金融机构发放给农户的所有贷款，包括农户生产经营贷款和农户消费贷款。农户生产经营贷款包括农户用于从事农林牧渔业生产活动的贷款和农户用于第二、第三产业活动的其他生产贷款等。企业涉农贷款是指金融机构发放给农村企业和城市的涉农贷款，如助学贷款、医疗贷款、个人构建住房贷款等。农户消费贷款是指发放给农户满足自身吃、穿、住、用、行以及医疗、学习等需要的贷款，包括农村企业和城市的涉农贷款。各类非企业合作社是指根据《中华人民共和国农民专业合作社法》的规定所设立和登记的农民专业合作组织；其他组织包括农事业单位、机关法人、社会团体以及居民委员会、村民委员会和基金会等。③涉农贷款按城乡地域分类和城市涉农贷款和城市涉农贷款，而城市企业及各类组织的其中，农村涉农贷款包括农村涉农贷款和城市涉农贷款主要包括非农户个人农林牧渔业贷款及各类组织的各类涉农贷款和登记的农民专业合作组织。各类涉农贷款包括农村各类组织涉农贷款，包括农村各类专业农民以及居织贷款。城市涉农贷款包括非农户个人农林牧渔业贷款及各类组织的农林牧渔业贷款包括非农户个人农林牧渔业及各类组织的支农贷款。

数据来源：《中国农村金融服务报告（2012）》

正规金融机构、非正规金融机构和其他组织是共同构成新型农村金融服务体系的三大主体，随着农村金融基础服务覆盖面的不断扩大，这三大主体之间的共同协作、相互竞争也越来越多。截至 2012 年底，全国金融机构"零乡镇"已从 2009 年 10 月的 2945 个减少到 1686 个；实现乡镇金融机构和乡镇基础金融服务双覆盖的省份（含计划单列市）从 9 个增加到 24 个（见表 4 - 3）。

表 4 - 3 2012 年主要涉农金融机构相关情况

机构名称	机构数（家）	营业性网点数（个）	营业性网点从业人数（人）
农村信用社*	1927	49034	502829
农村商业银行	337	19910	220042
农村合作银行	147	5463	55822
村镇银行	800	1426	30508
贷款公司	14	14	111
农村资金互助社	49	49	421
合　计	3274	75896	809733

注：＊此处不包含农村商业银行和农村合作银行。
数据来源：《中国农村金融服务报告（2012）》。

第二节　农户借贷行为基本现状

近十年来，农户的金融需求越来越旺盛，尤其是借贷需求。根据调查，可以大致将农户的金融需求分为三个层次，大致呈纺锤形，也作橄榄形，即上下两头尖中间大。通过分析农户的金融需求，我们可以清晰地看到农户借贷行为的基本现状。

首先是顶部的尖端部分，这一群体大约占总量的 20%。在还没有分田到户的时期，这部分人就已经开始"走资本主义道路"（用当时的话说，是要被"割尾巴的"）并挣得第一桶金，属于投资创业意识觉醒得最早的一批农民。他们现在多半已经将做大的产业由父传子，在城区或是郊区做包工头，甚至有相当一部分已经成了农民企业家。这部分人随时随地准备脱离农村，也已经具备了脱离农村的物质基础，有的可能已经生活在县城或是城市。但他们是土生土长的农村人，他们的根还在农村，血缘和亲缘构筑起来的社会网络还在农村，生活习惯也是农村化的。他们不仅持有大量的自有资金，而且还有旺盛的借贷需求，需要拓展已成规模的产业。这部分农民不存在我们经常讨论的"贷款难"问题，风险小、借贷需求量大，是各家商业银行争夺的目标客户群体。

其次是中间最大的部分，这一群体大约占70%。他们已经脱离了贫困线，能保证基本的温饱，手头还有闲钱，时常利用农闲时节外出务工。他们的子女也已经到了可以外出务工挣钱的年纪。于是，子女成家立业盖房子或是做些小投资小买卖就成了他们主要的借贷需求。一般来说，这部分人的借贷需求大约在5万~20万元。他们一般不需要借贷，只有在家庭出现突发性大开支时才会考虑借钱。在现有的情况下，这部分人的金融需求也是可以基本得到满足的。

最后是最下面的尖端部分，这一群体大约占不到10%。他们是整个纺锤形中条件最差、信贷风险最大的一群人，生活在贫困线以下。造成这部分人贫穷的原因很多，祖上没有遗产，自身体力不足、智力不足、关系不足等。体力不足指的是这样的家庭里，夫妻双方都是病患。智力不足包括智商和情商，指的是比较木讷、过于本分或懒惰的农民。关系不足指的是他们所在的宗族人丁不兴旺，或是宗亲中缺乏有能力的人，或是他们与这些有能力的人没有交集。当然，在生产经营中遭受突然的灾害和创伤，导致家庭急速返贫，甚至变成赤贫也是原因之一。借贷最困难的就是最下端的这部分人，虽然他们也缺钱，也有借贷需求，但是他们几乎没有再生能力，是极高风险群体，任何一家正规金融机构给他们发放贷款都是无法收回的。基于人道，农信社对这一人群中经济状况相对较好的个体发放了一部分贷款。但是这部分贷款已经对农信社造成一种损害。

第三节　农户借贷行为的比较分析

一　纵向比较：时间差异分析

从宏观层面来看，1978年改革开放以来，农户借贷无论从金额上还是结构多样性上都有很大程度的提高。金额的增加与借贷行为结构多样性的变化是分不开的。30多年前，仅仅满足于改善生活类的农户借贷金额在几百到几千元；现如今，对于规模化农业生产的借贷需求，几万元到几十万元的借贷限额都已经远远不能满足。

从微观上来看，年内农户借贷的时间差异主要体现在季节差异上（这一层面的时间差异已经越来越被淡化）。这种借贷差异在早期更为明显，当时的农户借贷需求主要来自购买种子和化肥以及农具，故在农忙和农闲季节形成一定的对比，再有就是过年过节时的走亲访友、婚丧嫁娶形成的突然性的支出增加。

另外，在中国人尤其是在农村人的传统观念里，若不是有困难确实无法还钱，农民不愿意"欠隔年的钱"。也就是说，中国人都有在过年之前必须把钱还清的习惯。所以，无论是正规还是非正规借贷，都有年前集中还贷和年后集中借贷的现象发生。

二　横向比较：区域差异分析

靠近县城或生活在县城的农户可以享受到更多更灵活的农村金融支持。比如农信社的联保制度、随贷随还的农贷卡、政府的担保贷款等，都在这些地区覆盖，且被执行得很好。但在相对较远的乡镇、林场，真正贫穷的村庄里，农户甚至可能仅仅听说过这些政策，希望享受别人已经享受到的贷款。在手续上、借和还的操作上都更加复杂，门槛更高，获得贷款更困难。

同样的差异性也出现在较发达地区和内陆地区，毗邻江浙的长三角一带的上饶地区（如婺源），信贷环境就更佳，政策的实施也更加灵活，信誉环境也更好，从而形成良性循环。比如之前提到的"一次核定，随用随贷，余额控制，周转使用"的授信管理方式，婺源地区已经运行了多年。而永丰地区却尚未开通这项服务，农户们每借每还都需要到银行重新办理手续，过程相当繁杂。

以信用社为代表的正规金融机构借贷也有明显的地区差异。比如在是否需要请客送礼这一点上，在婺源县江湾镇调研时，那里的农民们普遍认为到银行借贷是一件很平常的事，不需要靠任何人情关系只要按正常手续办就可以，而且银行的工作人员还会主动上门；而在丰城市小港镇，大部分受访农户认为只有在银行有熟人才能贷到款。

银行是以营利为目的的正规金融机构，所以不可避免的，金融意识觉醒较早、靠近江浙沿海一带的农民可以享受到更多更灵活的农村金融支持。在这些地区，农民和银行之间最初建立信任基础的环节已经完成，他们已经进入共同成长、实现互惠共赢的阶段。但在相对较为偏远的乡镇、林场、起步较晚、仍然较为贫穷的农民需要付出更大的代价，也许仍无法获得同样的贷款。因为他们和银行之间关系脱节，没有在同一层面、同一阶段进行思考和开展相关业务的可能。这样的差距是地区发展不均衡造成的，他们要和银行迅速建立起良好的信任关系是不容易的，所以也就出现了之前提到的农民认为必须要在银行认识熟人才可以获得贷款的情况。

三　条件比较：类型差异分析

就目前来说，江西的农户借贷主要有三种类型。

（1）私人借贷。包括亲戚朋友之间有息或无息的人情借贷，还有各种私人成立的地下钱庄等。在调研中我们发现，亲戚朋友间的借贷在农户借贷中仍然占有相当大的分量。一般来说，私人借贷方面，农民会首先考虑找三代以内的亲戚借钱，其次才是熟悉的朋友。而所谓"熟悉的朋友"更多的是合作多年的生意伙伴或是认识几十年的发小。再次，农民才会考虑向类似高利贷的地下钱庄借钱。江西是一个内陆农业大省，民间借贷并不如江浙沿海一带那样发达。江西的农民还是比较保守的，地下钱庄过高的利息是难以被接受的。

（2）银行针对农户的贷款。在农行逐步缩减其在乡镇一级的网点之后，农信社（农村商业银行、农村合作银行，以下统称农信社）几乎成为服务农村社区的主力军。江西省农信社的小额农贷、农户联保等几个专门为农户设计的信贷产品是农民向正规金融机构借贷的重要渠道。近几年邮政储蓄银行也开始增加网点，但无论从数量上还是产品的实用性上看还是不及农信社。农信社的支农贷款主要有"小额农贷""农户联保贷款"等。

（3）政府部门的贷款。这一类型贷款的实际发放机构还是以农信社为代表的银行，"政府部门"在其中起到桥梁的作用，通过帮助农户与正规金融机构联络和沟通，建立社会信用体系。这一类型的贷款主要有两个典型，一是江西省人力资源和社会保障厅（以下简称"省人社厅"）的小额担保贷款，二是省委宣传部、省文明办的"文明信用农户"贷款。

①省人社厅的小额担保贷款是指通过政府出资设立担保基金，委托担保机构提供贷款担保，由经办商业银行发放，以解决符合一定条件的待就业人员从事创业经营自筹资金不足的一项贷款业务，包括自谋职业、自主创业或合伙经营和组织起来创业的开办经费和流动资金。[①]

②"文明信用农户"贷款是以农户为主体，以个人信誉为保证，以农户道德评定为依据，在核定的授信额度内发放的不需担保的贷款。适用对象是在县级及以上党委、政府部门组织创评"文明信用农户"活动中，被授予"文明信用农户"称号的农户。在具体实施中，村里评选出来的"文明户"也可以作为"文明信用农户"获得不同等级的贷款额度及利息优惠。

第四节 农户借贷行为主要特征

一 农户借贷行为调查数据说明

农户借贷行为是一种发生在农民这一特定群体中的复杂的经济行为。农民作为尚在融入现代经济社会的一个群体，他们的借贷行为不可能全部发生在银行等正规金融机构中，但我们无法从已有的各种金融和经济数据库获取与农户借贷行为相关的数据。为了取得农户借贷行为近期相对真实的原始数据，我们设计了一份调查问卷，走向田间地头请农民们亲笔填写，对不识字的农户采取口述问答的方式帮助完成。考虑到填写问卷的人群的知识水平，在进行问卷设计时再三修改尽量做到言简意赅，符合受调查者的语言和思维习惯，争取问卷数据质量能符合研究的需要。另外，向农户回收调查问卷，也相当费时费力，工作量很大。之后，筛选有效问

---

① 陈熹：《小额贷款可持续发展模式分析》，《江西社会科学》2013 年第 10 期。

卷，问卷的后期处理包括录入电脑和数据分析等工作。

我们实地调查了江西省不同地理位置、不同经济状况、不同风土民情的九个县。调查问卷内容主要包括农户基本情况、农户借贷相关情况、社会关系对借贷行为的影响和借贷之后产生的福利效果等四大部分，本书涉及的各个变量均已涵盖。调查样本的抽样基本原则如下：首先，按全省地理区域的划分，以省会城市南昌为轴心，从五个方位各抽取有代表性的样本设区市，包括，东部地区的上饶市、鹰潭市、抚州市，南部地区的吉安市，西部地区的宜春市，北部地区的九江市，中部地区的省会南昌市；其次，以人均收入为基准，在样本设区市内各抽取1～2个县（市、区），最终用于实地调查的共9个县；最后，在每个县，以乡镇为基本单位，随机抽取100～200户农户为调查样本。按照各样本县的设区市归属，具体调查地点分布如下：上饶市的婺源县，鹰潭市的贵溪市，抚州市的东乡县，吉安市的永丰县，宜春市的丰城市、靖安县，九江市的永修县，南昌市的湾里区、南昌县。为了尽可能保证问卷信息的真实性，采用多人座谈和入户调查相结合的方式。本次调查时间为2013年11月～2014年1月，总共发放问卷1400份，回收问卷1328份，回收率为94.9%，剔除调查信息不完整后的最终有效问卷为1294份，有效率为92.4%。其中，能够获得有效借贷机会的农户数为1084户，占有效样本的比例为83.8%。

基于在江西省调研的数据，本研究对农户借贷行为大致从以下三个方面进行描述性统计分析：借贷发生率（能否获得有效借贷机会）和借贷规模（2011年、2012年和2013年三年的借贷金额总量）；借贷资金来源（非正规借贷途径和正规借贷途径）和借贷用途（生活性需求和生产性需求）；借贷利率、期限、借据和担保。

二　借贷发生率较高、借贷规模大都在10万元以内

我们在江西调研时发现，很大部分农户都可以获得有效借贷机会，也就是说借贷发生率还是比较高的，农户们有借贷愿望也能够通过不同途径满足借贷愿望，无论是通过血缘型社会资本向亲戚朋友进行非正规借贷还是通过契约型社会资本向银行类金融机构借贷，大部分农户都可以获得借

贷资金。就借贷规模来说，农户借贷的单次金额一般在 10 万元以内，走访的农户家庭中，被访者借贷 5 万 ~ 7 万元的居多。

如表 4 - 4，回答能够获得有效借贷机会的问卷有 1084 份，占有效样本的比例为 83.8%（见表 4 - 4 和图 4 - 2）。

表 4 - 4　获得有效借贷机会的比例

是否能够获得有效借贷机会	样本量	百分比（%）
是	1084	83.8
否	210	16.2
合　计	1294	100.0

资料来源：调查获得。

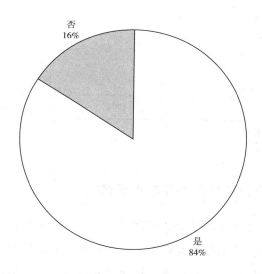

图 4 - 2　获得有效借贷机会的比例

资料来源：调查获得。

根据调查问卷，除去从未进行过借贷的被调查对象，农户的借贷总金额最小的为 100 元，最大的达 420 万元，平均数额为 11.89 万元。填写"近三年借贷 420 万元"的这位被调查农户是一名经营茶叶生意的 52 岁男性，2013 年家庭全年总收入为 267 万元，来自江西省上饶市婺源县，借贷主要用途是生意投资。另有一户借贷 405 万元的被调查农户和他的情况类似，需要说明的是，像这两户的情况在本次调研中并不常见，他们都是婺源当地生意成功的茶叶大户。大部分被调查农户的借贷金额都不超过10万元，借贷金额分布最集中的是1万~5万元这个区间，占有效样本的比例为39.7%；其次是5万~10万元，占有效样本的比例为16.5%（见表4-5和图4-3）。

表4-5　近三年借贷总金额分布

借贷总金额分布（元）	样本量	百分比（%）
0	197	15.2
1~10000	204	15.8
10001~50000	514	39.7
50001~100000	214	16.5
100001~500000	146	11.3
500001~1000000	9	0.7
1000000以上	10	0.8
合　计	1294	100.0

数据来源：调查获得。

三　借贷资金来自正规和非正规途径

通过血缘地缘传统型社会资本获得的非正规借贷在农户借贷资金来源中仍占主要地位，这也是我们调研之前就预想到的。但意外的是，通过调查发现，银行、信用社等正规金融机构也开始成为农户借贷资金的主要来源之一，通过契约公民型社会资本获得贷款的正规借贷途径与非正规借贷途径并存。

农户借贷的资金来源主要有两条途径：一是非正规借贷途径，二是正规借贷途径。这两条途径不是对立存在的，而是相辅相成的。农户借贷行为发生时，一般都会尽可能多地从各种不同的来源获取借款。

在表4-6中，选择向邻里、熟人、朋友圈借钱的农户最多，占了近

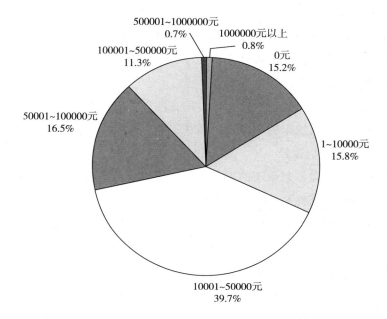

图 4－3　2011 年、2012 年和 2013 年三年的借贷总金额分布

资料来源：调查获得。

35％，略高于向银行、信用社等正规金融机构贷款的农户（31.4％）；然后才是向三代以内的亲戚圈借贷（29.6％）。地下钱庄等民间借贷者在江西省的活跃程度远不及江浙一带，只占了 1.5％。

表 4－6　借贷的资金来源

借贷来源	样本量	百分比（%）
三代以内的亲戚圈	595	29.6
邻里、熟人、朋友圈	699	34.8
地下钱庄等民间借贷者	30	1.5
银行、信用社等正规金融机构	630	31.4
担保中心*等政府组织	54	2.7
总　计	2008	100.0

注：＊政府设立的专门进行小额担保贷款发放和管理的机构。

资料来源：调查获得。

（1）非正规借贷途径

非正规借贷途径形成于建立在血缘和地缘基础上的社会网络，是一种传统型的借贷途径。它的资金来源包括三代以内的亲戚圈，邻里、熟人、朋友圈和地下钱庄等民间借贷者等。

有意思的是，有些地区的女性村民在向三代以内的亲戚圈借钱时，首先或只考虑向自己娘家的亲戚借，而从不考虑夫家那边的亲戚。

（2）正规借贷途径

随着农村金融体制改革的推进，正规借贷途径在农村社区中的认知度和认同度得到逐渐提高。正规借贷途径形成于现代社会建立在契约和制度基础上的社会网络，它的资金来源包括银行、信用社等正规金融机构以及担保中心等政府相关组织。在江西，为农民提供贷款的主要正规金融机构是江西省农村信用社（含农商银行、合作银行，以下简称农信社）。在农业银行逐渐取消了驻乡镇网点的背景下，农信社几乎成了网点到乡镇甚至到村的唯一正规金融机构。除了有专门为农民量身打造的信贷产品之外，遍布全省延伸到农民家门口的网点也是农信社成为农户借贷首选的重要原因之一。

在上饶市婺源县，农民普遍愿意到农信社或是政府相关部门申请贷款。而且，当地的农民们都认为这不需要所谓的"人情关系"，即在银行或是政府有熟人、请客吃饭送礼等。他们只需要按照常规流程申请贷款即可，贷款的获取和归还也很方便。农信社基于农户的信誉、资产和还款来源等情况，在核定的信用额度内向农户发放不需担保的贷款。采取"一次核定，随用随贷，余额控制，周转使用"的授信管理方式，期限为1~2年。被授信的农户人手一张存折，农信社只控制存折上的贷款余额，在期限内，农户可以随贷随还，非常方便。

四　借贷用途向生产性需求倾斜

农民借钱何用？借贷用途方面，虽然生活性需求仍然是农户借贷的重要原因，但扩大农业生产、生意投资等生产性需求已经越来越重要。这与借贷资金来源中的正规途径也是有一定关系的，当农民从"小农经济"的意识中逐渐解放出来，当我国的农村逐渐由传统耕种型向现代化规模农业转变时，契约公民型社会资本的作用得到更大程度的发挥，农户也更倾向于把通过这一途径借来的钱用于发展生产而不是补贴家用。他们明白，通过借贷来补贴家用只能救一时之急，而利用借贷来投资生产才有可能改善更长远的生活，获得更大的收益（见表4-7）。

表 4-7　贷款用途的分布

贷款用途	样本量	百分比(%)
看病就医	162	7.1
红白喜事	48	2.1
买农具、化肥	276	12.0
扩大农业生产	364	15.9
生意投资	441	19.2
盖房子买房子装修	391	17.1
吃穿住行	180	7.9
小孩读书	281	12.3
买卖股票	6	0.3
其他	142	6.2
总　计	2291	100.0

资料来源：调查获得。

我们可以从表4-7中看出，在借贷用途中，占比最大的三项是：生意投资、房子和扩大农业生产，分别占19.2%、17.1%和15.9%；占比最小的三项是：买卖股票、红白喜事和其他，分别占0.3%、2.1%和6.2%。现在的农户借贷用途已经从早期的生活性需求逐渐转向生产性需求。

（1）生活性需求

农户借贷的生活性需求包括：看病就医、红白喜事、盖房子买房子装修、吃穿住行、小孩读书等。

虽然新型农村合作医疗（以下简称"新农合"）制度的建立让广大农民受惠，但是在政策的具体落实当中仍然存在许多局限。农民需要自己先垫付医药费，再凭单据到相关部门报销，这个过程是有一定时长的。所以在一些较为贫穷的乡镇，遇到大病，农民有可能需要借钱看病，获得新农合的报销之后再把钱还上。最初调研的南昌县塔城乡青岚村，就存在这样一个现象。

在三代同堂或是四世同堂的农村家庭中，生活性的借贷需求占有很大的比重。尤其是家里有几个孩子，先后成长到适婚年龄时，父母都要为他们办喜事筹备资金。尤其在"城镇化"推行的当下，城市的文化对农村的影响也越来越大。农村自家盖的房子已经不能满足一些女方家庭的要求，很多农村男孩结婚也必须要在县城购置一套商品房作为婚房，如果家中有超过两个的男孩，父母的压力就会更大，需要靠借贷来缓解暂时性的资金紧张。

另外，农民根深蒂固的传统思想使"盖房子"仍然成为农村家家户户"必须要做的事"。许多农户家庭一家人外出务工所得都用于建造一栋属于自家的楼房。收入高一些的农户盖的房子层数多一些，修筑用时短一些，装修豪华一些，可能还兼有前后院落。一年的收入不够建好整栋房屋，就借贷一部分，先造一层，等到次年有收入再继续。所以在农村常可以看到处于修筑不同阶段的房屋，有的建了一层，有的建好了还没有封顶或是没有装修。

（2）生产性需求

农户借贷的生产性需求包括：买农具化肥、扩大农业生产、生意投资、买卖股票等。

在乡村调研的时候，农户借贷的生产性需求让我感到惊讶。借钱"买农具化肥"的农户已经寥寥无几，大部分在农村搞养殖种植和渔业等的农民都开始走规模化的发展道路。用农民的话说，"靠种自家那一亩三分地是赚不到钱的"。所以大部分借贷的生产性需求集中在扩大农业生产和生意投资上。2008 年的金融危机促使一大批有专业技能和外出务工经验的农民返乡创业。这样一次历史罕见的经历让他们选择了利用农村现有的资源开发属于自己的产业。同时，"农家乐"潮的活跃让很多农民也看到了商机，促生了家庭式农场休闲娱乐活动一条龙的开发。这些规模化的生产经营方式需要大量的流动资金，农户借贷的需求也就日益增长。

这些需求也催生了很多农民专业合作社的发展。但是大部分的农民专业合作社往往缺乏严格的规范制度和严密的人员组织结构，所以常常难以维持，很多农民加入了合作社之后又退了出来。不过即便没有组成合作社，农民们还是会以一种"抱团"的方式来进行生产。比如一个县域的农民可能都会以养猪为主,大户的规模可能成千上万头,小户也有一两百头。

五　借贷利率、期限、借据和担保

由于借贷利率、期限、借据和担保在农户进行正规和非正规借贷时都有本质上的不同,所以在以下分别进行说明。

(1)借贷利率

中国人民银行颁布的金融机构人民币贷款基准利率 2009～2014 年一直在 5%～7%(六个月至一年期的)浮动。[①] 在农村,一般来说向亲戚、朋友或是生意伙伴借贷时,有些是完全不需要支付利息的。有些地区就要根据借款金额的大小支付利息,金额不大也许可以免息,金额过大时借款的一方就要支付一定的利息。利息一般按月结算,从我们调研的情况看,月息从 1 分到 5 分(1%～5%)不等,也有更高的情况,但很少超过当年银行基准利率的 4 倍。调查中,我们发现,非正规借贷的利息几乎完全由农户的社会资本决定,亲戚关系的亲疏程度、邻里关系的和睦程度、生意伙伴的信任程度以及农户在这几种关系里平时走往的频繁程度和认识时间长短都直接决定着贷方要求借方支付多少利息。

在江西,人社部门主管的小额担保贷款[②]是全免息的。这项贷款政策是带有扶持性质的,利息由国家财政和地方财政承担。虽然贷款金额不大,但是农户还是争先恐后地希望获得这种贷款。

(2)期限和借据

农村的非正规借贷期限多半都由借贷双方口头约定,数额较大时会立字据写明要求还钱的时间,但也是比较灵活的,从 3 个月到 2 年不等。借贷双方关系可能是有着血缘族缘的宗亲,也有可能是祖祖辈辈生活在同村

---

① 数据来源:中国人民银行货币政策司网站,http://www.pbc.gov.cn/zhengcehuobisi/125207/125213/1252440/125838/125888/2968985/index.html。最后更新时间 2015 年 10 月 24 日。

② 江西省小额担保贷款的对象不仅仅是农民,还包括大中专毕业生、复员退伍军人等所有有创业意愿和创业能力的人群。但由于该项贷款的发放银行以农信社为主,有很大一部分市场在农村,很多农户因此受益,所以这里也把它作为一项重要的惠农政策性贷款来研究。

的乡里乡亲，或者是合作多年的生意伙伴。农村和城市不同，同村的乡里乡亲对彼此之间的生活状况和经济状况都很了解。因此，依托血缘地缘的传统型社会资本，借贷双方对还钱能力和还钱时间的判定都有着很好的默契。一般不会有人赖账不还，也不会有人逼着上门讨债。

正规借贷方面，无论是农信社等银行提供的商业贷款还是政府组织提供的政策性贷款一般都以 1~2 年为一个周期。

（3）担保和抵押

农户对担保人的选择，主要集中于亲戚中有声望地位的人和亲戚中有钱的人，分别占了 28.5% 和 28%，如表 4-8 所示。可见农户在选择担保人时，依据主要是担保人在以血缘关系为基础的社会网络中的社会地位和经济地位，然后才是这个人在自然社会网络中的身份。

表 4-8   担保人的选择

担保人	样本量	百分比（%）
亲戚中有声望地位的人	462	28.5
亲戚中有钱的人	453	28.0
亲戚中在学校或是企事业单位工作的人	284	17.5
村干部等当地政府部门工作人员	300	18.5
其他	120	7.4
总　计	1619	100.0

资料来源：调查获得。

江西省的小额担保贷款全额贴息的政策固然是好的，但是也有它的局限性。这一政策要求借款人必须提供一名反担保人。要求反担保人是党政机关、财政拨款的事业单位工作人员，经济效益较好的企业职工或经小额贷款担保中心和经办金融机构认定的信誉度高、有一定财产和稳定收入的其他人员。而且，为了更好地控制贷款风险，全省各个地市基本上都要求反担保人的工作单位必须在当地，以防将来借款人不能按时还款时，能够联合财政通过扣除反担保人的工资追回欠款。农民的身份决定了他的社会网络构成，要在他的关系人中找到一个公职人员并不是容易的事。这个人还要愿意为他担保，就更加不易。

相比较而言，农信社的小额农贷和联保贷款就更适合农户。小额农贷不需要提供担保，而是基于农户的信誉、资产和还款来源等情况，在核定的信用额度内向农户发放贷款。采取"一次核定，随用随贷、余额控制、周转使用"的授信管理方式。另外，个体经营户、农户、企业在自愿基础上还可以通过签订协议组成联保小组，农信社借贷给联保小组成员，联保小组的所有成员共同承担连带保证责任。

根据表4-9，农户对抵押物的选择主要集中在房产和身份证件上，分别占48%和18.9%。农民借贷出现了类似于城市商贷的抵押物选择，这并不奇怪。因为农民对他们的土地和房屋不具有产权，无法用于贷款的抵押，这里的房产指的也是农民在县城购买的商品房。不得不说这是一个无奈的选择，也是现在许多农民贷款难问题的症结所在。

表4-9 抵押物的选择

抵押物	样本量	百分比（%）
房 产	755	48.0
存 折	187	11.9
土 地	196	12.5
身份证件	297	18.9
其 他	138	8.8
总 计	1573	100.0

资料来源：调查获得。

六 政府担保小额贷款

客观地说，政府担保小额贷款不应当是市场化经济发展的一个常态。但是我国的金融体系尤其是农村金融体系正处在一个发展和摸索的阶段，作为过渡，政府担保小额贷款的存在和运作是一种必然，也具有重要的意义。因此，本章专门用一节对这种正规借贷途径进行分析。[1]

小额贷款是以个人或家庭为核心的经营类贷款，其主要服务对象是中低收入群体，包括农户、城镇个体工商业主以及广大小微企业等。关于小

---

[1] 严武、陈熹：《政府担保小额贷款：机制、行为与绩效研究》，2013，第8~16页。

额贷款的准确定义，有很多不同的说法，但这些说法都没有本质上的不同。按照目前国际主流的观点来定义，小额贷款是指向低收入群体和小微型企业提供的额度较小的持续信贷服务。当代意义上的小额贷款起源于20世纪70年代末，诺贝尔和平奖获得者穆罕默德·尤努斯教授在孟加拉国开始了一项小额贷款试验，并在试验成功的基础上创办了格莱珉银行，让孟加拉境内600多万低收入者获得了小额贷款，覆盖近7万个村庄，格莱珉银行成为全孟加拉国最大的农村银行和全球典型的穷人银行。此后的40多年里，小额贷款在各国政府、非政府组织、小额信贷机构等力量的共同努力下，在全球范围内蓬勃发展。

在我国，政府主导的小额贷款起始于20世纪90年代末。类似于世界上其他国家小额贷款的发展轨迹，我国政府担保的小额贷款目前为小额贷款市场的主导力量。"政府担保小额贷款"是指通过政府出资设立担保基金，委托担保机构提供贷款担保，通过有稳定收入的人员提供信用担保等反担保措施，由经办商业银行发放，以解决符合一定条件的待就业人员从事创业经营自筹资金不足的一项贷款业务，包括自谋职业、自主创业或合伙经营和组织起来创业的开办经费和流动资金。这种政府导向型的小额贷款用于扶助弱势群体自主创业、发展中小企业，从而更大范围地带动全民就业、稳定人民生活、创造和谐社会，有着连锁式的深远影响。我国的政府担保小额贷款相对来说比较狭隘一些，主要仍以政府或担保公司担保银行放贷的形式进行；小额担保贷款的面向对象也相对局限，在政府主导的系统中要求必须是没有正式工作（即非受雇、没有固定收入）的人群。

2002年以来的实践表明，小额担保贷款政策是符合我国国情特点、帮助就业群体成功实现就业的一项行之有效的政策。与传统的商业贷款不同的是，小额担保贷款由政府出资进行担保，信用度高。以江西省为例，江西省人力资源和社会保障厅专门设立了相应的机构为农户提供小额担保贷款，这是政府对农户进行借贷支持的重要形式之一。作为农业大省，农户成为江西省小额担保贷款的主要受众。农户申请小额贷款的流程见图4-4。小额担保贷款在帮助农户扩大再生产、发展规模化现代化农业、发展农业衍生产业上起到了重要作用。政府担保小额贷款有规范而详细的工作流程，在较好地防控风险的前提下最大限度地为农户借贷提供了更多的可能性（工作流程详见附录4）。概括地说，江西省的政府担保贷款除具有一般性小额贷款"小额、分散"的特点外，还具有以下特征。

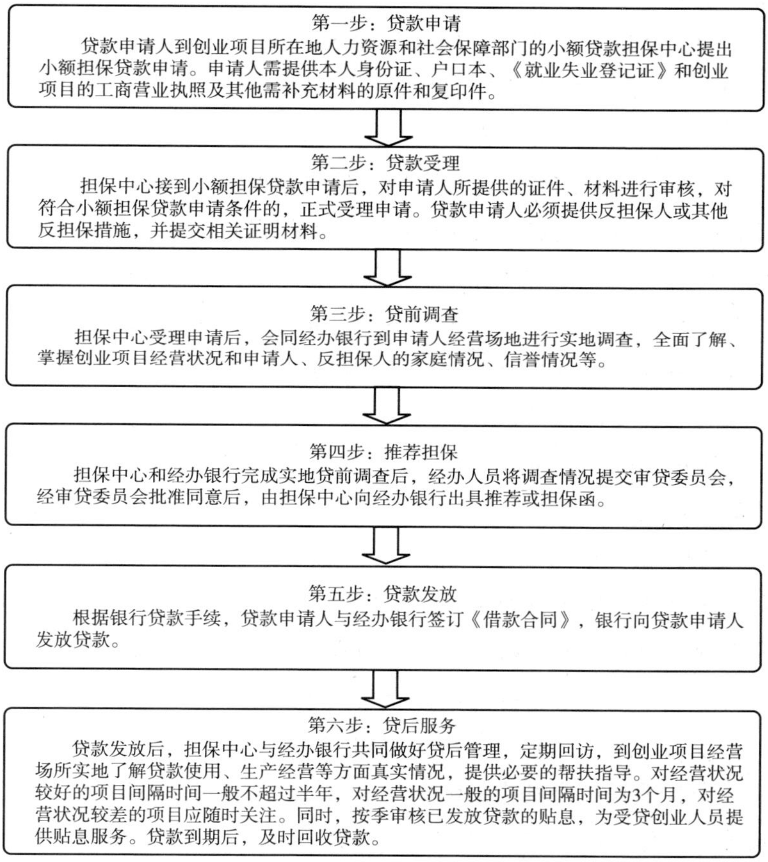

第一步：贷款申请
贷款申请人到创业项目所在地人力资源和社会保障部门的小额贷款担保中心提出小额担保贷款申请。申请人需提供本人身份证、户口本、《就业失业登记证》和创业项目的工商营业执照及其他需补充材料的原件和复印件。

第二步：贷款受理
担保中心接到小额担保贷款申请后，对申请人所提供的证件、材料进行审核，对符合小额担保贷款申请条件的，正式受理申请。贷款申请人必须提供反担保人或其他反担保措施，并提交相关证明材料。

第三步：贷前调查
担保中心受理申请后，会同经办银行到申请人经营场地进行实地调查，全面了解、掌握创业项目经营状况和申请人、反担保人的家庭情况、信誉情况等。

第四步：推荐担保
担保中心和经办银行完成实地贷前调查后，经办人员将调查情况提交审贷委员会，经审贷委员会批准同意后，由担保中心向经办银行出具推荐或担保函。

第五步：贷款发放
根据银行贷款手续，贷款申请人与经办银行签订《借款合同》，银行向贷款申请人发放贷款。

第六步：贷后服务
贷款发放后，担保中心与经办银行共同做好贷后管理，定期回访，到创业项目经营场所实地了解贷款使用、生产经营等方面真实情况，提供必要的帮扶指导。对经营状况较好的项目间隔时间一般不超过半年，对经营状况一般的项目间隔时间为3个月，对经营状况较差的项目应随时关注。同时，按季审核已发放贷款的贴息，为受贷创业人员提供贴息服务。贷款到期后，及时回收贷款。

图4-4　农户申请政府担保小额贷款的流程

（1）贷款的对象有明确规定

2012年江西省财政厅中国人民银行南昌中心支行《关于完善小额担保政策进一步推动创业促就业的通知》中扩大了小额担保贷款的扶持对象，主要有：①年龄在18周岁以上60周岁以下，诚实守信，有创业能力、创业项目，有稳定的经营场所，从事个体经营或种养殖业，自筹资金不足的下岗职工、复员转业退役军人、大中专毕业生、进城创业农村劳动者、外出务工返乡创业人员、零就业家庭、留学回国人员、残疾人以及其他城镇登记失业人员等各类个人创业的人员。②上述各类创业人员合伙经营和组织起来创业，带动就业人员在 3 人以上 50 人以下，在工商管理部门注册登记的有限责任公司、合伙企业、专业合作社等经济实体。③新招用符合小额担保贷款申请条件的人员达到企业现有在职职工总数的 30%（超过 100 人的企业达到 15%）以上，并与其签订 1 年以上劳动合同的劳动密集型小企业或经人力资源和社会保障部门认定的再就业基地、非正规就业劳动组织、小企业孵化基地和创业孵化基地等。④对已经通过小额担保贷款扶持实现成功创业，且按时归还小额担保贷款的个人，可视其经营扩大和带动就业人数（5 人以上）增加情况，提供二次扶持。⑤对原已扶持的个人，合伙经营和组织起来创业，劳动密集型小企业或再就业基地、非正规就业劳动组织、小企业孵化基地和创业孵化基地等，创业项目持续经营、扩大或改变的，可视其经营规模、带动就业人数、归还贷款、信用记录、贷款使用效益等情况进行再扶持。上述扶持对象的创业项目必须在本省行政区域内。

（2）贷款由政府出资提供担保

各地区贷款对象向商业银行贷款，可由各地的担保中心提供担保；各地政府财政将出资存入担保中心，作为本区域开展小额信贷业务的担保基金，并将承担小额信贷担保的部分净损失额。

（3）贷款风险由政府、经办金融机构共同承担

小额贷款委托担保机构提供贷款担保，通过有稳定收入的人员提供信用担保等反担保措施。贷款担保的反担保在国际上是一种通行做法，是指当第三人为债务人向债权人提供担保时，第三人为了分散、化解风险而要求债务人向其提供的担保措施。反担保也是一种担保措施，是对担保的担保措施，旨在保护担保人的利益。在小额担保贷款的情况下，反担保就是借款人向担保基金提供担保，在其违约的情况下，担保基金按照约定代为偿还欠款，取得代位求偿权，借款人要以反担保向担保人偿还债务。反担保形式很多，担保的各种形式都同样适用于反担保。常见的反担保形式包括不动产抵押、动产和存货的抵押或质押，以及自然人或法人提供的保证等。目前，我国小额担保贷款的反担保形式主要是自然人保证。在各地开展的小额担保贷款业务中，比较普遍的做法是要借款人联系 1～2 个当地

的公务员为其提供反担保。贷款申请人（单位、企业）反担保方式包括：①党政机关、财政拨款的事业单位工作人员提供信用担保；②经济效益较好的企业职工提供信用担保；③创业人员3户以上互相联保；④经小额贷款担保中心和经办金融机构认定信誉度高、有一定财产和稳定收入的其他人员提供担保；⑤资产抵押（建设用地使用权、企业房屋建筑物、个人住宅等）；⑥有价证券质押（股票、存单、债券、其他有价证券等）。

（4）符合条件的借款人可获得全额或一定比例的财政贴息扶持

①小额担保贷款采取到期一次还本、按季贴息的方式。利用小额担保贷款从事微利项目（指除建筑业、娱乐业以及销售不动产、转让土地使用权、广告业、房屋中介、桑拿、按摩、网吧、氧吧外）的，由中央财政据实给予全额贴息，展期不贴息。②对劳动密集型小企业的小额担保贷款，其贷款利率仍按中国人民银行公布的基准利率执行。对符合条件的劳动密集型小企业，额度在400万元以下（含400万元）的，财政部门按照中国人民银行规定的基准利率给予50%贴息，其中，除中央财政承担25%以外，地方财政承担25%；再就业基地、非正规就业劳动组织、小企业孵化基地和创业孵化基地，额度在400万元以下（含400万元）的，由财政部门按照中国人民银行规定的基准利率给予全额贴息，其中，除中央财政承担25%以外，地方财政承担75%。对劳动密集型小企业、再就业基地、非正规就业劳动组织、小企业孵化基地和创业孵化基地等贷款额度超过400万元部分，各地视财力状况，可以适当给予贴息。

（5）贷款的利率由国家进行规定

经办银行对个人创业、合伙经营和组织起来创业、二次扶持、再扶持发放的创业贷款（劳动密集型小企业、再就业基地、非正规就业劳动组织、小企业孵化基地和创业孵化基地等除外），其贷款利率可在中国人民银行公布的同期贷款基准利率的基础上上浮2个百分点。所有小额担保贷款在贷款合同有效期内如遇基准利率调整，均按贷款合同签订日约定的贷款利率执行。

小额贷款主要服务低收入群体和小微企业，有着巨大的市场潜力，服务好这个市场不仅可以获得丰厚的利润，更可以产生经济发展的倍增效应。就江西省政府主导的小额担保贷款而言，2003～2012年，全省累计发放贷款 312 亿元，撬动创业者自有资金等关联投资额近 1000 亿元，直接为全省创业者节约成本近 20 亿元；创业在增加项目产值、拉动其他资金投入、增加财税收入等方面的贡献逐年加大，对地方经济增长的贡献率5 年内增加了 4 倍。小额贷款为低收入群体提供了创业支持，多数创业者走上了勤劳致富的康庄大道，实现了安居乐业。以江西为例，2003～2012年，全省累计扶持个人创业 45.84 万人次，带动就业 145.16 万人次。另人社部劳动科学研究所对江西省小额担保贷款的政策效应评估报告显示：创业者平均年收入比贷款前一年增加 9200 元，增幅达 24.4%；个人创业项目中，贷款当年员工月均工资较贷款前一年增加 106 元，增幅为 11%；受贷企业中，贷款当年员工的月平均工资比上年增长 138 元，增幅为13.1%。[1]

小额贷款通过实实在在的资金支持，在资源配置和机会赋予上为创业者实现个人梦想提供了可能，也创造了更多的就业机会，为地方经济发展、社会稳定和谐等做出了贡献，主要体现在经济效益和生态及辐射效应与带动效应三个方面。[2] 经济效益主要从平均资产增加率、产值增加率、上缴税收增长率、个人年收入增长率、员工工资增长率五个方面来反映，生态及辐射效应则从就业岗位增加率来反映。当然，其产生的其他综合性经济社会效应要远远超出这三个方面。

（1）经济效应

江西省政府担保小额贷款扶持创业政策，在促进就业的同时，也对地方经济的发展产生了积极的作用。调查表明个体创业者选择的首次创业地点 97.6% 都在其户籍所在县市范围内，其中 51.4% 都在户口所在的同一街道（乡镇）范围内；46.2% 都在本省同一县市（区）内，但在不同街道（乡镇），县市以外创业的人数只占 2.4%。政府担保小额贷款扶持创业所创造的经济效益主要体现在平均资产增加率、产值增加率、上缴税收增长率、个人年收入增长率、员工工资增长率五个方面。

---

① 江西小额担保贷款扶持创业促进就业政策评估课题组：《江西省小额担保贷款扶持创业促进就业政策评估报告》，2011，第 28 页。

② 此处三大效应分析的数据来源均是《江西省小额担保贷款扶持创业促进就业政策评估报告》。

①政府担保小额贷款通过扶持创业项目，带动当地经济发展。从平均资产增加率来看，调查表明，贷款当年平均每一个人创业项目资产增加2.97万元，2003~2010年上半年贷款创业项目在当年增加的总资产合计约为63.02亿元。这里，把政府担保小额贷款的扶持项目分为个人创业项目和扶持企业进行分析。首先，小额贷款扶持个人创业项目资产增幅明显。贷款前一年、贷款当年、贷款后一年观察样本的平均资产总额，从14万元增加到16.97万元，再增加到18.29万元，贷款当年平均每个创业项目资产增加2.97万元，较前一年平均资产增加率为21.2%，贷款后一年平均每个创业项目资产增加1.32万元，较前一年平均资产增加率为7.8%（见表4－10和图4－5）。

表4－10　个人创业项目贷款前后平均资产变化

时间	样本量	平均总资产（万元）
贷款前一年	2597	14.00
贷款当年	3335	16.97
贷款后一年	2236	18.29

数据来源：《江西省小额担保贷款扶持创业促进就业政策评估报告》。

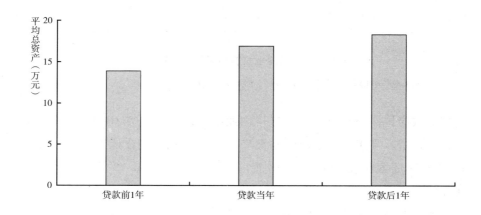

图4－5　个人创业项目贷款前后平均资产变化

数据来源：《江西省小额担保贷款扶持创业促进就业政策评估报告》。

其次，获得小贷政策扶持的企业资产变化显著，贷款当年平均每个企业的总资产为 1970.11 万元，较前一年的 1579.86 万元增加了 390.25 万元，平均资产增加率为 24.7%；贷款后一年的总资产较贷款当年平均增加 447.7 万元，达到 2417.81 万元，平均资产增加率为 22.7%（见表 4 - 11 和图 4 - 6）。

表 4 - 11　扶持企业贷款前后平均资产变化

时间	样本量	平均总资产（万元）
贷款前一年	341	1579.86
贷款当年	355	1970.11
贷款后一年	316	2417.81

数据来源：《江西省小额担保贷款扶持创业促进就业政策评估报告》。

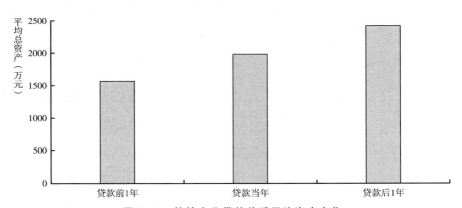

图 4 - 6　扶持企业贷款前后平均资产变化

数据来源：《江西省小额担保贷款扶持创业促进就业政策评估报告》。

②政府担保小额贷款通过扶持创业项目，推动地方 GDP 的增长。调查显示，贷款当年平均增加产值 5.15 万元，增加产值合计为 109.3 亿元。得到小额贷款扶持企业当年比前一年产值增加 586.73 万元，增幅达 30.2%。

小额贷款扶持个人创业项目在年产值（经营额）上的变化显著。在个人创业项目方面，贷款前一年、贷款当年、贷款后一年的平均产值分别为 23.53 万元、28.68 万元和 33.25 万元，贷款当年增加产值平均为

5.15万元，较之上一年的产值增加率为21.9%，贷款后一年增加产值平均为4.57万元，较之上一年的产值增加率为15.9%（见表4-12和图4-7）。

表4-12　个人创业项目贷款前后产值变化

时间	样本量	平均产值（万元）
贷款前一年	2460	23.53
贷款当年	3278	28.68
贷款后一年	2203	33.25

数据来源：《江西省小额担保贷款扶持创业促进就业政策评估报告》。

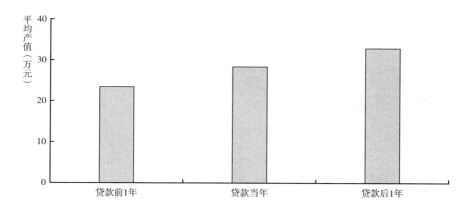

图4-7　个人创业项目贷款前后产值变化

数据来源：《江西省小额担保贷款扶持创业促进就业政策评估报告》。

从表4-13和图4-8可看出，从2003年开始，各年扶持个人创业项目总数逐年增加，伴随着项目总数的增加，项目资产和产值也逐年增加（2010年由于受金融危机的影响，产值有所下降）。　．

表4-13　各年扶持个人创业项目资产和产值增加情况

年份	当年扶持创业项目数（个）	增加总资产（万元）	增加产值/营业额（万元）
2003	4033	11978.01	20769.95
2004	9285	27576.45	47817.75
2005	10924	32444.28	56258.6

续表

年份	当年扶持创业项目数(个)	增加总资产(万元)	增加产值/营业额(万元)
2006	19125	56801.25	98493.75
2007	32621	96884.37	167998.15
2008	44934	133453.98	231410.1
2009	55617	165182.49	286427.55
2010	35652	105886.44	183607.8
合 计	212191	630207.27	1092783.65

数据来源:《江西省小额担保贷款扶持创业促进就业政策评估报告》。

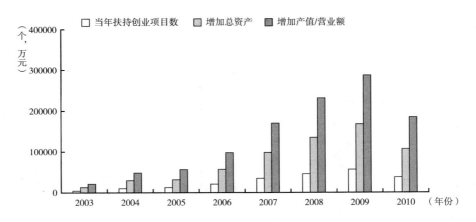

图 4-8　各年扶持个人创业项目资产和产值增加情况

数据来源:《江西省小额担保贷款扶持创业促进就业政策评估报告》。

从产值增长贡献来看,个体创业项目每年新增产值与全省新增产值的比例,从 2003 年的 0.55% 逐年上升,2008 年达到 2.36%,创业对地方经济增长的贡献 5 年内增加了 4 倍,凸显了创业不但具有就业的倍增效应,也具有经济的倍增效应(见图 4-9)。

获得小贷政策扶持的企业贷款前后的产值也有明显增加。贷款当年比前一年平均增加 586.73 万元,达到 2530.45 万元,产值增加率达 30.2%;贷款后一年平均产值达到 3077.61 万元,增加 547.16 万元,产值增加率为 21.6%(见表 4-14 和图 4-10)。

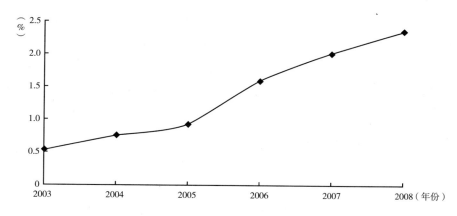

图 4 – 9　个体创业对全省新增产值贡献比例

数据来源：《江西省小额担保贷款扶持创业促进就业政策评估报告》。

表 4 – 14　扶持企业贷款前后产值变化

时间	样本量	平均产值（万元）
贷款前一年	339	1943. 72
贷款当年	353	2530. 45
贷款后一年	313	3077. 61

数据来源：《江西省小额担保贷款扶持创业促进就业政策评估报告》。

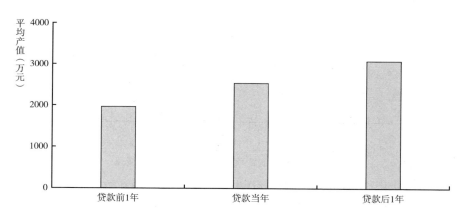

图 4 – 10　扶持企业贷款前后产值变化

数据来源：《江西省小额担保贷款扶持创业促进就业政策评估报告》。

③政府担保小额贷款在推动地方经济发展的同时也相应地增加了地方
财政收入，纳税个人样本中，贷款当年平均增加的税款额为 259. 91 元，

全省贷款当年的税收增加值累计约为 2671 万元，纳税企业样本中，贷款当年平均增加的税款为 21.8 万元，全省贷款当年的税收增加值累计为 2.88 亿元。对调查中获得的有效样本数据进行分析，得出每个纳税创业项目在贷款前一年、贷款当年、贷款后一年的纳税平均值分别为 3959.78 元、4219.69 元和 4430.21 元。贷款当年平均增加的税款为 259.91 元，较上一年上缴税收增长 6.56%，贷款后一年平均增加的税款为 210.52 元，较上一年上缴税收增长 4.99%（见表 4 - 15 和图 4 - 11）。

表 4 - 15   个人创业项目贷款前后纳税额变化

时间	样本量	平均纳税额（元）
贷款前一年	1381	3959.78
贷款当年	1868	4219.69
贷款后一年	1267	4430.21

数据来源：《江西省小额担保贷款扶持创业促进就业政策评估报告》。

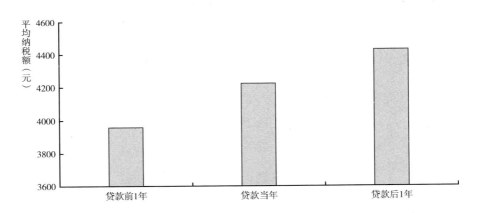

图 4 - 11   个人创业项目贷款前后纳税额变化

数据来源：《江西省小额担保贷款扶持创业促进就业政策评估报告》。

扶持企业方面，在调查观察到的 268 个纳税样本中，平均每个企业在贷款当年比贷款前一年纳税额增加 21.8 万元，较上一年上缴税收增长 23.5%，平均每一万元贷款增加税收额为 640 元，贷款后一年的纳税额增加 2.22 万元，较上一年上缴税收增长 1.94%（见表 4 - 16 和图 4 - 12）。

表 4 - 16　扶持企业项目贷款前后纳税额变化

时间	样本量	平均纳税额（万元）
贷款前一年	268	92.8
贷款当年	268	114.60
贷款后一年	268	116.82

数据来源：《江西省小额担保贷款扶持创业促进就业政策评估报告》。

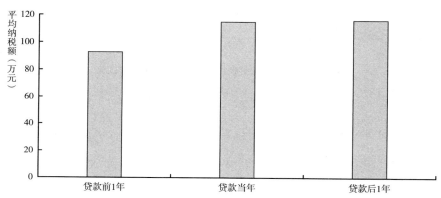

图 4 - 12　扶持企业项目贷款前后纳税额变化

数据来源：《江西省小额担保贷款扶持创业促进就业政策评估报告》。

　　④小额贷款扶持创业的政策目标，最终是要实现社会成员的就业及其收入增加、生活水平的改善。因此，我们将个人收入作为小额贷款绩效的衡量指标。调查表明，对于贷款创业者本人，其贷款前一年、贷款当年和贷款后一年的平均年收入分别为 3.77 万元、4.69 万元和 5.24 万元，贷款当年平均个人年收入比前一年增加 0.92 万元，较上一年个人年收入增长 24.4%，贷款后一年平均个人年收入比贷款当年增加 0.55 万元，较上一年个人年收入增长 11.73%（见表 4 - 17 和图 4 - 13）。

表 4 - 17　个人创业者贷款前后个人年收入变化

贷款前中后	样本量	平均个人年收入（万元）
贷款前一年	2455	3.77
贷款当年	3256	4.69
贷款后一年	2185	5.24

数据来源：《江西省小额担保贷款扶持创业促进就业政策评估报告》。

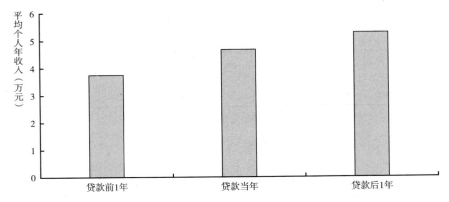

图 4 – 13   个人创业者贷款前后个人年收入变化

数据来源:《江西省小额担保贷款扶持创业促进就业政策评估报告》。

⑤为了更全面地说明小额贷款在促进社会成员收入增加以及生活水平提高方面的作用,我们也将贷款创业本人收入及其创业项目聘用的其他员工的月均工资作为评估指标。

就创业项目聘用的员工收入看,贷款后员工的平均月工资有明显提高,贷款当年员工月均工资为 1071.49 元,较贷款前一年月均 965.66 元增加 105.83 元,增长率为 10.96%;贷款后一年的月均工资较贷款当年增加 55.79 元,为 1127.28 元,较上一年员工工资增长 5.21%。以贷款当年计算,每万元贷款增加员工月均工资 26.32 元。

在企业项目中,贷款前后企业员工的月平均工资也有一定增长。贷款当年比前一年增长 138.09 元,员工月均工资达到 1194.28 元,较上一年员工工资增长 13.1%;贷款后一年月均工资为 1296.52 元,比贷款当年增加 102.24 元,增长率为 8.6% (见表 4 – 18 和图 4 – 14)。

表 4 – 18   个人创业项目与扶持企业员工在贷款前后的月均工资变化

时间	个人创业项目		企业扶持项目	
	样本量	员工月均工资(元)	样本量	员工月均工资(元)
贷款前一年	2290	965.66	345	1056.19
贷款当年	2977	1071.49	360	1194.28
贷款后一年	2021	1127.28	318	1296.52

数据来源:《江西省小额担保贷款扶持创业促进就业政策评估报告》。

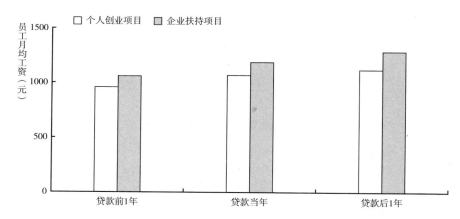

图 4 - 14　个人创业项目与扶持企业员工在贷款前后的月均工资变化

数据来源:《江西省小额担保贷款扶持创业促进就业政策评估报告》。

（2）生态及辐射效应

小额贷款扶持创业政策的就业效应，主要通过其带动的就业机会、增加的就业人数等得以体现，具体的是通过就业岗位增加率这个指标来衡量的。首先，政府担保小额贷款政策稳定了就业，增加了就业总量。每一个人创业项目在贷款当年平均提供 3.84 个就业机会，每 1 万元贷款可实现 1 人就业。一定比例的创业项目已经具有可持续发展的能力，其贷款后几年的就业人数逐步增加。

调查表明，以个人贷款创业项目的样本数据计算：每一创业项目平均贷款额度为 3.54 万元，平均就业人数为 3.65 人；每 1 万元贷款的就业人数为 1.03 人。以贷款获得当年人数减去贷款前一年人数，则每 1 万元净增就业 0.32 人。

比较 2003～2010 年的贷款额度和贷款当年各创业项目的平均员工人数可以发现，贷款额度和就业人数都呈明显增长趋势。在考虑消费者物价指数（CPI）的情况下，小额贷款项目拉动就业的效应一直较为稳定，每万元贷款实现就业人数都保持在 1 人左右（见表 4 - 19 和图 4 - 15）。

比较各年份每个创业项目在贷款当年和贷款前后的平均员工人数，可发现随着时间推移，其人员数量都不断增长，呈现出较好的就业效应（见表 4 - 20）。

表 4 - 19　每个创业项目与每万元贷款促进就业

贷款年份	样本量	实际平均贷款额（万元）	贷款当年平均员工数（人）	每万元贷款对应的就业人数（人）	按可比价计算每万元贷款对应的就业人数（人）	居民消费价格指数
2003	116	2.51	2.88	1.15	1.15	100.00
2004	124	2.72	3.56	1.31	1.36	103.50
2005	165	3.03	3.29	1.09	1.15	105.26
2006	300	2.96	3.42	1.16	1.24	106.52
2007	518	3.58	3.89	1.09	1.10	111.64
2008	833	4.05	3.76	0.93	0.99	118.33
2009	823	4.32	3.64	0.84	0.99	117.51
2010	406	5.17	4.78	0.92	1.11	120.21
合　计	3285	3.54	3.65	1.06	1.17	

数据来源：《江西省小额担保贷款扶持创业促进就业政策评估报告》。

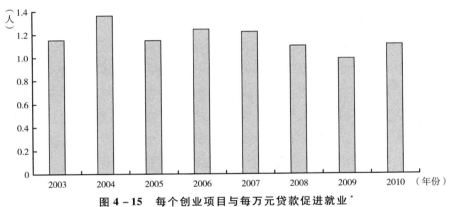

图 4 - 15　每个创业项目与每万元贷款促进就业*

* 即每万元贷款带动的就业人数。

数据来源：《江西省小额担保贷款扶持创业促进就业政策评估报告》。

表 4 - 20　个人创业项目贷款前后员工人数变化

贷款年份	贷款金额（元）	贷款前一年平均员工数（人）	贷款当年平均员工数（人）	贷款后各年平均员工数（人）						
				1 年	2 年	3 年	4 年	5 年	6 年	7 年
2003	2.51	2.44	2.88	2.92	3.30	4.21	5.08	6.09	8.48	9.88
2004	2.72	3.19	3.56	3.81	3.82	5.08	4.16	4.36	4.11	—
2005	3.03	2.80	3.29	3.43	3.92	4.43	4.39	5.06	—	—
2006	2.96	3.07	3.42	3.89	4.13	4.50	5.21	—	—	—
2007	3.58	3.76	3.89	4.50	4.69	5.05	—	—	—	—
2008	4.05	3.53	3.76	4.57	5.13	—	—	—	—	—
2009	4.32	3.11	3.64	4.27	—	—	—	—	—	—
2010	5.17	4.03	4.78	—	—	—	—	—	—	—

数据来源：《江西省小额担保贷款扶持创业促进就业政策评估报告》。

根据调查样本数据得出的结果，对江西省小额担保贷款促进就业的效应做出的总体推论是，8 年来，通过小额贷款扶持创业，仅个人创业就累计实现就业人数约 81.5 万人（见表 4 – 21 和图 4 – 16）。

表 4 – 21　2003 ~ 2010 年个人创业项目实现就业人数

贷款年份	每个创业项目贷款当年平均员工数（人）	当年扶持创业项目数（个）	当年创业就业总人数（人）
2003	2.88	4033	11615.04
2004	3.56	9285	33054.6
2005	3.29	10924	35939.96
2006	3.42	19125	65407.5
2007	3.89	32621	126895.69
2008	3.76	44934	168951.84
2009	3.64	55617	202445.88
2010	4.78	35652	170416.56
合　计	3.65	212191	814727.07

数据来源：《江西省小额担保贷款扶持创业促进就业政策评估报告》。

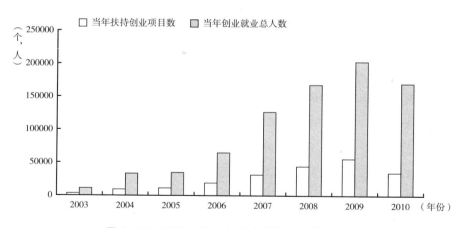

图 4 – 16　2003 ~ 2010 年创业项目实现就业人数

数据来源：《江西省小额担保贷款扶持创业促进就业政策评估报告》。

从创业对就业增长的贡献来看，通过各年个体创业项目就业人员数与江西全省城镇就业人员数比例的变化，可以看到，创业带动就业对就业增长的贡献逐年加大。图 4 – 17 表明，从 2003 ~ 2008 年，个体创业项目的就业总人数占城镇就业总人数的比例从 0.2% 上升到 2.3%。从新增人数来看，个体创业项目新增就业人数占新增城镇就业人员数的比例，中间略有波折，但总体呈上升趋势，从 2004 年的 7.84% 到 2008 年的 12.56%。

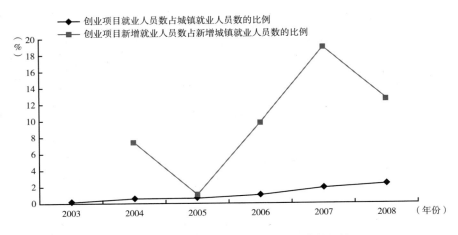

图 4 - 17　个体创业对全省城镇就业增长贡献

数据来源：《江西省小额担保贷款扶持创业促进就业政策评估报告》。

在扶持企业方面，调查发现 74.2% 的企业在贷款一年后增加了员工人数，从贷款前后员工人数的变化情况来看，贷款当年平均人数为 113.65 人，较贷款前一年企业的平均员工数（96.28 人）增加了 17.37 人，平均增加率为 18.04%；贷款后一年平均人数达 122.17 人，比贷款当年增加 8.52 人，平均增加率为 7.5%（见表 4 - 22 和图 4 - 18）。扶持企业贷款的就业效应不仅表现在新增就业上，也表现在通过贷款维持和扩大生产的稳定就业效应上，如果以贷款当年平均员工人数 113.65 人计算，则全部扶持企业受惠的员工总数为 21.5 万人。

表 4 - 22　扶持企业贷款前后员工人数变化

时间	企业样本量	员工人数最少值（人）	员工人数最大值（人）	平均员工人数（人）
贷款前一年	348	3	1100	96.28
贷款当年	365	3	1400	113.65
贷款后一年	322	3	1900	122.17

数据来源：《江西省小额担保贷款扶持创业促进就业政策评估报告》。

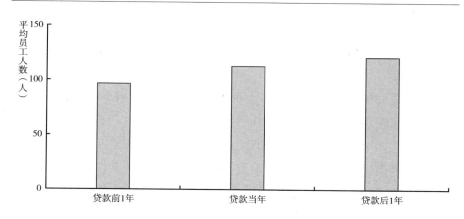

图 4 - 18　扶持企业贷款前后员工人数变化

数据来源:《江西省小额担保贷款扶持创业促进就业政策评估报告》。

（3）带动效应

政府担保小额贷款政策除了产生良好的经济效益和生态及辐射效应外，对企业资金投入产生了良好的引导和带动作用，在小额贷款的引导下，企业加大了其他资本对经济生产的投入，调查结果表明，个人创业项目方面，每个贷款创业项目投入总额约为 8.85 万元，拉动的其他投资为 5.31 万元，为贷款额度的 1.5 倍；而在企业样本中，31.9% 的企业通过小额贷款带动了其他资金投入，平均带动 278.13 万元。

根据以上的分析，江西省的小额贷款在推动当地经济发展、改善个人收入、稳定和促进就业等方面取得了很好的效果，贷款前后的个人创业项目平均资产累计增加率为 29%，产值累计增加率为 37.8%，上缴税收累计增长率为 11.55%，个人年收入累计增长率为 36.13%，员工工资累计增长率为 16.18%，每万元贷款实现就业人数都保持在 1人左右；扶持企业平均资产累计增加率为 43.2%，产值累计增加率为 51.8%，上缴税收累计增长率为 25.44%，员工工资累计增长率为 21.6%，就业岗位累计增加率为 25.54%。除此之外，在税收方面，虽然小额贷款扶持创业政策短期内是政府给予了贷款创业者免税，但从长期看，通过创业扶持，培养了地方税基，有利于扩大税源，增加税收。

第五节　本章小结

本章首先阐述了农户借贷行为的发展历程和基本现状，并从纵向比较、横向比较和条件比较三个方向做了差异性分析。之后根据江西省内 9 县调研的实际情况，就农户借贷行为的主要特征做了描述性统计分析，以江西省小额信用担保贷款为例对政府担保小额贷款进行了说明。

以 1978 年的改革开放为起点，本章首先以我国农村金融的四轮改革为索引对我国农户借贷行为的发展历程做了四个阶段的划分。第一阶段为 1978～1993 年，我国恢复中国农业银行，此为农村金融改革的初级阶段。第二阶段为 1994～2002 年，从中国农业银行的组建到农信社"民办化"改革，农村金融"三驾马车"的基本框架构建起来。同时，国家对民间借贷的态度也降到冰点，一系列打击、取缔地下钱庄以及整顿农村合作基金会的举措，使民间金融开始转入地下。第三阶段为 2003～2007 年，"三驾马车"改革结果与最初设想的偏离，使农信社的改革成为第三轮农村金融改革的重点。到这一阶段的尾声，可以看出，国家对民间金融的态度重新开始缓和，允许境内外银行资本、产业资本和民间资本到农村设立金融机构，并鼓励村镇银行、贷款公司和资金互助社三类农村金融机构的设立。第四阶段为 2008～2014 年，金融危机带来的大批返乡创业潮使农户借贷由生存型向发展型转变，在国家鼓励和倡导农村金融改革创新的环境下，更多样、更符合当地实际的农村金融产品涌现出来，农村金融服务的覆盖更广，民间金融也逐渐由地下转到地上。

以农户的金融需求为切入点，对农户借贷行为的基本现状进行分析，得出其"纺锤形"的分布特性：尖端为创业意识觉醒较早先富裕起来的农户，不存在借贷困难，占比约为 20%；中端为农户中的中产阶级，只有在家庭出现突发性大开支时产生借贷需求，也一般不会借不到钱，占比约为 70%；底端为最贫困的农户群体，原因可能是身体不足、智力不足或关系不足，他们借贷风险最大、也最难借到钱，占比不足 10%。

接下来，本章从时间差异的纵向比较、区域差异的横向比较和类型差异的条件比较三个角度对农户借贷行为进行了比较分析。纵向上，宏观层面：自1978年改革开放后，农户借贷无论从金额上还是结构多样性上都有明显提高；微观层面：农户借贷的季节性差异已经不断被淡化，但都有年前集中还贷和年后集中借贷的现象发生。横向上，近县城或县城地区的农户比相对较远的乡镇、林场可以获得更多更灵活的农村金融支持，较发达地区与内陆地区相比也存在同样的差异性。条件上，以私人借贷中的熟人借贷和正规金融机构借贷中的农信社为主，政府部门的支农性贷款为辅。

作为佐证和示例，本章用江西省调研数据，对农户借贷行为的主要特征做了深入讨论和定量分析。我们对上饶市的婺源县，鹰潭市的贵溪市，抚州市的东乡县，吉安市的永丰县，宜春市的丰城市、靖安县，九江市的永修县，南昌市的湾里区、南昌县9个县（市、区）共计发放了1400份问卷，平均每个地区抽取100~200户农户。通过处理和分析回收的1294份有效问卷的调查结果，得出结论：农户借贷发生率较高，借贷规模大都在10万元以内；农户借贷资金来自正规和非正规两条途径，以非正规途径为主；农户借贷用途向生产性需求倾斜；农户私人借贷利率很少会超过当年银行基准利率的4倍，借贷期限从3个月到2年不等，大部分情况下都是双方沟通形成的口头借据，只有在金额过大时会立字据，担保人首选是亲戚中有声望地位的人，抵押品以房产（购买地为县城）为主。

政策性支农贷款是本书研究的农户借贷来源中除民间借贷和正规金融机构借贷之外的重要一个。作为政策性支农贷款典范的江西省小额信用担保贷款，很好地将尤努斯教授在孟加拉开办的格莱珉银行运作模式运用到江西本土，由政府出资设立担保基金，委托担保机构提供贷款担保，通过有稳定收入的人员提供信用担保等反担保措施，由经办商业银行发放，解决了有创业项目、具备创业能力、自筹资金不足的农户等的贷款难问题，在较好地防控风险的前提下最大限度地为农户等借贷弱势群体提供了更多的可能性。

第五章　社会资本对农户借贷行为影响分析

在中国当今的农村社会，传统宗法制度和现代契约制度的约束并存。这两种制度本身都是客观和有序的，并没有好坏之分。文化的融合，人口的流动，带来的是两种制度的相互作用。传统宗法制度存在的基础是以血缘、族缘、地缘为基础的社会关系网络，这种形式的社会资本是相对简单和牢固的。在现代社会资本发展的过程中，旧有的传统社会资本并没有按照理论上规范的道路朝着严格契约化的方向发展，而是在保留了一部分原有特征的同时，与现代契约制度相互作用。农户的借贷行为正是这两种制度交融下经济行为的代表。

汪三贵（2000）、高帆（2003）、周脉进（2004）、方文豪（2005）、郑世忠（2007）、童馨乐（2011）等学者就社会资本对农户获得有效借贷的机会进行了研究，但都未对不同的社会资本进行系统性的分类说明。本章笔者从不同社会资本元素中提炼出宗族型、乡土型、社团型、法理型、口碑型和身份型社会资本六大类型，通过实证分析和案例分析阐述不同类型的社会资本对农户获得有效借贷机会的影响。

农户借贷行为的影响因素中，社会资本变量没有既有的数据来源，必须通过与农户直接的接触、了解农户家庭的社会关系和网络结构进行分析。本章将对发放的调查问卷数据进行建模，做具体的实证分析。①②

---

① 本章中所有图表的资料来源均为调查获得。
② 严武、陈熹：《社会资本视角下农户借贷行为影响因素分析——基于江西1294个调查样本的实证》，《江西社会科学》2014年第8期。

第一节　不同社会资本类型对农户
借贷行为的影响分析

一　农户的六种社会资本类型

本书讨论的农村社会资本以农户为单位，即农民小家庭。因此，对个人社会资本和团体社会资本不进行划分。凭借农户的社会关系形成的社会资本直接影响到农户获得贷款的可能性和金额大小，这里包括宗族型社会资本、乡土型社会资本、社团型社会资本、法理型社会资本。农户自身及家庭的主要属性和状况相对独立地属于持有者本人，却会影响农户社会网络的形成和分布，从而间接影响农户获得有效借贷机会的概率，这里包括口碑型社会资本和身份型社会资本。具体变量选择如下。

（1）宗族型社会资本，主要指农户因血缘关系和族缘关系所形成的宗族关系网络资本，用农户经常走往的亲戚数量、亲戚间的信任程度来反映。

（2）乡土型社会资本，主要指农户因地缘关系与当地特定区域的农户之间所形成的关系网络资本，用农户与邻里间的和睦程度、信任程度来反映。这里所定义的邻里关系是广义上的，指由地缘联系起来的同乡关系。

（3）社团型社会资本，主要指农户与农民专业合作组织之间较为明确的产前、产中、产后联系，这里以农户是否加入农民专业合作组织和相应的农业技术指导情况为衡量标准。

（4）法理型社会资本，主要指以相关法律和行业条例为依据，农户围绕资金与农村地区正规金融机构所形成的存款、贷款、信用等关系，用农户的农村信用社评级情况和农村正规金融机构借贷情况（是否参与联保）来反映。

（5）口碑型社会资本，指的是农户所在村对该农户的信用评级，即乡里乡亲对农户在做人做事诚信度上的口碑。

（6）身份型社会资本，即农户是否为党员（中国共产党党员）和机关工作人员（包括村委会工作人员和村镇及党政机关干部），农户自身由于所拥有的政治身份会形成特定的关系网络，进而影响其资源配置能力。

二　样本数据来源和 Logistic 回归建模

前面第四章第四节在做描述性统计分析时已经对本书的数据来源做了说明，本章就社会资本对农户借贷行为影响的实证分析使用的是同一批数据。调查时间为 2013 年 11 月～2014 年 1 月，以乡镇为基本单位，从上饶婺源，鹰潭贵溪，抚州东乡，吉安永丰，宜春丰城、靖安，九江永修，南昌湾里、南昌各随机抽取 100～200 户农户为调查样本。为了提高实证研究的数据质量，采用多人座谈和入户调查相结合的方式。总共发放问卷 1400 份，回收问卷 1328 份，回收率为 94.9%，剔除调查信息不完整后的最终有效问卷为 1294 份，有效率为 92.4%。其中，能够获得有效借贷机会的农户数为 1084 户，占有效样本的比例为 83.8%。

根据本章研究的主要问题，被解释变量为是否获得有效农户借贷机会，这是二值品质型变量，残差不再满足多元线性回归模型 E（$LogitP = \ln\left(\dfrac{P}{1-P}\right) = \beta_0 + \beta_1 x_1 + \beta_2 x_2 + \cdots + \beta_i x_i$）= 0 且 Var（$LogitP = \ln\left(\dfrac{P}{1-P}\right) = \beta_0 + \beta_1 x_1 + \beta_2 x_2 + \cdots + \beta_i x_i$）= $LogitP = \ln\left(\dfrac{P}{1-P}\right) = \beta_0 + \beta_1 x_1 + \beta_2 x_2 + \cdots + \beta_i x_i$ 的经典假设条件，残差项不再服从正态分布，因此采取 Logistic 回归进行建模分析。Logistic 回归方程参数求解采用极大似然估计法，在总体分布密度函数和样本信息的基础上，求解模型中未知参数估计值。事件发生的条件概率 $P(y_i = 1/x_i)$ 与 x_i 之间的非线性关系通常是单调函数，即随着 x_i 的增加或减少，$P(y_i = 1/x_i)$ 单调增加或减少。Logistic 回归基本方程为：

$$LogitP = \ln\left(\frac{P}{1-P}\right) = \beta_0 + \beta_1 x_1 + \beta_2 x_2 + \cdots + \beta_i x_i \tag{1}$$

$$P = \frac{1}{1 + e^{-(\beta_0 + \beta_1 x_1 + \beta_2 x_2 + \cdots \beta_i x_i)}} \qquad (2)$$

回归系数的显著性检验采用的检验统计量是 Wald 检验统计量，数学定义为：

$$\text{Wald}_i = \left(\frac{\beta_i}{S_{\beta i}}\right)^2 \qquad (3)$$

β_i 为回归系数，$S_{\beta i}$ 是回归系数的标准误差。

当包含有 i 个自变量时，模型就扩展为：

$$Prob(\text{event}) = \frac{e^z}{1 + e^z} = \frac{1}{1 + e^{-z}} \qquad (4)$$

其中：$z = \beta_0 + \beta_1 x_1 + \beta_2 x_2 + \cdots \beta_p x_p$，$p$ 为自变量的数量。

Logit 模型中回归系数的含义：当其他解释变量保持不变时，解释变量 x_i 每增加一个单位，将引起 $Logit\ P$ 增加或减少 β_i 个单位。

拟合优度检验指标：

$$\text{Cox \& Snell } R^2 = 1 - \left(\frac{L_0}{L}\right)^{\frac{2}{n}} \qquad (5)$$

$$\text{Nagelkerke } R^2 = \text{Cox \& Snell } R^2 \times \frac{1}{1 - (L_0)^{\frac{2}{n}}} \qquad (6)$$

三　社会资本与农户借贷机会的交叉列联表分析

（一）交叉列联表分析原理

本节内容主要根据调查问卷样本数据，采用交叉列联表和卡方检验的方法进行对比研究。交叉列联表的基本原理如下所述。

对同一样本资料按其两个无序分类变量（行变量和列变量）归纳成双向交叉排列的统计表，其行变量可分为 R 类，列变量可分为 C 类，故称为 R×C 列联表。由两个以上的变量交叉分类的频数分布表，行变量的类别用 r 表示，r_i 表示第 i 个类别，列变量的类别用 c 表示，c_j 表示第 j 个类别，每种组合的观察频数用 f_{ij} 表示，表中列出了行变量和列变量的所有可能的组合，所以称为列联表。

表 5 - 1　交叉列联表的结构 （r × c 列联表的一般表示）

	列（c_j）			合计
	$j = 1$	$j = 2$	…	
$i = 1$	f_{11}	f_{12}	…	r_1
$i = 2$	f_{21}	f_{22}	…	r_2
⋮	⋮	⋮	⋮	⋮
合计	c_1	c_2	…	n

f_{ij} 表示第 i 行第 j 列的观察频数

行百分比：行的每一个观察频数除以相应的行合计数 （f_{ij}/r_i）

列百分比：列的每一个观察频数除以相应的列合计数 （f_{ij}/c_j）

总百分比：每一个观察值除以观察值的总个数 （f_{ij}/n）

卡方检验统计量：χ^2 统计量用于检验列联表中变量的拟合优度和独立性，用于测定两个分类变量之间的相关程度。

计算公式为：

$$\chi^2 = \sum_{i=1}^{r} \sum_{j=1}^{c} \frac{(f_{ij} - e_{ij})^2}{e_{ij}}$$

其自由度为 （$r-1$）（$c-1$）；

式中 f_{ij}——列联表中第 i 行第 j 列类别的实际频数

E_{ij}——列联表中第 i 行第 j 列类别的期望频数

期望频数 $E_{ij} = \dfrac{RT}{n} \times \dfrac{CT}{n}$

其中，RT 为指定单元格所在行的观测频数合计，CT 为指定单元格所在列的观测频数合计，n 是观测频数的合计。期望频数的分布与总体分布一致，也就是说，期望频数的分布反映的是行列变量互不相干的分布，反映行列变量间的相互独立关系。

卡方检验的步骤：

第一步：建立零假设 （H_0）

列联表分析中卡方检验的零假设为行变量与列变量独立。

第二步：选择和计算检验统计量

列联表中分析卡方检验的检验统计量是 Pearson 卡方统计量，其数学定义为：

$$\chi^2 = \sum_{i=1}^{r} \sum_{j=1}^{c} \frac{(f_{ij} - e_{ij})^2}{e_{ij}}$$

卡方统计量观测值的大小取决于两个因素：第一，列联表的单元格子数；第二，观测频数与期望频数的总差值。由于该检验中的 Pearson 卡方统计量近似服从卡方分布，因此可以依据卡方理论分布找到某自由度和显著水平下的卡方值，即卡方临界值。

第三步：确定显著水平（Significant Level）和临界值

显著性水平 α 是指零假设为真却将其拒绝的风险，即弃真的概率。在卡方检验中，由于卡方统计量服从一个（行数 – 1）×（列数 – 1）个自由度的卡方分布，因此，在行列数目和显著性水平 α 确定时，卡方临界值是可唯一确定的。

第四步：结论和决策

根据统计量观测值和临界值比较的结果进行决策。在卡方检验中，如果卡方的观测值大于卡方的临界值，则认为卡方值已经足够大，实际分布与期望分布之间的差距显著，可以拒绝零假设，断定交叉列联表的行列变量不独立，存在相关关系；反之，如果卡方的观测值不大于卡方临界值，则认为卡方值不够大，实际分布与期望分布之间的差异不显著，不能拒绝零假设，不能拒绝行列变量相互独立。

根据统计量观测值的概率 p 值和显著性水平 α 的比较结果进行决策，在卡方检验中，如果卡方观测值的概率 p 值小于等于 α，则认为在零假设成立的前提下，卡方观测值出现的概率是很小的，因此，拒绝零假设；反之，如果卡方观测值的概率 p 值大于 α，则在零假设成立的前提下，卡方观测值出现的概率是非小概率的，是极可能发生的，因此没有理由拒绝零假设，不能拒绝列联表的行列变量相互独立。

（二）社会资本类型的变量选择

本实证研究的因变量有效借贷机会 y 采用分类法（dichotomous），用"1"代表农户获得有效借贷机会，"0"代表未获得有效借贷机会。我们采用 SPSS20.0 软件对数据进行分析。模型初始自变量共选取 10 个指标，主要从亲戚走往数量、亲戚信任程度、邻居信任和睦度、是否参与合作社、信用评级等级、是否参与农户联保、诚信评价水平、党员身份、机关工作人员等方面考虑。

变量 x_1：亲戚走往数量。定序变量，1 表示经常来往的亲戚数量 5 家及以下；2 表示 6~10 家；3 表示 11 家及以上。

变量 x_2：亲戚信任程度。定序变量，1 表示非常不信任；2 表示不信任；3 表示一般；4 表示信任；5 表示和亲戚之间非常信任。

变量 x_3：邻居信任和睦度。定序变量，1 表示非常不信任和关系紧张；2 表示不信任且不和睦；3 表示一般；4 表示比较信任且比较和睦；5 表示和邻居之间非常信任且非常和睦。

变量 x_4：是否参与合作社。定类变量，1 表示加入了农民专业合作社（或类似的组织）；0 表示未加入。

变量 x_5：信用评级等级。定序变量，1 表示在农村信用社（农村商业银行）没有评级；2 表示评级为一级；3 表示二级；4 表示三级；5 表示四级。

变量 x_6：是否参与农户联保。定类变量，1 表示加入过农户联保小组；0 表示未加入过。

变量 x_7：诚信评价水平。定序变量，1 表示在村里乡亲之间的诚信评价水平非常不好；2 表示不好；3 表示一般；4 表示好；5 表示非常好。

变量 x_8：党员身份。定类变量，1 表示是党员；0 表示不是。

变量 x_9：机关工作人员。定类变量，1 表示是村干部或在乡镇政府机构工作；0 表示不是或不从事此类工作。

表 5－2　变量选择及取值说明

变量选择	取值说明
有效借贷机会 y	1 表示农户获得有效借贷机会，0 表示未获得
亲戚走往数量 x_1	1 表示经常来往的亲戚数量 5 家及以下，2 表示 6~10 家，3 表示 11 家及以上
亲戚信任程度 x_2	1 表示非常不信任，2 表示不信任，3 表示一般，4 表示信任，5 表示和亲戚之间非常信任
邻居信任和睦度 x_3	1 表示非常不信任和关系紧张，2 表示不信任且不和睦，3 表示一般，4 表示比较信任且比较和睦，5 表示和邻居之间非常信任且非常和睦
是否参与合作社 x_4	1 表示加入了农民专业合作社（或类似的组织），0 表示未加入

续表

变量选择	取值说明
信用评级等级 x_5	1 表示在农村信用社（农村商业银行）没有评级,2 表示评级为一级,3 表示二级,4 表示三级,5 表示四级
是否参与农户联保 x_6	1 表示加入过农户联保小组,0 表示未加入过
诚信评价水平 x_7	1 表示在村里乡亲之间的诚信评价水平非常不好,2 表示不好,3 表示一般,4 表示好,5 表示非常好
党员身份 x_8	1 表示是党员,0 表示不是
机关工作人员 x_9	1 表示是村干部或在乡镇政府机构工作,0 表示不是或不从事此类工作

资料来源：调查获得。

1. 亲戚走往数量与有效借贷机会

根据统计调查问卷数据，进行亲戚走往数量与有效借贷机会的交叉列联表分析和卡方检验（见表 5 - 3）。在所调查的 1294 个样本中，总体上看，较大部分农户能够获得信贷机会，占 83.8%；但是 16.2% 的农户由于各种因素制约，难以有效获取信贷机会。可以看出，农户中难以获得有效借贷机会的仍然存在一定的比例，并且亲戚走往数量与有效借贷机会呈正相关关系。

表 5 - 3　　亲戚走往与借贷机会交叉列联表分析

单位：%

			借贷机会变量		合计
			无	有	
亲戚走往	5 家及以下	计数	46	276	322
		亲戚走往中的	14.3	85.7	100.0
		借贷机会变量中的	21.9	25.5	24.9
		总数的	3.6	21.3	24.9
	6~10 家	计数	119	485	604
		亲戚走往中的	19.7	80.3	100.0
		借贷机会变量中的	56.7	44.7	46.7
		总数的	9.2	37.5	46.7
	11 家以上	计数	45	323	368
		亲戚走往中的	12.2	87.8	100.0
		借贷机会变量中的	21.4	29.8	28.4
		总数的	3.5	25.0	28.4

续表

		借贷机会变量		合计
		无	有	
合计	计数	210	1084	1294
	亲戚走往中的	16.2	83.8	100.0
	借贷机会变量中的	100.0	100.0	100.0
	总数的	16.2	83.8	100.0

资料来源：调查获得。

由表 5-4 可见，卡方检验的概率 p 值为 0.005，如果显著性 α 设为 0.05，则由于卡方的概率 p 值小于 α，因此拒绝零假设，即拒绝亲戚走往数量与借贷获取机会独立的假设。

表 5-4　亲戚走往与借贷机会的卡方检验

	卡方检验值	df	渐进 Sig.（双侧）
Pearson 卡方	10.586	2	0.005
似然比	10.669	2	0.005
线性和线性组合	0.765	1	0.382
有效案例中的 N	1294		

资料来源：调查获得。

2. 亲戚信任与有效借贷机会

根据统计调查问卷数据，进行亲戚信任与有效借贷机会的交叉列联表分析和卡方检验。在所调查的 1294 个样本中，总体上看，可以看出，亲戚信任与有效借贷机会呈正相关关系（见表 5-5）。

由表 5-6 可见，卡方检验的概率 p 值为 0.000，如果显著性 α 设为 0.05，则由于卡方的概率 p 值小于 α，因此拒绝零假设，即拒绝亲戚信任程度与借贷获取机会独立的假设。

3. 邻居和睦与借贷机会变量交叉列联表

根据统计调查问卷数据，进行邻居和睦与有效借贷机会的交叉列联表分析和卡方检验。在所调查的 1294 个样本中，总体上看，可以看出，邻居和睦与有效借贷机会呈正相关关系（见表 5-7）。

表 5 – 5　亲戚信任与借贷机会交叉列联表分析

单位：%

| | | | 借贷机会变量 | | 合计 |
			无	有	
亲戚信任	非常信任	计数	45	494	539
		亲戚信任中的	8.3	91.7	100.0
		借贷机会变量中的	21.4	45.6	41.7
		总数的	3.5	38.2	41.7
	信任	计数	95	511	606
		亲戚信任中的	15.7	84.3	100.0
		借贷机会变量中的	45.2	47.1	46.8
		总数的	7.3	39.5	46.8
	一般	计数	67	74	141
		亲戚信任中的	47.5	52.5	100.0
		借贷机会变量中的	31.9	6.8	10.9
		总数的	5.2	5.7	10.9
	不信任	计数	3	4	7
		亲戚信任中的	42.9	57.1	100.0
		借贷机会变量中的	1.4	0.4	0.5
		总数的	0.2	0.3	0.5
	非常不信任	计数	0	1	1
		亲戚信任中的	0.0	100.0	100.0
		借贷机会变量中的	0.0	0.1	0.1
		总数的	0.0	0.1	0.1
合计		计数	210	1084	1294
		亲戚信任中的	16.2	83.8	100.0
		借贷机会变量中的	100.0	100.0	100.0
		总数的	16.2	83.8	100.0

资料来源：调查获得。

表 5 – 6　亲戚信任与借贷机会卡方检验值

	卡方检验值	df	渐进 Sig.（双侧）
Pearson 卡方	130.135	4	0.000
似然比	107.011	4	0.000
线性和线性组合	98.065	1	0.000
有效案例中的 N	1294		

资料来源：调查获得。

表 5 - 7 邻居和睦与借贷机会交叉列联表分析

单位：%

			借贷机会变量		合计
			无	有	
邻居和睦	非常信任且非常和睦	计数	32	455	487
		邻居和睦中的	6.6	93.4	100.0
		借贷机会变量中的	15.2	42.0	37.6
		总数的	2.5	35.2	37.6
	比较信任且比较和睦	计数	103	525	628
		邻居和睦中的	16.4	83.6	100.0
		借贷机会变量中的	49.0	48.4	48.5
		总数的	8.0	40.6	48.5
	一般	计数	73	99	172
		邻居和睦中的	42.4	57.6	100.0
		借贷机会变量中的	34.8	9.1	13.3
		总数的	5.6	7.7	13.3
	不信任且不和睦	计数	1	4	5
		邻居和睦中的	20.0	80.0	100.0
		借贷机会变量中的	0.5	0.4	0.4
		总数的	0.1	0.3	0.4
	非常不信任和关系紧张	计数	1	1	2
		邻居和睦中的	50.0	50.0	100.0
		借贷机会变量中的	0.5	0.1	0.2
		总数的	0.1	0.1	0.2
合计		计数	210	1084	1294
		邻居和睦中的	16.2	83.8	100.0
		借贷机会变量中的	100.0	100.0	100.0
		总数的	16.3	83.9	100.0

资料来源：调查获得。

由表 5 - 8 可见，卡方检验的概率 p 值为 0.000，如果显著性 α 设为 0.05，则由于卡方的概率 p 值小于 α，因此拒绝零假设，即拒绝邻居和睦程度与借贷获取机会独立的假设。

4. 是否参与合作社与有效借贷机会

根据统计调查问卷数据，进行是否参与合作社与有效借贷机会的交叉列联表分析和卡方检验。在所调查的 1294 个样本中，总体上看，可以看出，是否参与合作社与有效借贷机会呈正相关关系（见表 5 - 9）。

表 5 - 8　邻居和睦与借贷机会卡方检验值

	卡方检验值	df	渐进 Sig.（双侧）
Pearson 卡方	122.090	4	0.000
似然比	108.759	4	0.000
线性和线性组合	104.585	1	0.000
有效案例中的 N	1294		

资料来源：调查获得。

表 5 - 9　参与合作社与借贷机会变量交叉列联表分析

单位：%

			借贷机会变量		合计
			无	有	
参与合作社	是	计数	37	372	409
		合作社中的	9.0	91.0	100.0
		借贷机会变量中的	17.6	34.3	31.6
		总数的	2.9	28.7	31.6
	否	计数	173	712	885
		合作社中的	19.5	80.5	100.0
		借贷机会变量中的	82.4	65.7	68.4
		总数的	13.4	55.0	68.4
合计		计数	210	1084	1294
		合作社中的	16.2	83.8	100.0
		借贷机会变量中的	100.0	100.0	100.0
		总数的	16.3	83.7	100.0

资料来源：调查获得。

由表 5 - 10 可见，卡方检验的概率 p 值为 0.000，如果显著性 α 设为 0.05，则由于卡方的概率 p 值小于 α，因此拒绝零假设，即拒绝是否参与合作社与借贷获取机会独立的假设。

5. 信用评级等级与有效借贷机会

根据统计调查问卷数据，进行信用评级等级与有效借贷机会的交叉列联表分析和卡方检验。在所调查的 1294 个样本中，总体上看，可以看出，信用评级等级与有效借贷机会呈正相关关系（见表 5 - 11）。

表 5 – 10   参与合作社与借贷机会卡方检验值

	卡方检验值	df	渐进 Sig.（双侧）	精确 Sig.（双侧）	精确 Sig.（单侧）
Pearson 卡方	22.691	1	0.000		
连续校正	21.925	1	0.000		
似然比	24.770	1	0.000		
Fisher 的精确检验				0.000	0.000
线性和线性组合	22.674	1	0.000		
有效案例中的 N	1294				

资料来源：调查获得。

表 5 – 11   信用评级与借贷机会变量交叉列联表分析

单位：%

			借贷机会变量		合计
			无	有	
信用评级	没有评级	计数	140	352	492
		评级中的	28.5	71.5	100.0
		借贷机会变量中的	66.7	32.5	38.0
		总数的	10.8	27.2	38.0
	一级	计数	26	343	369
		评级中的	7.0	93.0	100.0
		借贷机会变量中的	12.4	31.6	28.5
		总数的	2.0	26.5	28.5
	二级	计数	23	160	183
		评级中的	12.6	87.4	100.0
		借贷机会变量中的	11.0	14.8	14.2
		总数的	1.8	12.4	14.2
	三级	计数	16	142	158
		评级中的	10.1	89.9	100.0
		借贷机会变量中的	7.6	13.1	12.2
		总数的	1.2	11.0	12.2
	四级	计数	5	87	92
		评级中的	5.4	94.6	100.0
		借贷机会变量中的	2.4	8.0	7.1
		总数的	0.4	6.7	7.1
合计		计数	210	1084	1294
		评级中的	16.2	83.8	100.0
		借贷机会变量中的	100.0	100.0	100.0
		总数的	16.2	83.8	100.0

资料来源：调查获得。

由表 5 - 12 可见，卡方检验的概率 p 值为 0.000，如果显著性 α 设为 0.05，则由于卡方的概率 p 值小于 α，因此拒绝零假设，即拒绝信用评级与借贷获取机会独立的假设。

表 5 - 12　信用评级与借贷机会变量卡方检验

	卡方检验值	df	渐进 Sig.（双侧）
Pearson 卡方	91.002	4	0.000
似然比	91.089	4	0.000
线性和线性组合	47.647	1	0.000
有效案例中的 N	1294		

资料来源：调查获得。

6. 是否参与农户联保与有效借贷机会

根据统计调查问卷数据，进行是否参与农户联保与有效借贷机会的交叉列联表分析和卡方检验。在所调查的 1294 个样本中，总体上看，可以看出，是否参与农户联保与有效借贷机会呈正相关关系（见表 5 - 13）。

表 5 - 13　是否参加联保与借贷机会变量交叉列联表分析

单位：%

			借贷机会变量		合计
			无	有	
参加联保	是	计数	26	259	285
		联保中的	9.1	90.9	100.0
		借贷机会变量中的	12.4	23.9	22.0
		总数的	2.0	20.0	22.0
	否	计数	184	824	1008
		联保中的	18.3	81.7	100.0
		借贷机会变量中的	87.6	76.1	78.0
		总数的	14.2	63.8	78.0
合计		计数	210	1083	1293①
		联保中的	16.2	83.8	100.0
		借贷机会变量中的	100.0	100.0	100.0
		总数的	16.2	83.8	100.0

注：①其中有 1 份样本的农户联保选题未填。
资料来源：调查获得。

由表 5 - 14 可见，卡方检验的概率 p 值为 0.000，如果显著性 α 设为 0.05，则由于卡方的概率 p 值小于 α，因此拒绝零假设，即拒绝是否参加农户联保与借贷获取机会独立的假设。

表 5 - 14　是否参加联保与借贷机会变量卡方检验

	卡方检验值	df	渐进 Sig.（双侧）	精确 Sig.（双侧）	精确 Sig.（单侧）
Pearson 卡方	13.618	1	0.000		
连续校正	12.955	1	0.000		
似然比	15.168	1	0.000		
Fisher 的精确检验				0.000	0.000
线性和线性组合	13.607	1	0.000		
有效案例中的 N	1293①				

注：①其中有 1 份样本的农户联保选题未填。
资料来源：调查获得。

7. 诚信评价与有效借贷机会

根据统计调查问卷数据，进行诚信评价与有效借贷机会的交叉列联表分析和卡方检验。在所调查的 1294 个样本中，总体上看，可以看出，诚信评价与有效借贷机会呈正相关关系（见表 5 - 15）。

表 5 - 15　诚信评价与借贷机会变量交叉列联表分析

单位：%

			借贷机会变量 无	借贷机会变量 有	合计
诚信评价	非常好	计数	28	388	416
		诚信评价中的	6.7	93.3	100.0
		借贷机会变量中的	13.3	35.8	49.1
		总数的	2.2	30.0	32.2
	好	计数	89	579	668
		诚信评价中的	13.3	86.7	100.0
		借贷机会变量中的	42.4	53.4	51.6
		总数的	6.9	44.7	51.6
	一般	计数	87	113	200
		诚信评价中的	43.5	56.5	100.0
		借贷机会变量中的	41.4	10.4	15.5
		总数的	6.7	8.7	15.5

续表

			借贷机会变量		合计
			无	有	
诚信评价	不好	计数	3	3	6
		诚信评价中的	50.0	50.0	100.0
		借贷机会变量中的	1.4	0.3	0.5
		总数的	0.2	0.2	0.5
	非常不好	计数	3	1	4
		诚信评价中的	75.0	25.0	100.0
		借贷机会变量中的	1.4	0.1	0.3
		总数的	0.2	0.1	0.3
合计		计数	210	1084	1294
		诚信评价中的	16.2	83.8	100.0
		借贷机会变量中的	100.0	100.0	100.0
		总数的	16.2	83.7	100.0

资料来源：调查获得。

由表 5 - 16 可见，卡方检验的概率 p 值为 0.000，如果显著性 α 设为 0.05，则由于卡方的概率 p 值小于 α，因此拒绝零假设，即拒绝诚信评价等级与借贷获取机会独立的假设。

表 5 - 16　诚信评价与借贷机会变量卡方检验

	卡方检验值	df	渐进 Sig.（双侧）
Pearson 卡方	156.359	4	0.000
似然比	131.396	4	0.000
线性和线性组合	125.525	1	0.000
有效案例中的 N	1294		

资料来源：调查获得。

8. 党员身份与有效借贷机会

根据统计调查问卷数据，进行党员身份与有效借贷机会的交叉列联表分析和卡方检验。在所调查的 1294 个样本中，总体上看，可以看出，党员身份与有效借贷机会呈正相关关系（见表 5 - 17）。

表 5 - 17   党员身份与借贷机会变量交叉列联表分析

单位：%

| | | | 借贷机会变量 | | 合计 |
			无	有	
党员	是	计数	25	252	277
		党员中的	9.0	91.0	100.0
		借贷机会变量中的	11.9	23.2	21.4
		总数的	1.9	19.5	21.4
	否	计数	185	832	1017
		党员中的	18.2	81.8	100.0
		借贷机会变量中的	88.1	76.8	78.6
		总数的	14.3	64.3	78.6
合计		计数	210	1084	1294
		党员中的	16.2	83.8	100.0
		借贷机会变量中的	100.0	100.0	100.0
		总数的	16.2	83.8	100.0

资料来源：调查获得。

由表 5 - 18 可见，卡方检验的概率 p 值为 0.000，如果显著性 α 设为 0.05，则由于卡方的概率 p 值小于 α，因此拒绝零假设，即拒绝党员身份与借贷获取机会独立的假设。

表 5 - 18   党员身份与借贷机会变量卡方检验

	卡方检验值	df	渐进 Sig.（双侧）	精确 Sig.（双侧）	精确 Sig.（单侧）
Pearson 卡方	13.452	1	0.000		
连续校正	12.787	1	0.000		
似然比	15.030	1	0.000		
Fisher 的精确检验				0.000	0.000
线性和线性组合	13.442	1	0.000		
有效案例中的 N	1294				

资料来源：调查获得。

9. 机关工作人员身份与有效借贷机会

根据统计调查问卷数据，进行机关工作人员身份与有效借贷机会的交叉列联表分析和卡方检验。在所调查的 1294 个样本中，总体上看，可以看出，机关工作人员身份与有效借贷机会呈正相关关系（见表 5 - 19）。

表 5 - 19　机关工作人员身份与借贷机会变量交叉列联表分析

单位：%

			借贷机会变量		合计
			无	有	
机关工作人员身份	是	计数	19	162	181
		机关工作人员中的	10.5	89.5	100.0
		借贷机会变量中的	9.0	14.9	14.0
		总数的	1.5	12.5	14.0
	否	计数	191	922	1113
		机关工作人员中的	17.2	82.8	100.0
		借贷机会变量中的	91.0	85.1	86.0
		总数的	14.7	71.3	86.0
合计		计数	210	1084	1294
		机关工作人员中的	16.2	83.8	100.0
		借贷机会变量中的	100.0	100.0	100.0
		总数的	16.2	83.8	100.0

资料来源：调查获得。

由表 5 - 20 可见，卡方检验的概率 p 值为 0.000，如果显著性 α 设为 0.05，则由于卡方的概率 p 值小于 α，因此拒绝零假设，即拒绝机关工作人员身份与借贷获取机会独立的假设。

表 5 - 20　机关工作人员身份与借贷机会变量卡方检验

	卡方检验值	df	渐进 Sig.（双侧）	精确 Sig.（双侧）	精确 Sig.（单侧）
Pearson 卡方	5.085[a]	1	0.024		
连续校正[b]	4.606	1	0.032		
似然比	5.587	1	0.018		
Fisher 的精确检验				0.023	0.013
线性和线性组合	5.081	1	0.024		
有效案例中的 N	1294				

第二节 不同社会资本类型对农户借贷
行为影响实证分析结果

综合上述理论研究，使用农户实地调研数据，对模型进行了回归分析，具体估计结果见表 5 - 21。根据表 5 - 21 中各变量的实证分析结果，现就各类型社会资本①对农户借贷行为的影响具体分析如下。

表 5 - 21 Logistic 回归模型和系数

变量	模型一		模型二		模型三		模型四	
	B	Exp(B)	B	Exp(B)	B	Exp(B)	B	Exp(B)
常量	-2.786***	0.062	-5.982***	0.003	-6.424***	0.002	-5.657***	0.003
亲戚走往数量	1.056	2.874	0.059	1.061	0.064	1.066	0.051	1.052
亲戚信任程度	0.031***	1.032	0.534***	1.706	0.507***	1.661	0.490***	1.633
邻居信任和睦度			0.551***	1.735	0.491***	1.634	0.471**	1.602
诚信评价水平			0.772***	2.164	0.716***	2.045	0.724***	2.063
是否参与合作社					0.633**	1.883	0.618**	1.856
信用评级等级					0.401***	1.494	0.406***	1.501
是否参与农户联保					0.289	1.335	0.228	1.256
党员身份							-0.439	0.645
机关工作人员身份							0.098	1.103
-2Loglikelihood	1053.550	975.027	928.397	925.433				

注："***"表示 p<0.001；"**"表示 p<0.01；"*"表示 p<0.05。分别表示估计结果在 0.1%、1% 和 5% 的水平上显著。

一 宗族型社会资本的影响

改革开放以前，我国大部分农村的农户借贷行为只存在于有血缘、族

---

① 本书第3章、第5章和第6章均涉及社会资本的类型分析，基于不同研究侧重点的需要，分类的方式和名称各异，其涵盖的内容是一致的，具有关联性，参看附录3。

缘关系的村民之间以及经营高利贷等生意的地下钱庄。很多学者称之为民间借贷或是私人借贷，本书把这一类借贷统统归于"非正规借贷"。即便是在农村金融市场被国家高度重视的今天，非正规借贷仍然占据重要的地位，这和我国宗族社会的历史是分不开的。宗族是以父系血缘、族缘为纽带的社会群体，由同宗同族人组成，也即很多学者都用到的"宗法共同体"，是我国农村的基础社会组织。随着中西方文明的交融，这些年在我国的城市里宗族文化已经越来越被淡化，但是续族谱、订族规、修宗庙、修宗祠、选族长等宗族活动依然活跃在农村。调研时发现，无论富裕还是贫穷的村落很多都有大大小小的祠堂。从祠堂的大小、修缮的完好程度可以看出这一族（姓氏）在这个村里乃至一乡一县的地位以及这一族里有没有经济地位和社会地位较高的子孙。

农民一旦产生借贷需求，大部分的第一选择是三代以内的亲戚圈。宗族型社会资本于是成为影响获得有效借贷机会的一个重要的同质性社会资本因素。借贷农户的宗族型社会资本通过"亲戚走往数量"和"亲戚信任程度"两个方面进行测量。

（1）在模型一当中，较多的亲戚走往数量有助于农户获得有效借贷机会，但未能通过显著性统计检验。可能的解释是以血缘、族缘关系构筑起来的宗族型社会资本是具有先赋性、封闭性和内聚性的，较多的亲戚走往数量能够为农户提供更多的借贷来源，从一定程度上影响农户获得有效借贷机会的概率。但随着越来越多的农户在向亲戚借贷的同时，也向正规金融机构和相关政府组织机构申请贷款，亲戚走往数量的影响力也在逐步下降。

（2）亲戚信任程度有助于农户获得有效借贷机会，且该变量在0.1%的显著性水平上通过统计检验。从模型一当中可以看出，亲戚信任程度每提高1个等级，借贷机会增加1.032倍。在非正规借贷的信任机制建设里，亲戚关系占主导地位，而且仅限于直系亲属的三代以内。越不发达的农村地区，对亲戚关系的"浓度"要求越高，即亲戚与亲戚之间的亲疏程度越亲越有利，亦即社会网络中的关系强弱程度越强越有利。比如在南昌县塔城乡的青岚村，那里的很多农村妇女表示，在她自己组建的新家庭有借贷需求时，她和她的丈夫都会向自己的娘家人寻求帮助。"娘家人"

是亲戚关系中一种最亲的关系，宗族网络中的强关系。宗法共同体中，越亲的关系，农户们彼此之间的透明度越高，这也就是为什么强关系会带来高信任程度的原因。他们住在同一个村或是相邻的村，对方家里住多大的房子、以什么谋生、孩子什么时候结婚等家长里短的细枝末节都是公开的。亲戚之间对彼此的经济状况都十分清楚，借方和贷方很容易迅速配对，省略了达成借贷交易中询价的这个过程。也正是因为这种由血缘里带出来的坚固的宗族型社会资本，农户不需要借助外部的附加条件去构建和巩固亲戚关系，几乎没有关系架设成本上的投入。这样的社会关系投资，更多的是平日里感情的交流。

二　乡土型社会资本的影响

乡土型社会资本是与宗族型社会资本并存的另一个重要的同质性社会资本。乡土型社会资本通过邻居信任和睦度进行测量。

在模型二中，邻居信任和睦度有助于农户获得有效借贷机会，且该变量在 0.1% 的显著性水平上通过统计检验。可以看出，邻居信任和睦程度每提高 1 个等级，借贷机会增加 1.735 倍。这个幅度明显高于亲戚信任程度的影响，甚至超过了法理型社会资本、身份型社会资本等的影响。因此，可以得出的结论是，乡土型社会资本比宗族型、法理型、身份型社会资本更重要。

随着工业化、城镇化程度的提升，农村受到越来越大的影响。越来越多的农民外出务工或是自己创办工厂企业，无论是"志同道合"的情感共同体，还是"互惠互利"的利益共同体，在进行非正规借贷时，相较于宗法共同体中的那些亲戚，出外打拼的同乡邻里们的经济实力和生存状态更为类似，他们所拥有的社会资本也较为类似。更重要的是，他们的社会资本可以在和对方共享的过程中达到二次增值的目的。所以，在这个网络里，信任机制的建立更为理性，这个网络具有比宗族关系更广泛的延展空间和更强的可持续性，是一种后天的强关系模式。后天的强关系中嵌入的社会资本丰厚，当被运用得好时，不仅实现了处于强关系网络中不同节点所占有资源的增值，还进一步加强了节点与节点之间的关系强度。

三　社团型社会资本的影响

农民专业合作组织是重要的农民社团，本章以"是否参与合作社"来反映社团型社会资本对农户有效借贷机会的影响。

在模型三中，参与合作社有助于农户获得有效借贷机会，且该变量在1%的显著性水平上通过统计检验。但相较于其他几个通过显著性统计检验的变量，它的影响力较弱。建立农民专业合作组织的初衷是通过"抱团"的方式将本来独立存在的农户个体联合起来，构筑一个以某一产业或产品为纽带的利益共同体，以达到降低成本、增加收益和控制风险的目的。由此形成的利益共同体比单个农户在与外界沟通和协商时，具有更强的话语权，也就有更大可能获取有效借贷机会。但是现如今农民专业合作组织普遍存在经营不力和管理不善的问题，内部管理松散、规范条例不明，利益共同体的社会效应和经济效应都在弱化，没有达到真正"抱团"的目的，从而降低了关系结构中的农户向外界获取有效借贷机会的说服力。此外，还有一部分农民专业合作组织已经逐渐转化为由其中较大的农户做东、其余农户入股的有限责任公司运营模式，农户和农户之间由原先共同体中的成员合作关系变成了从属关系，对其中大部分农户来说，在获取有效借贷机会时的竞争力有所减弱。

四　法理型社会资本的影响

法理型社会资本主要用借贷农户与正规金融机构之间的关系反映，具体包括"信用评价等级"和"是否参与农户联保"两个方面。

（1）信用评价等级对农户获得有效借贷机会的影响为正，且该变量在0.1%的显著性水平上通过统计检验。在模型三中，信用评价等级每提高1个等级，借贷机会增加1.494倍。这里的信用评价等级指的是农户在诸如农信社一类的正规金融机构通过信贷记录建立起来的信用等级。信用等级是农户和银行之间关系的基础。这一社会资本的积累靠的是农户和银行之间往来不断的借与还的检验过程。在这一点上，金融意识觉醒较早的靠近江浙一带的江西东北地区农民占更大优势。他们从改革开放初期就开始向银行借贷，严格遵守现代金融规则，发展到今天已经积累了相当可观的信用度。这一信用度直接转化成实实在在的金钱——他们可以获得的更大的信贷金额和更优惠的信贷利率等。

（2）参与农户联保有助于农户获得有效借贷机会，但该变量未能通过显著性统计检验。农户联保制度的初衷是通过 3~5 户农户组成联保小组互相担保，缓解农户借贷缺乏抵押担保品的问题。但实际调研到的情况是，联保小组的组建缺乏完善的前期审查。比如抚州市东乡县的一位农户就表示，他所在联保小组的另外两人在借贷之后都刻意躲避还贷，结果他被迫拿自己的钱替他们偿还农信社的贷款。另外，农户联保制度在江西省内各地实施的具体情况各有不同，有些地区对小组成员的身份要求过于苛刻。比如南昌县塔城乡青岚村的农户就提到，当地的农信社要求联保小组必须至少有一名成员是公职人员，这对社会网络关系单纯的普通农户来说是一道很高的门槛。

五　口碑型社会资本的影响

口碑型社会资本用农户在乡里乡亲间的诚信评价水平反映。

从模型二中可以看出，诚信评价水平有助于农户获得有效借贷机会，且该变量在 0.1% 的显著性水平上通过统计检验。在亲戚朋友等熟人关系借贷中，诚信评价水平——也就是我们常说到的"口碑"——是直接影响借贷关系构成与否的关键。民间有句俗语叫"有借有还再借不难"，说的正是信用特征这一社会资本的作用和再增值的过程。比较来看，来自正规金融机构的信用评价等级不及乡里乡亲间的诚信评价水平的影响力。两个评价的主体不同，一个是官方的金融机制，一个是民间的口碑相传。诚信评价水平每提高 1 个等级，农户获得有效借贷的机会就增加 2.164 倍，这 2 倍于亲戚信任程度（1.032）的影响力，1.4 倍于正规金融机构信用评价等级（1.494）的影响力，高于其他所有类型社会资本的影响。由此可得，民间的"口碑"即诚信评价水平是衡量能否获得有效借贷机会的关键变量。

口碑型社会资本应属复合型社会资本，它是多种同质性和异质性社会资本共同作用的交集部分。概括地说，一个人的口碑型社会资本会反映在他的宗族型社会资本、乡土型社会资本、法理型社会资本之中；同时，宗族型社会资本、乡土型社会资本、法理型社会资本也会反作用于他的口碑型社会资本。因为"诚信"本来就是各种社会资本存在、社会网络构成的基础。无论是宗法共同体、利益共同体还是契约共同体，都是依赖信用而聚集的，归根结底都是信用共同体。江西省实施了十余年的"文明信用农户贷款"是把社会资本用得很好的一种方式，精神文明建设办公室与农信社合作，把诚实守信和文明创建结合起来，在利用"诚信"这一社会资本的经济价值的同时，提升了它的社会价值。

　　具体做法很说明问题：在村党支部和驻村乡镇干部的组织和指导下，通过村民自荐、村民代表举荐和村组织推荐，经村民小组"海选"产生评议员组成村公评公议会，组成最基层的征信机构。公评公议会以"五老"为主——老党员、老教师、老代表、老干部、老劳模，所以在有些市、县公评会议会也被称作"五老会"。然后，在《江西省农村道德建设评议标准（试行）》的基础上结合实际情况对信用农户进行道德评档评分（90分以上评为道德优秀家庭；80～89分评为道德良好家庭；60～79分评为道德合格家庭）。《标准》共50条，每条2分，共100分。比如"诚实本分，不搬弄是非"，比如"信贷守约，不违规拖欠"，比如"乡邻和睦，不挑起宗派"等，这些都是《标准》里的条目。接着按照家庭自评、集体互评、评议会总评的流程确定"文明信用农户"。最后根据不同的家庭道德档次，[①]"文明信用农户"将获得信用贷款额度2万～10万元、利率优惠10%～30%的信贷优惠。文明信用农户的评定不是终身制，每年集中评议一次，根据每户农户新一年的信用情况提升或是降低档次。

　　在江西，不仅有文明信用农户，还有文明信用村、文明信用乡、文明信用县。通过细化"诚信"具体的表现形式，量化"诚信"确切的对应分值，农户拥有的社会资本被实实在在地转化成了可享受的贷款金额、利率。滚动式地评比能激发社会资本更多的潜能，在让农民尝到"诚信有价"甜头的同时，用标准和规范来帮助和教会他们逐步建立自己的诚信资本库继而获取再增值的收益。这种模式对文明社会建设的作用是十分明显的，正可谓一举多得。

---

① 廖国良、肖四如、杨六华：《小实践破解大课题——江西开展创评"文明信用农户"活动课题报告》，2007。

六　身份型社会资本的影响

身份型社会资本主要从两个方面反映，一是党员身份，二是机关工作人员身份。

（1）从模型四可以看出，党员身份变量对农户有效借贷机会没有显著影响。虽然我国的党员数量在不断上升，但是一般普通农民极少是党员。即使是在村委会工作的农民，也并非都入了党。所以首先，党员身份对农户获得有效借贷机会的影响力确实有限。其次，普通农户对"党员身份"概念比较模糊，不会把这一点和借钱联系在一起。最后，因为党员身份是一个缺乏价值的社会资本，所以无论是政策性贷款还是银行的支农贷款，都没有与之相关的条款。因此，党员身份的作用被弱化，无论在非正规借贷渠道还是正规借贷渠道对农户获得有效借贷机会的影响力都不强。

（2）在模型四中，机关工作人员身份有助于农户获得有效借贷机会，但该变量未能通过显著性统计检验。根据我国的国情，机关工作人员主要指公务员或事业单位的在编人员，通俗地讲就是"吃皇粮"的公职人员。也就是说，无论是农户本人在村委会当村干部还是在他的社会网络中存在具备这样身份的人员，都会对他获得有效借贷机会起到一定的作用。

这里需要提到江西省的"小额担保贷款"。[①] 其中最重要的是，包括农户这一群体在内的借款人必须提供至少一名符合条件的反担保人。该反担保人为公务员或事业单位的在编人员或大型国企的正式职工或学校老师。一旦借款人无法还款，担保中心有权力对反担保人实行扣除工资等行政手段强制其代借款人偿还贷款。[②] 从这一点上来说，具有机关工作人员身份的反担保人对农户获得小额担保贷款是有决定性意义的。但是由于此类政策性贷款毕竟只是农户有效借贷机会的提供方式之一，而且对农户这

---

① 小额担保贷款是指通过政府出资设立担保基金，委托担保机构提供贷款担保，由经办商业银行发放，以解决符合一定条件的待就业人员从事创业经营自筹资金不足的一项贷款业务，包括自谋职业、自主创业或合伙经营和组织起来创业的开办经费和流动资金。

② 陈熹：《小额贷款可持续发展模式分析》，《江西社会科学》2013 年第 10 期。

一缺乏机关工作人员身份型社会资本的群体的可操作性不够强,普及程度不高,所以影响不显著。

第三节 结构洞、强弱关系对农户借贷
行为影响的案例研究

两个关系人之间的非重复关系是结构洞,初步可以解释为,如果存在一个第三人,与这两个关系人都有关系,而这两个关系人彼此尚没有建立起任何关系,那么这个第三人就顺理成章地成了这两个关系人之间的结构洞。因为这两个人之间完全不存在关系,这里把他们之间的关系定义为"零关系"。在农户借贷行为中,民间借贷的中间人(中介)和小额担保贷款的政府担保部门就是借方和贷方之间的结构洞,如图5-1和图5-2所示。

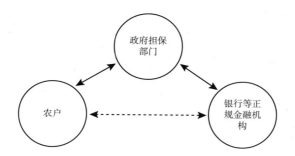

图5-1 小额担保贷款模式的结构洞

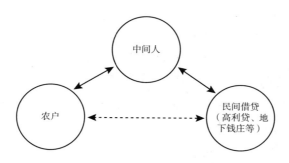

图5-2 民间借贷模式的结构洞

　　农户借贷困难很大程度上是结构洞导致的，从上面的分析也可以看出，这也是民间借贷在农村地区比较活跃的原因。如果单纯从填补结构洞的角度去解决农户借贷困难的问题，政府小额担保贷款应该算是一大创新。在调研中很多农民都说过同一句话"在银行不认识人"，而政府把这条红线牵了起来。银行类正规金融机构和政府之间是一种自然形成的强关系，进一步，政府在银行储存一定量的担保基金增强这种强关系。同时，政府通过制定政策、实地调查筛选出符合条件的有借贷需求的农户，推荐给银行，要求给予贷款。这类贷款不是只为农户服务的，但由于金额较小、初期合作银行是农村信用社，因此客户群体大部分是农户。但是，政府的小额担保贷款是一项创业贷款，它要求申贷人必须有已经在运行的赢利项目，无法满足农户的生活性借贷需求。另外，这其中很有可能滋生腐败。作为借贷关系中的结构洞，小额贷款的政府担保机构具有制定规则和筛选合格者的双重权力，虽然有银行等金融机构作为第三方参与提供建议和监督，但在实际操作中，几乎都是由担保机构一方独立完成的。那么，有强烈借贷需求的农户也许会通过贿赂重要岗位的政府官员以获得借贷资格。这实际上是结构洞带来的"收益"，虽然它是不合理不合法的。要保障政策公平公正地被真正需要的人享用，政府的小额担保贷款模式还有很多需要完善的地方。同时，还需要看到的是，政府担保小额贷款的目的是要帮助农户跨越他们和正规金融机构之间的结构洞，而不是让这种结构洞永远存在。通过一次或多次借贷并按时偿还政府担保贷款，农户和银行之间可以不断交流信息、生成诚信记录，构建起两者之间直接的社会关系链，形成类似业缘的社会资本。在此之后，农户就有可能直接向银行借贷，不再需要经过政府的政策帮扶和推荐，这就是一个跨越结构洞的过程，也应当是政策类贷款的最终目的所在。

　　当两个人之间不存在结构洞时，即两个人有关系时，这里把他们称为"非零关系"，包括强关系和弱关系。把不同社会关系等影响因素对农户借贷资金数量的影响抽象成一个函数关系，如下：

$$F = f(x, y, z, q)$$

其中，F 代表农户借贷资金数量，x 代表农户与关系人的关系强度，y

代表农户职业类型，z 代表信誉度（诚信水平），q 代表农户家庭的资产总额。根据调研和走访的具体情况来看，诚信水平对借贷资金数量的影响是直接而明显的。农户家庭资产总额对借贷资金数量的获得有一定影响，但由于它对不同类型的农户社会资本的形成并没有直接而显著的影响，所以从社会资本的角度来说，家庭资产总额能够对农户可获得的借贷资金产生一定的作用，但并不是重要因素。下面就函数关系里的 x（关系强度）和 y（职业类型）做一点分析。

衡量关系强度的标准，本章按照前面第 3 章曾经提到的格兰诺维特的四维度标准，并在调查问卷中有所对应（见表 5-22）。

表 5-22　四维度标准和调查问卷对应的问题

四维度	标准	问卷中对应的问题	问卷中可选的答案
互动频率	互动次数多为强关系，反之为弱关系	您和帮助您借到钱的关系人平常联系多不多？	经常，有时，偶尔，很少，极少（几乎不联系）
感情力量	感情较深为强关系，反之为弱关系	您和帮助您借到钱的关系人感情怎么样？	非常深，比较深，一般，比较浅，非常浅
亲密程度	关系密切为强关系，反之为弱关系	1. 您和帮助您借到钱的关系人是什么关系？（多选）	家人，亲戚，朋友，同乡，同学，邻居，师徒，同事，生意往来或合伙人，熟人，其他
		2. 您和帮助您借到钱的关系人认识了多长时间？	相当长时间，很长时间，较长时间，有一段时间，刚刚认识
互惠交换	互惠交换多而广为强关系，反之为弱关系	您和帮助您借到钱的关系人相互之间的帮助大不大？	非常大，比较大，一般，比较小，非常小

资料来源：调查获得。

将被调查农户与关系人联系的频率高低作为互动频率的衡量标准，经常联系的互动次数最多，即关系最强，反之最弱。感情非常深的关系最强，反之最弱。亲密程度方面设置了两个问题，一个是被调查农户与关系人的关系，家人、亲戚关系最密切，关系最强，朋友、同乡、同学次之，邻居、师徒、同事、生意往来或合伙人、熟人再次之，关系程度依次减弱；另一个是被调查农户与关系人认识的时间长短，时间越长被认为关系越密切，也即关系越强，反之越弱。被调查农户与关系人相互之间的帮助越大，互惠交换越多，关系越强，反之越弱。

调查结果显示，能够帮助被调查农户借到钱的关系人与被调查农户大多数经常联系、感情较深、认识时间较长、互相之间帮助较大（见图 5 - 3，图 5 - 4，图 5 - 5，图 5 - 6 和图 5 - 7）。[①] 他们与被调查农户的关系类型，占比重最大的也是关系最为亲密的家人、亲戚和朋友（见图 5 - 5）。这一调查结果符合我国社会的特性，即强关系对农户借贷更有帮助。

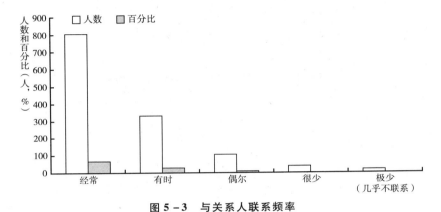

图 5 - 3　与关系人联系频率

资料来源：调查获得。

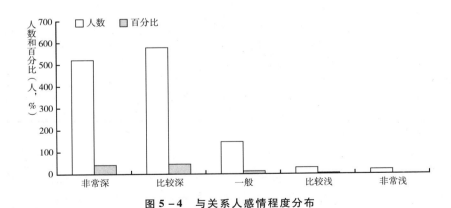

图 5 - 4　与关系人感情程度分布

资料来源：调查获得。

---

① 注：柱状图中分别显示的是调查问卷中选择对应项的人数和占总调查人数的百分比（%）。

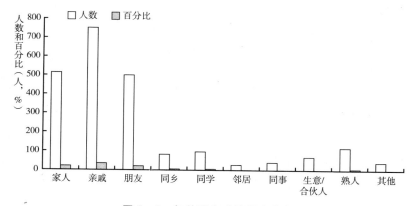

图 5 - 5 与关系人感情程度分布

资料来源：调查获得。

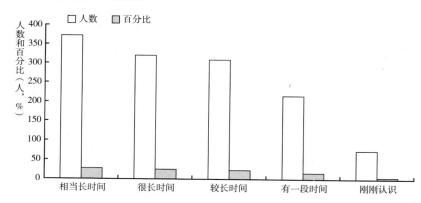

图 5 - 6 与关系人认识时间

资料来源：调查获得。

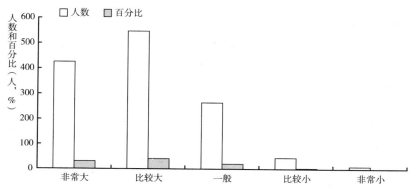

图 5 - 7 关系人帮助程度分布

资料来源：调查获得。

根据人力资源和社会保障部国家职业分类目录①我们列举了农户社会交际圈中可能出现的 24 种职业，要求被调查农户从中选出自己从事的职业和亲戚朋友主要从事的职业（多选），以此获得被调查农户社会网络人群的职业类型构成。这 24 种职业包括：商人、大学老师、中小学老师、村或乡镇干部、医生、旅店餐馆服务人员、公务员、护士、科学研究人员、私营老板、牧民、行政办事人员、会计、司机、法律专业人员、农民、保姆、企事业单位领导、打工的农民工、厨师、警察、稳定工作的工人、工程技术人员和渔民。从调查结果中可以大致看出被调查农户的职业类型和农户社会网络人员职业类型构成（如表 5 - 23 和表 5 - 24 所示）。农户的职业类型排在前 6 位的分别是农民（47.6%）、打工的农民工（11.7%）、商人（11.3%）、私营老板（10.6%）、稳定工作的工人（4.2%）和村或乡镇干部（2.4%）；构成农户社会网络的人员职业类型排在前 6 位的分别是打工的农民工（10.6%）、农民（8.6%）、村或乡镇干部（8.4%）、商人（7.8%）、私营老板（7.5%）和中小学老师（7.3%）。

表 5 - 23　被调查农户职业类型

职业类型	样本量	百分比(%)	职业类型	样本量	百分比(%)
商人	146	11.3	会计	11	0.9
大学老师	8	0.6	司机	21	1.6
中小学老师	9	0.7	农民	616	47.6
村或乡镇干部	31	2.4	保姆	2	0.2
医生	7	0.5	企事业单位领导	2	0.2
旅店、餐馆服务人员	14	1.1	打工的农民工	152	11.7
公务员	9	0.7	厨师	8	0.6
护士	4	0.3	稳定工作的工人	54	4.2
私营老板	137	10.6	工程技术人员	16	1.2
牧民	13	1.0	渔民	23	1.8
行政办事人员	11	0.9	合　计	1294	100.0

资料来源：调查获得。

---

① 职业分类目录，人力资源和社会保障部国家职业资格管理网站，http://ms. nvq. net. cn/nvqdbApp/htm/fenlei/index. html。最后访问日期 2015 年 12 月 9 日。

表 5 - 24　被调查农户社会网络人员职业类型构成

职业类型	样本量	百分比（%）	职业类型	样本量	百分比（%）
商人	463	7.8	司机	331	5.6
大学老师	101	1.7	法律专业人员	70	1.2
中小学老师	436	7.3	农民	514	8.6
村或乡镇干部	500	8.4	保姆	53	0.9
医生	269	4.5	企事业单位领导	140	2.3
旅店餐馆服务人员	208	3.5	打工的农民工	631	10.6
公务员	325	5.5	厨师	163	2.7
护士	128	2.1	警察	156	2.6
科学研究人员	48	0.8	稳定工作的工人	385	6.5
私营老板	444	7.5	工程技术人员	85	1.4
牧民	67	1.1	渔民	61	1.0
行政办事人员	215	3.6			
会计	166	2.8	合计	5959	100.0

资料来源：调查获得。

可见农户群体的社会交际圈多为与自己职业类型相近或活动在自己生存生活范围内的人。无论是自身的职业类型还是所处社会关系网络的主要职业类型中，农民、打工的农民工的比重都居前两位，这也是和实际情况相符的。问卷调查对象的定位即是农户，他们还有一部分读书多些或是父母一辈是村干部的，自己也成了村或乡镇干部。还有一部分外出打工事业发展较好、生意做大成为商人或私营老板，他们的妻子和儿女有很大一部分在当地给孩子们教书成为中小学老师。

　　这次对江西省九个县的调研，采取的是座谈和走访相结合的方式。无论是来参加座谈会的农户，还是在家里接受一对一访谈的农户，谈到"借贷"，被访者都显得很激动，提供了很多相关信息。下面选取六个访谈案例，就结构洞和强弱关系的作用进行讨论。

一　案例1：结构洞对农户借贷行为的影响

（一）基本案情

　　来自东乡县的黄某七年前从部队退伍回到家乡，开始经营整体橱柜衣柜生意。据他说，这也是东乡第一家这类的店铺。因为缺乏启动资金，早年他也向亲戚朋友和高利贷借贷过。但是对他帮助最大也是他认为最便捷的是人社部门提供的小额担保贷款。2012 年，他在当地人社部门下属的小额贷款担保中心（以下简称担保中心）申请获得了 20 万元的免息贷款。这类贷款申请的一个重要前提就是找到符合条件的担保人，概括地说包括公务员、事业单位在编人员、大中型企业正式员工和学校老师等。黄某提到，老家村里的房子和土地甚至包括自己后来建的厂房都无法作为抵押担保品用来向银行申请商业贷款，但找到几个担保人对他来说并不难，即使是私下需要支付额外的费用他也认为很值得。一个普通农民和银行等正规金融机构之间的关系网络存在巨大的结构洞，人社部门下属的担保中心正是填补这个结构洞的重要第三方（见图 5 - 8）。黄某对贷款有需求，向东乡县担保中心提出申请；担保中心审核黄某的材料，鉴于其符合条件，向东乡县农信社推荐该农户；东乡县农信社核准人社部门推荐来的材料，向黄某发放 20 万元贷款。

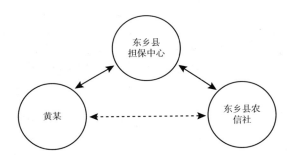

图 5 - 8   黄某、东乡县人社部门和东乡县农信社的关系图

（二）案例分析

这个过程中，黄某和担保中心、担保中心和农信社之间分别都是建立在法律和契约基础上的关系，存在于这个网络结构中的社会资本是典型的现代公民型社会资本。之前也提到，这样的结构洞很有可能造成腐败，但是任何一项制度都有它的漏洞，这也正是它需要改进和完善的地方。需要肯定的是，作为处在金融体制改革过程中的广大农村地区，这样的结构洞有它存在的必然性，政策性贷款缓解了仍在摸索和争议中的以农民土地权和房屋产权问题为焦点的抵押担保品缺乏的问题，还为农村信用体系的建设和优化营造起了良好的环境。但是应当明确的是，小额担保贷款这一类政策性贷款是农村地区贷款结构洞时期的过渡性产物，它不应当也不可能长期存在。它的作用是帮助农户跨越结构洞，而非维持结构洞。在这个案例中，黄某经过政策性贷款这一流程，和东乡县农信社建立起了互信基础，在下一次的借贷行为里，或许他们就会考虑绕过担保中心直接发生关系。

二　案例2：强关系对农户借贷行为的影响

（一）基本案情

我们调研到贵溪市郊，看到了正在建设和完善中的一个大型的农家乐项目。这是贵溪市某农业发展有限公司的项目之一，离贵溪市区不远，在群山环抱之中，有蔬果大棚、小溪鱼塘，也有餐饮娱乐，还有正在计划修建的别墅。公司的总经理姓庄，来自贵溪的农村，他创业的时间并不算长，从最初的白手起家到今天拥有多家连锁餐饮和酒店，他也借过很多钱。借贷来源有亲戚、同乡，也有银行。但是印象最深刻的是他的"发小"余某——和自己儿时一起长大的伙伴借给他的4万元钱。2005年庄某刚开始创业时缺少资金，向余某请求帮助，余某几乎没有迟疑，就把当时准备结婚用的4万元钱全部借给了他，这让他十分感动。"雪中送炭"总远远胜过"锦上添花"。后来，余某成为庄某的生意伙伴，目前是这家公司的副总，两人合作得十分不错。

（二）案例分析

庄某和余某之间不存在血缘族缘关系，但有地缘关系。对庄某来说，建立在他们之间的社会资本不是宗族型社会资本，是乡土型社会资本，是一种由于共同成长和生活在同一区域和环境下形成的社会资本（见图5-9）。就关系强弱来说，他们在亲密程度上不是家人这一级别的，属于朋友和同乡。但在互动频率、感情力量上都达到了最高级别。在互惠交换这一点上，庄某认为，余某在当初借钱给他时，并没有所求，甚至做好了心理准备他可能无法还钱，完全是出于情感上的帮助。但在后期，庄某的生意逐渐有了起色，他也把余某邀请进入自己的企业，当作对余某的一种回馈。所以，可以肯定的是，在这一段借贷行为发生时，乡土型社会资本起到了很大的作用，正如之前实证所示，它甚至超过了宗族型、法理型、身份型社会资本给借贷带来的好处，重要原因之一就是类似庄某和余某之间这样一种"成长式"强关系的作用。

图 5 - 9　庄某和余某的关系图

乡土型社会资本和宗族型社会资本有相似的地方，它和个体的出生地点有一定关系，但是它不同于宗族型社会资本的是，它不和个体的出生地点捆绑。同时，它的质和量都在不断发生变化，不像宗族型社会资本，一旦产生，就是一种固定不变的程度和模式。乡土型社会资本是一种建立在共同生活区域基础上的，在个体日常的交互过程中壮大的社会资本。它的延展性和可塑性都要强过宗族型社会资本，存在于其中的个体之间的关系强度是可以调节的。在庄某和余某的这个案例中，他们之间的强关系促成了借贷的发生，借贷的发生又进一步加强了他们之间关系的强度。它也不同于法理型社会资本和身份型社会资本。法理型社会资本和身份型社会资本建立在契约、法律和合同的基础上，属于现代公民型社会资本，它们的出现代表了社会的进步、农村金融市场的法制化和农村信用环境建设的规范化，但它们仍然替代不了社会资本中"情"的作用。在中国，情就是血缘、族缘、地缘和业缘。乡土型社会资本比这两种社会资本更有"情"。它建立在地缘的基础上，进一步稳固于个体的情感互动中，是宗法依附型社会资本和现代公民型社会资本的结合。尤其是像庄某和余某这种从小一起长大的关系，他们之间的乡土型社会资本随着他们年龄的增长日积月累，关系链条越结越牢。在人生情感最单纯的少年时期因为志趣相投和经历相似形成了良好的信任基础，延续到成年后仍然保持经常性的互动和良好的沟通进一步增强了信任感。

这一案例中的两个关系人之间是强关系，也就是重复的关系人，意味着缺乏结构洞。

三　案例 3：弱关系对农户借贷行为的影响

（一）基本案情

龚某来自山清水秀的婺源县江湾镇，他现在是婺源县农信社信用评级一级的社员。10 多年前返乡创业开店，他就是向农信社申请贷款，从最初的没有信用评级一级一级升到现在的最高信用级别，可以申请贷款的金额也从最初的 2 万元提高到了如今的 20 万元。[①] 他从外乡打工回来的时候，是以零散地给村民送液化气为生，那时候农村还没有使用燃气的习惯，以烧柴火为主，因此第一年的销售状况并不好。创业起步很艰难，家里有老有小，借贷需求主要是为了做生意和买房子，但他的交际圈中没有类似公务员等有单位的人群；乡下的土地和房屋也无法用来抵押；同时他认为，亲戚的钱也是有限的，他们也会把余钱定期存在银行里，借钱不方便又欠人情。所以，从一开始，龚某就向婺源县信用社申请贷款。我们对这种情况感到很惊讶，因为这种从一开始就只单纯与银行等正规金融机构建立借贷关系的农户在调研过的乡镇中很少见到，但是后来发现，这样的情况在江湾镇、婺源县很普遍。

龚某清楚地记得，1997 年他向农信社申请了第一笔贷款。他用从亲戚那里借来的存折作为担保，抵押给婺源县农信社。在当时的江西省农村地区，所有正规金融机构中只有农信社一家银行的网点覆盖最全。在往后的十余年里，他不断地向农信社借贷、还贷，都做到了按时偿还。在资金偶尔周转不灵的时候，他偶尔向生意伙伴借钱，但是都是很短时间即归还。同时，在生意越做越大，有了在县城的商品房之后，他也借过以房产抵押的商业贷款，都按时还清。但他还是愿意向农信社借贷，因为小额农贷可以实现"一次核定、随用随贷、余额控制、周转使用"，即在还款之后再次借贷时不需要重新评估、递交材料，免去了许多烦琐的手续。每个在婺源县农信社通过了小额农贷审核的农户，都有一张贷款卡，类似信用卡，只要保证借贷的金额不超过对应级别的贷款最大限额，农户就可以随

---

① 婺源县农信社的信用评级分为有四个大级，一级中还分了三等，一级一等为最高等级，对应的可贷款额为：一级一等 20 万元，一级二等 10 万元，一级三等 5 万元。二级在 5 万~10 万元。三级 5 万元以下。四级 2 万元以下。

时归还随时借贷，自主周转使用。

（二）案例分析

龚某和农信社之间的关系是弱关系（见图 5 – 10）。这个社会网络中的社会资本是法理型社会资本，是农户与金融机构之间建立在法律和契约基础上的现代公民型社会资本。从公平、公正的角度来说，这种弱关系是很合适的，它与血缘、族缘、地缘、业缘都没有关系。网络中社会资本的产生、使用和增值完全依赖于信用程度的积累或减少。在每一次的社会资本使用过程中，龚某通过按时还贷来提升自己的信用评级级数，农信社通过提高和降低龚某的可贷金额来约束龚某下次按时还贷的行为。在这个可控的、较短的信任半径内，两个关系体之间所持有的社会资本共同增加，实现了一个较优的资源整合、升值的过程。

图 5 – 10　龚某和婺源县农信社的关系图

现在，龚某已经购置了液化气机器，自己生产液化气，并扩大了送气范围。像龚某这样与农信社很早就建立起借贷关系而且几十年一直相互合作的案例在婺源县并不少见，也许与婺源县地处临近江浙一带的上饶市东北部有关。受江浙一带活跃的民间金融影响，这里的农村金融市场开发相对较早，融资渠道相对多元，农户的信用意识更强，整体的信用环境也就更好。但就江西全省来说，这样好的案例并不具有普遍性。比如说，在婺源已经实行多年的"一次核定，随用随贷、余额控制、周转使用"的方便农户的小额农贷政策，在被调研的其他地区就还未实行或是刚刚开始进入试验阶段。

第四节　本章小结

农户借贷行为不同于一般的商业借贷行为，它存在于农村这个独特的复杂社会网络的大环境中，受到嵌入其中的传统和现代双重社会资本的影响。因此，从社会资本视角分析农户借贷行为能够挖掘到更深层次的多面影响因素。

本章将影响农户借贷行为的社会资本分为宗族型社会资本、乡土型社会资本、社团型社会资本、法理型社会资本、口碑型社会资本和身份型社会资本，具体从亲戚走往数量、亲戚信任程度、邻里信任和睦度、与农民专业合作组织的关系、在正规金融机构的信用评价等级、是否参与农户联保、在乡里乡亲间的诚信评价水平、是否党员、是否机关工作人员等方面研究它们对农户获得有效借贷机会的影响。以江西这一农业大省为例，通过对 1294 份问卷的实证分析，得出：亲戚信任程度、邻里信任和睦度、与农业专业合作组织的关系、在正规金融机构的信用评价等级以及在乡里乡亲间的诚信评价水平对农户获得有效借贷机会具有显著影响，亲戚走往数量、是否参与农户联保、是否党员、是否机关工作人员对农户获得有效借贷机会影响不显著。

接下来围绕结构洞和强弱关系的对农户借贷行为影响展开后续讨论。首先就调查问卷中对应强弱关系的四维度测算标准（互动频率、感情力量、亲密程度、互惠交换）做了描述性统计分析，得出：农户与关系人经常联系的互动次数越多关系越强，反之越弱；农户与关系人感情越深的关系越强，反之越弱；家人、亲戚关系最密切，农户与关系人认识的时间越长关系越强，反之越弱；农户与关系人相互之间的帮助越大，互惠交换越多，关系越强，反之越弱。在定量分析的基础上，选取了来自东乡县、贵溪市、婺源县三个地区农户的亲身经历，整理他们的录音形成案例详细分析。

社会资本中最重要的"诚信"在农户借贷中起到了重要的作用。无论是农户与亲戚、邻里关系间的"诚信"，还是农户与正规金融机构间的"诚信"，都对农户获得有效借贷机会影响很大。这从一个侧面也反映了我国农村社会资本在从传统宗族型向现代契约型转型的过程中，保留了质朴的部分，朝良性方向发展。因此，政策制定者应该看到农村社会资本发展的这一方向，抓住农民内心"诚实守信"的信念，利用农村社会网络的传统宗法制度和现代契约制度共存的特点，完善现有的农村金融市场。

第六章 农户贷中和贷后分析：借贷违约风险和贷后福利效果

前文围绕社会资本对农户获得贷款的影响的诸问题进行了分析。从时间流程来说，可把它定义为贷款"前"的时间段。本章将讨论贷款"中"、贷款"后"两个时间段里社会资本的作用，即社会资本对农户归还贷款过程的影响。借贷是一个不断循环往复的过程。尤其是农户借贷，是一个不断叠加的"借"和"还"的过程。"还贷"从来都不是终点，而且会对随时可能发生的下一次"借贷"造成影响。农户借贷违约风险的形成和控制有它的独特性，现有的常规风控方法并不完全适用，这需要利用社会资本理论来完善和修订它。借贷资金给农户带来物质和心理上的双重满足，贷后福利效果也增强了农户再次借贷的愿望。

第一节 农户借贷违约风险的形成

农户借贷违约风险的成因来自多个方面。不仅与我国现有的经济和金融体制有关，还和农业生产、农户借贷行为等特性关系密切，它是"三农"问题内外因素共同作用的结果。

一 农民财产权的模糊形成的抵押缺失

由于国家宏观政策和农村产权法规的缺失，农民缺乏贷款的抵押和担保品，直接影响了借贷风险控制。其中，我国在农地制度上的缺陷是引发农民信贷风险的主要因素。农民土地不允许自由买卖和抵押，建设在土地上的房屋也不允许自由买卖和抵押，使农民没有真正的"财产权"。另外，农产品也不能用于抵押。理论上可以用于抵押担保的"林权证"在贷款的实际操作过程中并不如想象的那般顺利，它被人为增设了许多附加条件。农户向银行等正规金融机构进行借贷时，无法提供符合规定的、具有法律意义的抵押和担保品，银行也就无从进行有效的风险预估和评价。在这种情况下，银行或者选择用其他测量方式来评估贷款风险，或者选择对农户的贷款请求不予受理。不符合我国农村特色的借贷风险评估方式可能会加大银行贷款难以回收的风险，但因噎废食关闭或缩小农户借贷的通道又会把急需大量资金的农户逼向风险更大的民间高息借贷。

二　农业生产特征的弱点形成的产业制约

无论是林业、种养殖业还是渔牧业等传统农业，生产周期都比较长，前期投入资金回收风险大。同时，传统农业对季节、气候、环境的依赖性较大，自然灾害预警虽然可以减轻一部分损失，但传播性疾病却依然难以有效避免。仅这两项因素，就可能给一些进行传统农业生产的农户带来灭顶之灾。经营农家乐、生态农庄等农业衍生服务行业的农户，前期资金需要量较大，中期需要继续补充大量资金进行维持，并非普通个体农户所能承受。一旦市场把握不准、开发项目设计不合理，就可能产生亏本。产业的制约决定了个体农户在进行农业生产投资时无法规避的一系列问题，这些问题直接形成了借贷资金无法按时偿还的风险。

三　农村重亲轻理的思想形成的信用失衡

在大部分中国农民的潜意识里，"拖欠亲戚、朋友的钱"比"拖欠银行、政府的钱"更不能被容忍，这可以归纳为一种"重亲轻理"的思维模式。这种模式形成的主要原因，在于农户对血缘型社会网络（亲戚关系）中信誉度的重视。正是由于血缘型社会情结远超契约型社会情结，正规金融机构往往并不成为农民还贷的首选。由于缺乏发达的信用体系，本来应该是一体的诚信评价被穿插在两个体系中进行。不均衡的信用意识不仅增加了农户借贷的违约风险，而且对形成农村乃至整个社会的诚信环境十分不利。

第二节　农户借贷违约风险识别：基于不同
类型社会资本的分析

根据调查问卷反馈的结果，本节将围绕不同类型的社会资本，对它们对农户还贷的影响进行描述性分析。主要评估该层面社会资本对农户按时还贷（还钱）的约束力。约束力分为五个程度：①约束力很大（按时还钱）；②有一定约束力（大多数时候按时）；③一般；④没什么约束力（反而有时可以拖欠）；⑤完全没有约束力（经常拖欠）。

一　基于直接型社会资本的借贷违约风险分析

直接型社会资本也可称作网络性、显现型社会资本。这一类型的社会资本是社会网络中社会关系的集合。从网络结构图来看，就是不同节点之间的连线。这些关系的结合构成了社会网络的骨架。如果说"诚信"是建造社会网络这栋大楼的地基，那么这些"关系"就是用钢筋水泥建起的房屋主梁和辅梁。从农户借贷行为的风险识别出发，主要从以下四方面进行考量。

（1）亲戚关系。根据表6-1，有57.0%的受访农户表示从经常走往的亲戚那里借钱更注意按时还钱，29.4%表示大多数时候按时，11.7%表示一般，仅有1.5%表示拖欠，即有近九成（86.4%）的受访农户表示经常走往的亲戚关系对控制借贷风险有较强的正向约束力。

表 6 - 1　经常走往的亲戚关系对按时还款的约束力

约束力的程度	样本量	百分比（%）
按时还钱	738	57.0
大多数时候按时	381	29.4
一般	152	11.7
反而有时可以拖欠	20	1.5
经常拖欠	3	0.2
合　计	1294	100.0

资料来源：调查获得。

　　几乎同样的调查结果出现在信任度较高的亲戚关系上，如表 6 - 2 所示。在 1294 份问卷中，没有受访农户表示会经常拖欠从信任度较高的亲戚那里借来的钱，也有近九成（87.8%）的农户表示出这种关系对控制借贷风险有较强的正向约束力。

表 6 - 2　信任度较高的亲戚关系对按时还款的约束力

约束力的程度	样本量	百分比（%）
按时还钱	764	59.0
大多数时候按时	373	28.8
一般	137	10.6
反而有时可以拖欠	20	1.5
经常拖欠	0	0.0
合　计	1294	100.0

资料来源：调查获得。

　　亲戚关系是一种建立在血缘基础上的社会关系网络。问卷通过走往的频率和信任度级别来衡量这种关系的强弱程度。"经常走往"和"信任度较高"的亲戚关系是一种强关系。这种强关系的基础是血缘，维护和增强靠的是频繁的互动和高度的信任。弱关系是相对强关系而言的，弱关系理论是由美国社会学家格兰诺维特提出的。该理论认为，个人达到其行动目的的可能性和能够通过行动获得信息的性质是由关系的强弱决定的。不过，其理论源自美国这个弱关系社会的经验实践，能否适用于其他地区，值得商榷。中国是一个强关系社会，尤其在中国的农村社会，关系的复杂程度远远超过美国社会，表 6 - 1 和表 6 - 2 很好地说明了这个问题。在影响农户借贷的行为上，血缘关系中的强连接很好地控制了还贷风险的发生。

　　（2）邻里关系。在农村，邻里关系有时可能也是亲戚关系。即便不是近亲关系，同住一村的邻里也很有可能是同宗同族的远亲。所以，中国农村的邻里关系和城市的邻里关系是截然不同的。在城市里，可能隔壁两家人永远不会有往来。但是在农村，邻户之间对彼此家中的情况可能非常了解。当然，就关系角度而言，邻里关系也会有强有弱。彼此相处和睦的邻里关系就是一种强关系，它是建立在族缘和地缘基础上的，强度比亲戚关系稍弱，对农户按时还贷的约束力表征类似于亲戚关系（如表6-3）。有26.7%的受访农户表示信任和睦的邻里关系对按时还款的约束力很大，42.3%表示有一定约束力，18.4%表示一般，即有近七成（69.0%）的受访农户表示信任和睦的邻里关系对控制借贷风险有较强的正向约束力。

表6-3　信任和睦的邻里关系对按时还款的约束力

约束力的程度	样本量	百分比（%）
约束力很大	346	26.7
有一定约束力	547	42.3
一般	238	18.4
没什么约束力	108	8.3
完全没有约束力	55	4.3
合　计	1294	100.0

资料来源：调查获得。

　　（3）农民专业合作组织关系。从表6-4可见，有19.8%的受访农户表示，与农民专业合作组织建立关系对按时还贷约束力很大，38.3%表示有一定约束力，28.7%表示一般，即有近六成（58.1%）的受访农户表示与农民专业合作组织的关系对控制借贷风险有较强的正向约束力。农户们抱团生产和销售，能更好地抵御自然灾害带来的不可预计损失，降低购买种子等农业生产资料以及农产品销售、加工、运输、贮藏的成本，并提高农产品销售的价格，同时能获得与农业生产经营有关的技术、信息等服务。调研还显示，有些农民合作组织已经发生一定的进化，比较典型的是由具有一定经济实力和市场经验的农民承包下其他农民的土地，同时成立公司，这些农民作为公司的员工按劳领取薪酬并取得一定分红。比如南昌县塔城乡青岚村经营蔬菜大棚农民专业合作社的胡某，其蔬菜大棚占地几百亩，横跨三个村委会。生产的蔬菜每天供应到南昌市四县五区的各大超市，年收入30万~40万元。他的合作社有固定员工100多名，都是这三个村的村民。这些村民按月领取工资。农忙时节胡某也会雇佣更多的村民作为临时工人，按天支付工资。

表 6 - 4 农民专业合作组织关系对按时还款的约束力

约束力的程度	样本量	百分比(%)
约束力很大	256	19.8
有一定约束力	496	38.3
一般	372	28.7
没什么约束力	129	10.0
完全没有约束力	41	3.2
合 计	1294	100.0

资料来源：调查获得。

这一关系层面社会资本的投资为农户带来了实在的收益，减轻了还贷带来的压力。农户们清楚，一旦不按时还贷，将有可能损害到他所在的整个关系网络的诚信度，从而损害其未来收益。为实现利益共同体的收益最大化，他会尽最大努力按时还贷。此类合作关系与农户间的联保小组在性质上具有相似性。所以，我们将联保小组置于此处一并进行讨论。

如表 6 - 5 所示，有超过六成（62.4%）的受访农户表示加入农户联保小组对按时还贷有较强的正向约束力。联保小组实行的是"连坐制"，即组成贷款小组的农户相互承担连带保证责任。小组中的任何一户不能按时还贷，其余所有组员都必须为他偿还贷款。这是一种针对抵押约束的过渡措施。在农民财产权尚未具体明确的情况下，联保小组起到了代替抵押担保品的作用。组成联保小组的农户不仅是同一个小组网络的利益共同体，而且由于他们大多来自一个村或邻村，同宗同族的亲戚关系加强了共同体中的关系，彼此互相间行动的影响力也就很大。

表 6 - 5 加入农户联保小组对按时还贷的约束力

约束力的程度	样本量	百分比(%)
约束力很大	308	23.8
有一定约束力	499	38.6
一般	339	26.2
没什么约束力	91	7.0
完全没有约束力	57	4.4
合 计	1294	100.0

资料来源：调查获得。

（4）正规金融机构关系。如表6-6所示，有30.9%的受访农户表示与银行或政府组织建立关系对按时还贷约束力很大，41.7%表示有一定约束力，19.1%表示一般，即有超过七成（72.6%）的受访农户表示与银行或政府组织的关系对控制借贷风险有较强的正向约束力。实际调查发现，曾经在银行贷过款或是通过政府相关机构获得贷款的农户对按时还贷的重视程度较高。这些农户里有些是早年就开始从银行借贷，建立了良好诚信记录并努力维持的农户；有些是近些年才开始从银行借贷或申请政策性贷款，严格遵守借贷制度和规定的农户；还有些是曾经在银行或政府部门借贷，但因为种种原因无法按时还贷，结果给自己后续几年甚至十几年的生活都带来了诸多不便的农户。与正规金融机构发生过借贷关系才得以建立起来的互信网络，维持成本相对较低且持续收益更多，一旦打破将难以重建。例如，丰城市小港镇竹林村有名的诚实守信农民袁某从20世纪80年代初向农信社贷款第一个300元开始，就奉行"砸锅卖铁也要按时把钱还清"的信条，从未拖欠过一笔贷款。他勤勤恳恳经营着自己的鱼塘和耕地，现在向农信社贷款几十万元也不需要任何抵押担保品，多年积累起来的良好诚信度就是他最好的证明。曾经有人眼红他和农信社良好的借贷关系，借他的名义向农信社贷款不还。他宁肯自己贴钱也要先将贷款按时归还，因为他很清楚这种诚信度获得的不易以及由此形成的网络关系能确保自己将来继续无障碍获得贷款。

表6-6　与银行或政府组织建立关系对按时还贷的约束力

约束力的程度	样本量	百分比（%）
约束力很大	400	30.9
有一定约束力	539	41.7
一般	247	19.1
没什么约束力	69	5.3
完全没有约束力	38	2.9
数据缺失*	1	0.1
合　计	1293	100

注：*此处是由于问卷填写不完整导致的系统数据缺失，故有效问卷合计为1293份。
资料来源：调查获得。

二　基于间接型社会资本的借贷违约风险分析

间接型社会资本也作资源型、隐性型社会资本。这类型的社会资本是镶嵌在社会网络中的资源，它依附于网络节点中的个体和集群而存在，以特征的形式表现出来。在农户借贷行为中，主要从政治特征和信用特征两方面进行考量。

（1）政治特征。有25.3%的受访农户表示党员或村干部等的政治身份对按时还贷约束力很大，43.8%表示有一定约束力，20.7%表示一般，即有近七成（69.1%）的受访农户表示党员或村干部身份对控制借贷风险有较强的正向约束力，如表6-7所示。调查问卷用了两个最基层的官员指标来体现农户的政治身份——党员和村干部。一旦拥有了政治身份，农户就不是普通的老百姓，会形成特定的关系网络，从而影响其资源配置能力。在廉洁健康的社会大环境里，党员或村干部一旦不按时还贷是会有损形象的，严重威胁其政治前途，由此形成的整个关系网络都会遭到破坏。那么，政治特征就能有效地制约当事人，形成良性循环。但是，前提是社会大环境是廉洁健康的。一旦政治特征变成了可以无限期拖延贷款的借口，那么这种良性循环会变成恶性循环，伴随而来的还有腐败和贪污，那就会变成社会资本的滥用。

表6-7　党员或村干部身份对按时还贷的约束力

约束力的程度	样本量	百分比（%）
约束力很大	327	25.3
有一定约束力	567	43.8
一般	268	20.7
没什么约束力	90	7.0
完全没有约束力	42	3.2
合　计	1294	100.0

资料来源：调查获得。

（2）信用特征。从表6-8可知，有27.1%的受访农户表示乡亲间的诚信评价对按时还贷约束力很大，44.0%表示有一定约束力，16.8%表示一般，即有超过七成（71.1%）的受访农户表示乡亲间的诚信评价对控制借贷风险有较强的正向约束力。这里,乡亲间的诚信评价也就是农户在所在村做人做事诚信度上的口碑。口碑在中国社会尤其是中国农村社会是一种"信用身份",它也会形成特定的社会网络,影响力不亚于上面讨论到的政治身份,影响面甚至要比政治身份更加广泛。这个身份的评判和给定没有既定标准,也没有具体时间和空间限制,它源于村民相处的细节点滴,是为人最本真的表现。正因如此,"乡亲的口碑"这一社会资本具有相当的社会价值。"文明信用农户贷款"正是利用了它特殊又不可替代的价值属性,来控制农户借贷风险。

表 6-8　乡亲间的诚信评价对按时还贷的约束力

约束力的程度	样本量	百分比(%)
约束力很大	351	27.1
有一定约束力	570	44.0
一般	218	16.8
没什么约束力	108	8.3
完全没有约束力	47	3.6
合　计	1294	100.0

资料来源:调查获得。

第三节　社会资本对农户借贷风险控制的作用机制

通过上节对调查问卷的具体数据分析,社会资本对农户借贷风险的识别有着较大的影响。对这种影响力加以利用,有助于打破当前阻碍农户借贷健康发展的诸种约束条件。结合江西调研的实际情况,本节将从三个方面陈述社会资本对农户借贷风险控制的作用机制。

一　建立非物质形态抵押担保机制

明确农民财产权不是一朝一夕的工程,政策体制上的完善需要时间的磨砺。在目前的经济体制下,银行类金融机构要求借款人提供的抵押担保物都是以物质形态存在的(诸如房产等),短时间内要求农户符合这样的借贷要求是不实际的。因此,利用以非物质形态存在的社会资本是一个能够用来弥补缺乏抵押物造成的空白区的良好过渡方法。江西的农户借贷，在这一点上有两种具体的办法，一是金融机构的农户联保制度，二是政府机构的担保人制度。

（一）农户联保制度

提供农户联保贷款的正规金融机构主要有农村信用社和邮储银行两家，他们的制度类似。联保小组建立在农户自愿基础上。通常而言，联保小组成员不能少于 3 户，且不能多于 5 户。银行向联保小组成员发放贷款，借贷资金在同一个小组的成员之间周转使用。倘若有一个小组成员违约，则其他成员要为他偿还贷款，即成员相互承担连带保证责任。

联保小组是一个由农户自发组成的小型关系网络。银行对户数的规定保证了这一网络的可控性、稳定性和密集性。小组成员之间原始关系的形成有可能基于血缘（亲戚或同宗），有可能基于地缘（来自同一村或同一乡镇）还有可能基于业缘（生意伙伴）。他们是先有对彼此的信任，再建立的小组。他们之间的强关系使他们对彼此的设定是"认为大家都不会违约"，同时契约（银行贷款制度）规定他们必须为彼此承担因为某一成员违约带来的惩罚（替他还钱）。另外，小组的每一个农户在有可能构成违约之前，都在承受同伴监督带来的压力。相比较一般的抵押贷款，他如果违约，则失掉的不仅仅他和银行之间的信任，还失掉了他和联保小组里其他成员的信任。这对他已拥有的社会资本造成的损失就不再仅限于联保小组这个关系网络中，而是更大的伴随着他每天生活和工作的整个社会关系网络。再者，从银行的角度来看，只要联保小组中有一个农户还存在，那么它就能足额收回贷款，风险大大降低。

（二）担保人制度

前文中提到的江西省小额担保贷款的担保人制度，即政府机构通过限定和审核担保人（文件中将其称作"反担保人"[①]）的条件来使其替代农户借贷时缺失的抵押品。这一制度在实施初期对担保人的社会资本中的政治特征有明确的规定，必须是公务员或事业单位的在编人员。近几年才不

---

① 江西省人力资源和社会保障厅、江西省财政厅、中国人民银行南昌中心支行：《关于完善小额担保贷款政策进一步推动创业促进就业的通知》（赣人社发〔2012〕48 号），2012。

断将标准放宽至也允许大型国企的正式职工或学校老师进行担保，但具有政治身份的担保人仍然是优先考虑的对象。

公务员或事业单位在编人员是中国收入最稳定、医疗和养老最有保障的群体，在借贷者无法按时还贷时，可以通过扣除担保人的工资偿还贷款，追回损失。更重要的是，担保人的这一政治特征是有价值的。在中国，政治身份从某种程度上来说决定了他的社会地位。被扣除工资对担保人来说并不单单是失掉金钱，更会降低他在工作单位、生活圈子乃至整个关系网络中的诚信评价，最重要的是，上述情况将进一步影响到他未来可能的机遇，动摇其社会地位。按照规定，一位担保人在一个借贷周期内只能担保一笔贷款，但是有些地区的相关机构会根据担保人职务的高低，衡量他可担保的贷款笔数和金额。虽然这有违规定，但是也从一个侧面反映出担保人政治特征的价值所在。

二　转变农业产业支撑机制

根据问卷调查结果，农户借贷的主要用途集中在生意投资、建房和扩大农业生产①三个方面。除中国农民思想中"盖一栋自家的房子"的情结，大部分借贷资金都用在了生意投资和扩大农业生产上。在进行问卷调查前，笔者曾到江西省农信社（农商银行总行）对关键部门进行了访问。据信贷部门负责人介绍，江西农民用于农业生产的借贷已经从耕种自家土地向大规模集约化生产转变。过去那种借上几百、几千元钱买种子、化肥的现象已鲜有发生，贷款更多地集中于农民专业合作社贷款领域。

农业生产与管理如果达不到集约化和现代化的要求，其对气候环境的依赖度就将依然较高。这一产业的生产周期较长，风险较高。比如，对从事养殖业的农户来说，类似禽流感这样的流行疾病几乎相当于灭顶之灾。虽然国家也会给予适当补助，但要想重新开展生产难度很大。所以，在农村家庭承包经营的基础上，同类农产品的生产经营户或提供同类农业生产经营服务的农户，通过自愿联合、民主管理，自发建立起了互助性经济组织——农民专业合作社。这种建立在诚信互助基础上的利益共同体大批量

---

①　见第4章表4-7。

地出现在现代农村，成为当代中国农村社会中的新型社会关系网络。这种社会网络，通俗地说叫"抱团"。农户通过联合在一起，共享自己已有的农业生产资源和信息，在使生产规模化的同时，通过量变引发质变，填补了由于单独生产经营可能存在的"结构洞"。这些原有个人社会资本的汇聚和社会网络的叠加，使每个身在新网络结构中的个体都能得到社会资本上的增值。在进行生产交易和向银行借贷时，每个农户都不再是单独存在的个体经营者，而是合作社中的成员。他可以最大限度地利用合作社在整个社会网络中拥有的社会资本与交易方和银行进行磋商。银行在衡量农户借贷风险时，考量的也不仅仅是这个农户单独的偿还能力，而是他所在的专业合作社的信用等级和经营状况。江西作为农业大省，这些年涌现了很多农民种植养殖合作社。比如之前提到的南昌县塔城乡的蔬菜大棚种植合作社，以及永丰县的养猪专业合作社等。各地农户都会根据当地特色有组织地形成各种各样的专业合作社，在分享所得利益的同时也共同承担风险。不过值得注意的是，正是因为这种种植养殖合作社依当地特色组建，容易形成一个乡镇的大部分专业合作社都是一个类型，比如都是养鸡的或者都是养猪的，那么，在这一类型的种植养殖风险出现时，这个乡镇的所有专业合作社都会遭受不同程度的打击。

三　完善农村信用约束机制

随着农村金融体制改革的逐步推进，强化农民信用意识、建设农村信用环境、完善农村信用体系逐渐得到重视。社会资本中"诚信"的价值在借贷中直接的体现就是农户小额信用贷款。这类贷款的风险控制完全基于一年一次对借贷农户信用等级的评定。根据不同的信用等级给予农户相应的贷款利率和金额，能够实现按层级管控信贷风险的目的。这种等级评定是动态的，能够保证风险控制的灵活性和有效性。运用社会资本完善农村信用约束机制，引导农户平衡自己的信用思维，是控制农户借贷违约风险的重要途径。

文明信用农户贷款实质上是农户小额信用贷款的"升级版本"，文明信用农户贷款在评定标准上和农户小额信用贷款一样，对风险控制的核心是"诚信"。因此，"诚信"也就是农户的社会资本。不同的是，文明信用农户信用等级的评定完全来自农户。无论是家庭自评、集体互评还是评议会总评，银行和政府都不参与投票，整个过程都由村民们自主完成。也就是说，文明信用农户的决定权掌握在由许多同样是农户组成的社会网络中，来源于文明信用农户在村里其他农户之间的口碑，即网络中的这一节点是否与足够多的其他节点有联系且这些联系是不是强关系。获评"文明信用农户"的家庭除了获得贷款利率、金额等的优惠之外，还能获得许多其他方面的优惠政策。① 农户获得"文明信用农户"证书，并在家门口镶上大红色的"文明信用农户"铭牌（如图 6 - 1）。铭牌上显示这一年该农户的文明信用等级。证书和铭牌是对农户文明守信的证明，它使原本没有任何身份标识的普通百姓有了具象化的身份象征——文明信用户，

图 6 - 1 文明信用农户铭牌

---

① 根据全省各地的实际情况，其他方面的优惠政策各有不同。比如婺源县就由各村的"两委"成员（农村党支部委员会和村民委员会）与"模范文明信用农户"建立固定联系，为他们送贷款、送技术、送信息，帮助他们找市场、找销路、跑订单。

从而大大提高了农户在关系网络中的社会地位，其原有社会资本得到增值。在有些地区，出现了女孩子更愿意嫁到文明信用农户家去的现象。这样的荣誉是村民们看重和珍惜的，但也不是终身制的，每年一评。一旦由于没有按时还贷等原因落选，以上提到的这一切都会被收回，摘除铭牌、不能继续享受优惠贷款等。失去了这个身份，失去了原本曾经拥有的社会地位，这种落差是很大的。所以在这里，风险控制是主动的源自农户内部的，而非被动的。为了维护或是重新获得这枚难得的身份徽章，农户会努力避免类似违约事情的发生，从而避免因为贪图一时的小利而丢失由身份徽章带来的社会资本背后潜藏的巨大价值。

第四节　农户借贷风险的重复博弈分析

一　重复博弈的基本理论

重复博弈是指相同结构的博弈行为重复多次，在这样一个结构中，每次博弈都是该重复博弈的一个"阶段性博弈"或称"子博弈"。重复博弈是完全信息的还是不完全信息的，主要依实际情况而论。一次性博弈中，参与方只关注一次性支付，而如果博弈重复多次，参与方就必须避免一叶障目，统筹考虑长远利益，进而在决策时采取不同的均衡策略。在重复博弈中，博弈次数多且单回合"子博弈"条件是不变的。在这种博弈模式下，博弈一方的行为有可能引起对方在下一轮采取反制措施。相反，如果其采取一种合作策略，对方可能在下一回合中同样投桃报李，从而增进双方共同利益。因此，重复博弈的次数越多，博弈参与方对每一步的考虑也就越谨慎。博弈次数对博弈均衡的影响深远，主要就体现在此处。

可信性和完美性是重复博弈的两个重要约束性条件。前者是指动态博弈中先行动的博弈方是否该相信后行动的博弈方会采取对自己有利的行为，而完美性是指动态博弈中各博弈方的策略在动态博弈本身和所有子博弈中都构成均衡。在重复博弈中，博弈均衡是否稳定可靠依然主要通过子博弈的完美性来加以判定，但鉴于长期利益对短期行为的显著制约，一些在一次性博弈中不可行的威胁或诺言，却可能在多回合的重复博弈中逐渐可信，这也是可信性对重复博弈模型的重要意义所在。

二　农户借贷风险的重复博弈分析

将农户借贷过程置于重复博弈理论当中审视，有三个前提应当引起重视。

首先，农户借贷生成的基础在于借贷双方拥有一致的利益。纵观人类社会发展历程不难看出，利益的一致及相似性与交易达成的容易程度呈正比。在博弈论中，这一特质成为维系博弈过程和引导博弈结果形成的基础性元素。尽管多数情况下，参与博弈的双方在初期并不清楚博弈的未来预期，但随着博弈的持续和不断相互探底，这种预期将逐渐形成。具体到农户借贷的背景当中看，同样也是利益的一致及相似性促使了农户借贷的发生，反过来，借贷过程中出现的博弈过程又不断强化着共同利益。正如美国政治学家帕特南所言："信任水平越高，合作的可能性越大，而且合作本身能带来农户借贷。"①

其次，农户借贷中的诚信度处于动态变化过程中。在农户借贷的博弈场景中，博弈双方要用大量诚信事实及行动影响对方的决策，这一感化的过程将通过直接或者间接的方式实现。农户借贷发生和运行的过程一般是沿着"暗示借贷风险信号—显示农户借贷倾向—疑虑农户借贷内容—确认农户借贷诚信理念—沿袭践行农户借贷诚信"的逻辑路径演进的，博弈开始时，由于互信尚未建立，双方都需要一段时间的观察，既听其言，又观其行，以最终确定主体的动机。因此，在农户借贷的重复博弈场景中，正是持续不断的零违约和按时放贷事实消除了对方的不确定心理，使借贷过程进入下一个阶段。

最后，农户借贷诚信需经交易实践的反复检验。交易是检验农户借贷诚信的试金石，交易的双方需要以持续的相互践约行为来换取对方的相应

---

① 〔美〕罗伯特·帕特南（Robert D. Putnam）:《使民主运转起来》，王列、赖海榕译：江西人民出版社，2001。

合作——也即按时按质履约。作为一个双向的过程，农户借贷过程中的任何一方选择放弃、消极履行或不履行约定，都将引起对方的报复性举动，从而导致均衡难以达成，表现在借贷过程上，也就是借贷的中断。因此，借贷的完成需要多次交易检验，在经济学中，"在博弈次数非常多的情况下，守信将成为博弈的纳什均衡"如图 6 - 2 所示。①

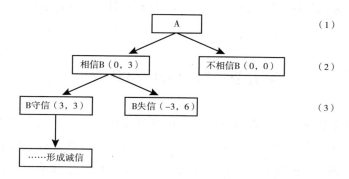

（1）

（2）

（3）

图 6 - 2 农户借贷的诚信博弈模型

在图 6 - 2 中，A 为贷款人，B 为借款人。对 A 而言，有相信 B 和不相信 B 两种决策。同样，B 面对 A 也有失信和守信两种策略。试推论如下三种情形：①A 选择不相信 B。此时，双方收益均为 0，意味着借贷交易无法顺利产生；②A 选择相信 B，博弈进入第二阶段后，B 选择失信。此时，B 获得 3 个单位收益，A 的收益为 0；③A 选择相信 B，博弈进入第二阶段后，B 选择守信。此时，B 获得 3 个单位收益，A 也获得 3 个单位收益，博弈进入第三阶段。依此反复。

但就③而言，由于信息不对称性，在单回合博弈下，理性的 B 将选择失信并获得 6 个单位收益，整个交易也将由此中断。如此，整个社会的资本流量将随之减少，只能停留在 0 收益的纳什均衡水平上，无法实现帕累托最优。而要改变这一状况，双方必须跳出单回合博弈的拘囿，站在更高的层面上权衡重复博弈的预期。根据上述理论，重复博弈越持久，农户借贷双方的合作基础也就越牢固。最终，守信将

---

① 郭劲光、高静美：《信用缺失及其治理的新方法》，《重庆工商大学学报》2003 年第 3 期。

成为整个重复博弈中的纳什均衡，农户借贷行为也将在社会范围内得到成功实践。

当然，实际生活中，借贷诚信的形成还要受多重因素的制约。许多政治经济因素都能从各个侧面对其产生影响。从农户借贷的供需两方面综合分析，有助于掌握其表现形式。在博弈状态下，农户信贷的交易双方需要通过不断地重复博弈，校正收益，明晰未来预期，进而保证整个交易实现互惠。

第五节　农户贷后福利效果

前面几节围绕农户借贷风险的形成和机制做了分析，就借贷风险本身谈借贷风险，这是狭义概念上的研究。广义上来看，借贷行为给农户带来的福利效果一定程度上影响到了农户还款的积极性。也就是说，农户贷后福利效果会直接或间接地对借贷风险产生作用。就"借贷"这一行为的完整性来说，农户贷后福利效果也是不可缺少的。

"个人福利（individual welfare）可以被看作是个人的 wellbeing，即个人的快乐。这种感受包括声色的享受和痛苦及精神上的愉悦和折磨。"[①]考量农户贷后福利效果时，不能仅研究借贷给农户带来的"快乐"或是"痛苦"。福利即利益和好处，经济学中把福利定义为个人或群体的利益所得，它包括收入获得和心理满足[②]两方面给个人或群体带来的种种好处。对黄有光（Ng. Y. K）在 1983 年给个人福利下的定义稍加拓展，农户的贷后福利效果包括物质满足和心理满足两个方面。

新福利经济学是以帕累托标准（Pareto Criterion）为核心的。帕累托标准指的是如果从一种社会状态变化到另一种社会状态，使至少一个人的福利增加，同时又没有使其他任何一个人的福利减少，那么这种变化就是好的、可取的、人们所希望的变化。若设农户的生存状态曲线为 S，农户

---

① Ng, Y. - K. *Welfare Economics: Introduction and Development of Basic Concept* (2nd edition). London: Macmillan, 1983. 2.

② 钱宁：《现代社会福利思想》，高等教育出版社，2013。

的物质满足为 U_1，心理满足为 U_2，那么 S 是与 U_1 和 U_2 相关的曲线。农户借贷前后的不同阶段在 S 曲线上的移动体现了农户能否同时获得物质满足和心理满足的增加，实现帕累托改进。

一　借贷资金带来的物质和心理满足

福利效果包括有形的物质满足（比如财富的增加）和无形的心理满足（比如幸福感的提升）。因此，农户贷后福利效果不完全是客观的，也是带有主观意识的。针对借贷对农户家庭产生的效果，调查问卷涉及四个问题，分别是借贷资金对增加家庭纯收入的帮助、对扩大生产规模的帮助、对提高消费水平的帮助和对提高生活质量的帮助，分别都有五个不同层级的指标来表示帮助的程度。五个层级包括正向的"帮助非常大"和"有较大帮助"，中立状态的"一般"，负向的"没什么帮助"和"完全没帮助"。

如表6-9、表6-10、表6-11和表6-12所示被调查农户在选择借贷资金对增加家庭纯收入、扩大生产规模、提高消费水平和提高生活质量的帮助程度时，占百分比最高的都是"有较大帮助"，分别占47.4%、44.4%、41.9%和47.0%。根据调研结果，可以肯定的是贷后状态好于贷前状态，也就是说，借贷使农户实现了帕累托改进，借贷资金给农户家庭的物质生活和精神生活都带来了福利效应。在每张表格中，占被调查结果百分比位居第二的帮助程度，对增加家庭纯收入、扩大生产规模和提高生活质量都是"帮助非常大"，分别占30.5%、32.0%和26.8%；只有对提高消费水平，帮助"一般"（30.0%）的程度高于"帮助非常大"（21.6%）。虽然这只是小数点位数上的细小差别，但是把四个方面摆在一起看，还是可以从侧面看出，我国农村借贷正在由生活性需求向生产性需求转变。就江西地区被调研的农户而言，用借贷来的钱参与赌博、进行高消费的现象已经越来越少。健康的、可持续的借贷思维正在农民的意识中形成，这正是笔者希望看到的农户借贷的福利效果，促进生产、让家人生活得更好，同时也为下一次的借贷积累良好的信用基础。

表 6 - 9　借贷资金对增加家庭纯收入的帮助

帮助的程度	样本量	百分比(%)
帮助非常大	395	30.5
有较大帮助	614	47.4
一般	233	18.0
没什么帮助	43	3.3
完全没帮助	9	0.7
合　计	1294	100.0

资料来源：调查获得。

表 6 - 10　借贷资金对扩大生产规模的帮助

帮助的程度	样本量	百分比(%)
帮助非常大	414	32.0
有较大帮助	575	44.4
一般	245	18.9
没什么帮助	44	3.4
完全没帮助	16	1.2
合　计	1294	100.0

资料来源：调查获得。

表 6 - 11　借贷资金对提高消费水平的帮助

帮助的程度	样本量	百分比(%)
帮助非常大	280	21.6
有较大帮助	542	41.9
一般	388	30.0
没什么帮助	66	5.1
完全没帮助	18	1.4
合　计	1294	100.0

资料来源：调查获得。

表 6 - 12　借贷资金对提高生活质量的帮助

帮助的程度	样本量	百分比(%)
有很大程度提高	347	26.8
有一定提高	608	47.0
一般	290	22.4
没有提高	43	3.3
完全没有提高	6	0.5
合　计	1294	100.0

资料来源：调查获得。

二　农户贷后福利效果的理论模型

前面提到，本书希望通过研究回答社会资本对农户借贷行为整个过程如何影响前、中、后三个不同阶段的问题，即社会资本如何影响农户获得贷款、归还贷款和使用贷款。前面两个问题已经在不同的章节中进行了回答，关于后期如何影响农户使用贷款就是农户贷后福利效果的问题。借贷资金的使用给农户个人和家庭带来了福利效果，无论是满足物质需求还是心理需求，农户都从借贷中获得了好处。在获得好处的同时，如果再有需求，农户自然会开始下一次借贷。这是"农户借贷"和"贷后福利"之间的影响关系。

哈佛大学经济学家阿马提亚·森（Amartya Sen，1973，1985，1992）把基本价值判断引入福利研究领域，他认为创造福利的不是财富和商品本身，而是由商品带来的机会和活动。这些机会和活动的属性和质量建立在个人能力的基础上。因此，他把福利定义为个人的实际能力组合，这种能力组合能够帮助个人实现生活中的各种有价值的功能。被称为"可行能力方法"。阿马提亚·森把生命中的生活内容定义为"功能性活动"，这些生活内容是相互关联的。他认为可以通过个人生活质量来判断个人福利。它是"一个人处于什么样的状态和能够做什么"的集合。可实现生活内容的"能力"是与"功能"密切相连的。能力表示"人们能够获得各种生活内容的不同组合"。因此，根据阿玛提亚·森的定义，已经实现的"功能"和能够实现潜在功能的"能力"是综合评价个人福利的两大要素。

功能和能力之间有着紧密的联系。能力是一个人拥有选择自己想要过的生活的自由，而功能是能力能够被真正拥有的基础和保证。因此，在农户借贷行为里，功能即农户信贷额度，作为福利的构建性指标；能力即农户人力资本和农户家庭资产，作为福利的工具性指标。构建本书的农户贷后福利函数：

$$W = f[F(x_i), C_1(y_i), C_2(z_i)] \qquad (1)$$

其中，W 代表农户贷后福利总和，$F(x_i)$（信贷额度）、$C_1(y_i)$（人力资本）、$C_2(z_i)$（家庭资产）均是福利函数，分别代表功能空间和能力空间。根据森的思想，功能和能力都应当是包含了经济、社会、环境等因素的集合。因此，从社会福利的角度，根据农户借贷的实际情况以及数据的可获得性，本章选择从信贷额度（loan）、户主性别特征变量（gender）、年龄特征变量（age）、受教育程度变量（education level）、家庭人口结构变量（household structure）和家庭土地规模（land area）最直接且显著影响农户贷后福利水平的六大方面来反映农户贷后福利效果。需要说明的是家庭土地规模这一变量，鉴于获得家庭所有财产的困难，本章采用了"土地"这一代表性指标。因此农户贷后福利函数可写作：

$$W = f[F(x_i), C_1(y_i), C_2(z_i)] = f(loan, gender, age, edu, stru, area) \qquad (2)$$

我们调研时发现，对农户家庭的福利效果来说，借贷对较贫穷的农户比对相对较富裕的农户帮助更大，也就是说，同样的信贷额度对人力资本和家庭资产更贫乏的农户改善家庭生活状况的边际效用更大。"雪中送炭"的能量从来都大于"锦上添花"，这也是此处把信贷额度作为第一项考察指标的原因。衡量农户改善家庭生活状况的重要指标即农户家庭收入，这里作为福利效果的重要特征。下面就农户借贷对贷后福利的影响进行实证分析。

三   农户贷后福利效果的实证

（一）计量模型设定与变量选取

本节设定借贷福利模型收入方程的具体形式为：

$$Lny = \alpha + \beta_1 x_1 + \beta_2 x_2 + \beta_3 x_3 + u \qquad (1)$$

y 为当期农户家庭收入，并考虑到农户借贷资金使用的滞后效应，设 x_1 为最近三年的借贷资金中数额；x_2 为受教育程度；x_3 为性别等变量。在加入以上控制变量后，并对指标加以对数化，方程（1）就可以扩展表述为：

$$Lny = \alpha + \beta_1 \ln x_1 + \beta_i \sum_{i=2}^{6} x_i + u \qquad (2)$$

在方程（1）和（2）中，u 为误差项。受教育程度的系数 β_1 表示在控制其他变量的情况下，农户从最近三年的借贷资金中获得的贷款福利收益率，简称为贷款福利收益率。x_1、x_2、x_3、x_4、x_5、x_6 分别表示借款数量（loan）、户主的性别特征变量（gender）、年龄特征变量（age）、受教育程度变量（education level）、家庭人口结构变量（household structure）和家庭土地规模（land area）变量，其中家庭人口结构变量采用家庭劳动力人数指标。

（二）借贷福利模型分析

从模型 F 检验值来看，F 检验量为 55.58，模型整体通过了 0.001 水平上的显著性检验，但判定系数 R^2 值仅为 0.233，表明可能还有其他因素对家庭收入的贡献更为明显。为剔除其他因素影响，采用逐步回归法（stepwise regression）进行操作，结果表明，获得借贷资金大约能使家庭收入提高 26.2%（0.001 水平显著）（详见表 6－13 和表 6－14）。

表 6－13　模型方差

模型	平方和	df	均方差	F	Sig.
回归	203.148	6	33.858	55.575	0.000
残差	653.096	1072	0.609		
总计	856.244	1078			

资料来源：调查获得。

表 6－14　借贷福利模型系数

模型中的变量	非标准化系数		标准化系数	t	Sig.
	B	标准误差			
常量	8.205	0.267		30.760	0.000
借款数量（对数化）	0.262	0.018	0.395	14.332	0.000
户主性别特征变量	−0.229	0.060	−0.105	−3.794	0.000
年龄特征变量	−0.006	0.003	−0.062	−2.024	0.043
受教育程度变量	0.051	0.025	0.063	2.071	0.039
家庭人口结构变量	0.116	0.017	0.187	6.875	0.000
家庭土地规模变量	0.002	0.001	0.052	1.925	0.054

资料来源：调查获得。

因此，借贷福利模型得出，有机会获得贷款有助于农户获得更高的收入，这与前面的描述性统计分析得到的结论一致。

（三）不同社会资本类型贷款的福利效应

从模型 F 检验值来看，F 检验量为 34.246，模型整体通过了 0.001 水平上的显著性检验。判定系数 R^2 值为 0.322（见表 6-15，表 6-16）。

表 6-15   模型方差

模型	平方和	df	均方差	F	Sig.
回归	128.011	7	18.287	34.246	0.000
残差	258.454	484	0.534		
总计	386.465	491			

资料来源：调查获得。

表 6-16   不同社会资本福利模型系数

模型	非标准化系数		标准化系数	t	Sig.
	B	标准误差			
常量	7.009	0.381		18.396	0.000
户口性别特征变量	-0.210	0.081	-0.098	-2.589	0.010
年龄特征变量	-0.003	0.004	-0.028	-.682	0.495
受教育程度变量	0.049	0.033	0.062	1.477	0.140
家庭人口结构变量	0.103	0.023	0.170	4.490	0.000
家庭土地规模	0.004	0.001	0.159	4.219	0.000
Ln loan1 *	0.146	0.037	0.199	3.915	0.000
Ln loan2 *	0.231	0.034	0.346	6.731	0.000

注：* Loan1 指通过亲戚朋友关系型社会资本①借得资金，Loan2 指通过政府和银行等组织型社会资本借得资金。

资料来源：调查获得。

从系数来看，Loan1 的 0.146 明显低于 Loan2 的 0.231，说明就农户收入增长的作用来说，组织型社会资本的作用更为明显。产生这种差异的原因是多方面的，其一，农户通过不同社会资本获得的借贷资金用途不

---

① 本书第3章、第5章和第6章均涉及社会资本的类型分析，基于不同研究侧重点的需要，分类的方式和名称各异，其涵盖的内容是一致的，具有关联性，参看附录3。

同。通过关系型社会资本获得的借贷资金大部分用来满足生活性需求，农村的婚丧嫁娶等习俗很容易造成农户突然性的资金短缺，这种时候他们的首选是向亲戚朋友借钱来填补缺口，这样的借贷与农户收入的增长是没有必然联系的。通过组织型社会资本获得的借贷资金多半用来满足生产性需求，这不仅与农户的选择习惯有关，也和政府、银行等的贷款政策有关。尤其是政府提供的贷款目的在于帮助农户发展生产和进一步规模化经营，因此对农户收入增长的帮助较为明显。其二，农户通过不同社会资本获得借贷资金的还贷机制不同。通过关系型社会资本获得的借贷资金需要在短时间内尽快偿还，而且一般来说，在这一次借贷完成之后的相当长时间内，农户不会再向同一个亲戚或是朋友借贷。这对农户收入增长是不可能产生作用的。但通过组织型社会资本获得的借贷资金一般都有"续贷"机制，比如政府担保小额贷款政策、农信社的随借随还余额控制方法，它们共同的规则都是以农户在规定时间内按时还贷即可更容易获得下一次贷款机会作为激励。而且，这里规定的还贷周期都在 1～2 年内，符合农业生产的时间周期，农户有相对充裕的时间用借贷来的钱投入生产获得盈利，收入得到增加。

第六节 本章小结

农户借贷行为是一个闭合环路，每一个环节间都相互影响又顺承相接。前面几章重点分析了社会资本对农户借贷需求的产生及借贷双方合约达成的影响，本章则主要聚焦于还贷环节。

古谚云："有借有还，再借不难。"借贷违约风险是借贷行为闭合环路中极为重要的一部分。尤其是在农村，金融体制缺陷形成的抵押约束、农业生产特征弱形成的产业约束和农村信用体系薄弱形成的意识约束，形成了农户借贷违约的风险。建立在血缘、族缘基础上的农村社会网络对农户借贷风险有着比城市网络更好的防控功能。通过调研发现，经常走往和信任度较高的亲戚关系、信任和睦的邻里关系、农民专业合作组织关系、农户联保小组、正规金融机构关系、政治身份特征和信用口碑特征这些社会资本，均对农户借贷违约风险有强烈的正向约束力。因此，应当利用好社会资本来建立对农户借贷风险的控制机制，通过农户联保制度、担保人制度、农民合作组织和农村信用评级建设等来降低农户借贷违约率。农户借贷行为实质上是借贷主体通过不断重复博弈生成诚信以达到纳什均衡的过程。

　　农户贷后福利效果分物质心理满足和增加收入两个方面。调查问卷的数据分析显示，借贷资金对增加家庭纯收入、扩大生产规模、提高消费水平和提高生活质量均有较大帮助。在这一结论基础上，本章借鉴阿玛提亚·森用功能和能力衡量社会福利水平的方法，建立农户贷后福利理论模型，再通过设定借贷福利模型收入方程就社会资本对增加农户贷后收入的影响做了实证分析，结果发现：有机会获得贷款有助于农户获得更高的收入；不同社会资本对农户收入增长的作用存在差异性，较之关系型社会资本，农户通过组织型社会资本获得的借贷资金对农户贷后收入的增长作用更加明显。

第七章 政策建议和主要结论

第一节 政策建议

就调查情况来看，影响农户借贷行为的原因虽然很多，但在将农民作为一个社会群体加以整体性考察之后便可发现，优化农户借贷行为的根本出路在于达到传统血缘型社会资本和现代契约型社会资本间的平衡。唯有如此，才能推动农村金融体制改革，解决农户借贷难问题。

一　赋予农民更多财产权利

（一）农民房屋和土地产权亟待明确

论及金融体制改革——尤其是农村金融改革时，"确权"总是一个不可回避的问题。以银行为代表的正规金融机构之所以和农民之间始终"走不进"，很大程度上是"确权"导致的。"确权"，指的是明确农民的财产权。本书讨论的农民财产权利主要指房屋产权与土地产权两方面。"农村土地集体所有"这一历史遗留问题造成了农民房屋产权和土地产权的模糊。宽泛地说，集体土地使用权是用益物权的一种，指的是农村集体经济组织及其成员以及符合法律规定的其他组织和个人在法律规定的范围内对集体所有的土地享有的用益物权。我国现行的《中华人民共和国土地管理法》（1986 年 6 月 25 日第六届全国人民代表大会常务委员会第十六次会议通过，根据 1988 年 12 月 29 日第七届全国人民代表大会常务委员会第五次会议《关于修改〈中华人民共和国土地管理法〉的决定》第一次修正，1998 年 8 月 29 日第九届全国人民代表大会常务委员会第四次会议修订，根据 2004 年 8 月 28 日第十届全国人民代表大会常务委员会第十一次会议《关于修改〈中华人民共和国土地管理法〉的决定》第二次修正）和《中华人民共和国土地管理法实施条例》（1998 年 12 月 27 日由朱镕基总理签发，自 1999 年 1 月 1 日起施行）对农民与土地之间的相互关系没能清楚地进行界定。我国法律上对土地集体所有概念的表述不清，导致了集体和农户之间权利边界一直无法明确的含混状态，严重影响着农村土地的流转和使用，更使农民在试图向银行类正规金融机构申请贷款时无法提供有效的抵押担保物。世代生活在农村的农民，虽然辛勤地耕种着土地，还在土地上建起了二层、三层的小洋房，有些甚至建起了生产用的厂房、猪棚、鸡舍，但这些资产都无法在进行融资交易时用作抵押担保。明确农民财产权，扩大农户资产可抵押范围，成为解决农户借贷难的当务之急。

（二）推进农民财产权抵押担保

2004 年，国家林业局印发《森林资源资产抵押登记办法（试行）》，初步拓宽了农户资产的可抵押范围，规定森林、林木和林地使用权均可用于抵押。随后，各省的农信社纷纷开展林权抵押贷款业务。比如，江西省林业厅于 2007 年与江西省农信社联合下发《关于全面开展林权抵押贷款的指导意见》。同时，江西省农信社印发了《江西省农村信用社林权抵押贷款管理办法（试行）》，对林权抵押贷款的贷款对象和条件、贷款范围、贷款期限与利率等进行了明确规定。2013 年中国银监会、国家林业局颁布的《关于林权抵押贷款的实施意见》进一步明确了以林权作为贷款抵押物的相关规定。林权抵押贷款已成为缓解农户借贷难的一个重要渠道，调研时获取的数据也已确认了这一点。比如，在永丰县古县镇林场，林权抵押就是一种比较普遍的贷款抵押方式。但是林权抵押仍然存在很多问题，也具有一定的局限性。毕竟不是每一个农户都有足以用于抵押的林场规模，而且林权抵押贷款也仍需进一步完善，由于不是本研究的重点所在，这里不做引申。

备受关注和热议的是 2013 年 11 月 12 日中国共产党第十八届中央委员会第三次全体会议通过的《中共中央关于全面深化改革若干重大问题

的决定》（以下简称《决定》）。《决定》的第六大块有关"健全城乡发展一体化体制机制"的内容中，第 20 条和第 21 条都对明确农民财产权有了新的阐述，赋予了农民更多财产权利，这两条中的相关改革内容都是对集体经济产权制度和相关法律的重大突破。第 20 条提到："赋予农民对承包地占有、使用、收益、流转及承包经营权抵押、担保权能，允许农民以承包经营权入股发展农业产业化经营。"也就是说，今后农民可利用承包经营权获得金融支持，意味着农户与农户或其他主体之间可以通过土地股份化，推动农业产业化。第 21 条提到："保障农民集体经济组织成员权利，积极发展农民股份合作，赋予农民对集体资产股份占有、收益、有偿退出及抵押、担保、继承权。保障农户宅基地用益物权，改革完善农村宅基地制度，选择若干试点，慎重稳妥推进农民住房财产权抵押、担保、转让，探索农民增加财产性收入渠道。建立农村产权流转交易市场，推动农村产权流转交易公开、公正、规范运行。"这是第一次以中央文件形式明确肯定农民的财产权即产权。虽然农民手中的土地仍然不可以作为商品直接进行买卖，但是农民拥有的土地用益物权①可以用于抵押、担保和转让。即土地承包经营权、宅基地使用权等这些长期以来只允许在集体经济组织内部流转的，可以跨集体经济组织流转。《决定》给农村和农民带来的变化是革命性的，这将对农户借贷乃至农村金融改革产生深远的影响。

（三）严格监管农村土地流转

明确农民财产权是扩大农户资产可抵押范围的关键所在，虽然改革启动不久，但改革方向十分明确。土地在中国农民心中的地位不言而喻，能够真正拥有自己的土地、享受自由处置它的权利是广大农民的愿望。当前，很多在外务工的农民将闲置土地以极低价钱租给别人（有些甚至是免费送给他人），目的是获得国家对保护耕地给予的少量补偿金。但是，土地一旦彻底货币化，实现自由买卖，那么在初始阶段将极易出现混乱局

---

① "用益物权"这一概念在中国《民法通则》中尚未出现，有关用益物权的规定也只有零星几条。《物权法》草案第 123 条规定："用益物权人在法律规定的范围内，对他人所有的不动产，享有占有、使用和收益的权利。"严格说来这也不是用益物权的立法定义。因此，到目前为止，"用益物权"仍只是一个法学概念，在民法学上，所谓用益物权，是指非所有人在他人所有的物上享有的占有、使用和收益的他物权。但是，我国与民事相关的法律法规均未给"用益物权"一个明确定义，学术前沿对此也仍在争论中。

面。原因在于农村的土地完全市场化有它自身的独特性。在血缘族缘情结深厚的中国农村地区，要实现邻村间的土地流转都要克服相当大的困难，遑论两个乡镇或两个县间的土地流转。调研时，几乎所有受访的农户都表达了类似的看法。没有农民愿意购买其他村的土地或房屋，到"人家的地盘"上耕种或居住。因为哪怕是紧邻的两个村，对农户来说也是完全不熟悉的另外一个圈层。这一点不同于城市，农村的圈层结构更加严格和清晰。非本村出生成长的农民，很容易受到本村其他农户的排挤。这样的排挤将渗透到生活中的方方面面，小到每天的衣食住行，大到动土建房。同一村内的社会网络是很紧密和有序的，它与其他村形成相对独立的节点，在整个农村社会的大网络里显得疏离。用一位受访农户的话说，若不是本村的人，哪怕在村里买了地，也许在建好的屋前修条路都会被堵死。这是很有特色的社会网络结构，在中国的农村是很普遍的。所以在为农户谋求利益，争取财产权时，务必要看到农村社会资本的独特性。往远了看，在农民的土地交易市场化之后，同村的农户之间进行土地交易的可能性更大，在外务工或是因其他因素不准备经营自家土地的农民最有可能把土地卖给同村的邻居或是亲戚。因为仅仅持有少量自耕地的小农经济是无法通过耕种土地获得巨大经济收入的。如此一来，结果就是同一个村的土地集中掌握在本村少数几个人手中。

在刚刚实施土地买卖的短期内，卖方农户由于变卖土地获得资金暂时不会产生很强烈的借贷需求，而有能力购买大量土地的买方农户本身资金存量就相对充足。一方面，买方农户确实可能会利用土地和房屋向正规金融机构申请抵押贷款，这正是之前讨论到的缓解农户借贷难问题的好的一面。但是此时的农户借贷已经并不那么"难"了，土地持有量的巨大悬殊很有可能导致另一方面的问题——民间借贷的规范性问题。之前就分析到，土地是农民的命根子，这是建立在血缘、族缘基础上的密集型的农村社会网络重要的特性。土地交易自由化这一改革，会造成同村内部买卖土地形成土地持有量的差异，对农户的社会资本存量和社会网络结构产生影响。是否会有农户以土地获得抵押贷款之后大面积发放高利贷？这是在土地改革初期可能出现的情况，需要政府和金融机构担起责任，规范市场秩序，正确引导这一时期的农村民间借贷。

第一，严格监管农村土地流转和交易市场，对农民进行土地经营给予指导性意见。

土地改革是解决三农问题的重中之重，也非一蹴而就的事情。就目前的节奏来看，中央政府在这一问题上是坚定决心但也是谨慎小心的。从土地集体所有到土地可以流转，已经迈进了很大的一步，具体到如何流转、需要符合哪些条件、有哪些限制措施，都还亟待一系列法律和条规的出台。从政策的制定到政策的实施，有赖于中央到地方各级政府的步步为营。土地自由交易，包含农户与农户的土地交易、农户与非农户的土地交易，这就涉及农户如何经营好土地的问题。种了一辈子地的农民，第一次面对如何经营好自己的一亩三分地，是充满了茫然和迷惑的，这就需要政府和金融机构给予多方面的指导，帮助农户建立起经营意识，把握好土地改革带来的机遇。

第二，正确引导农村资金互助组织的建设，增加农村资金供给。

现如今农村土地已经可以流转，这就意味着规模化专业化农业生产时代的来临，此后拥有大量土地经营权的农户需要有更多的资金来经营自己的土地。虽然银行类正规金融机构正在重新回归农村市场，尤其是农信社在改制之后增加了不少到乡镇一级的营业网点，但是由于现在许多金融机构把农村作为吸储的重要来源，要做到从农村来的资金真正归于农用，还有很长的一段路要走。加上就目前而言，正规金融机构为农户设计的信贷产品仍然不够人性化，手续烦琐、条件苛刻、产品种类不够丰富都使正规金融机构和农户之间的亲近感仍显不够。因此，类似农村资金互助组织这样的民间融资机构的存在就显得相当有必要。作为接地气的准金融机构，农村资金互助组织能够充分利用好农村的社会资本，一定程度上缓解不断增长的农村资金供求矛盾。

二　建立和完善具有农村特色的信用体系

（一）逐渐脱离对政策性贷款的依赖

我国农村金融市场仍然处在发展的初步阶段，政府不仅作为政策的制定者和方向的指导者在监督着农村的金融行为，也同时作为借贷关系中的第三方介入其中。在银行类正规金融机构尚未真正融入农村社会网络，尚未建立起系统化、正规化的信用体系，农村信用环境仍然不佳的情况下，这样的介入在现阶段是必要的，于是才有了诸如政府担保小额贷款、文明信用农户贷款这样的政策性贷款。小额担保贷款是政府为解决银行类正规金融机构和农户之间信息不对称而出台的一个暂时性的解决办法。农户缺乏抵押担保物，正规金融机构缺乏有力的农户个体风险评价机制，于是，政府介入信息盲区当中。文明信用农户贷款也是类似的，虽然是根据农户的信用评级来给予贷款的额度和利率，评级打分的也是农民自己，但是银行之所以认可并下放贷款是由于牵头的是政府部门。这里并不是否定以这两种贷款模式为代表的诸多政策性贷款，而是看到政府部门在这些借贷行为中起到的举足轻重的作用。这样的依赖如果不是暂时的，会影响到农村金融市场的健康发展。

近几年在全国范围内如雨后春笋般出现的小额贷款公司，就是脱离政策依赖的一个好的信号。这些小额贷款公司不仅活跃在农村，城市也有很多。其实政府的小额贷款担保中心和小额贷款公司的职能有重叠的地方，但不完全类似。应该说，小额贷款公司也是我国金融体制改革的产物之一。虽然现在小额贷款公司存在很多问题，普遍存活时间都不长、管理秩序混乱，但仍然不能否认它的出现和繁荣是一个好的现象。因为改革还在继续，所以仍然不完美是必然的，缺乏针对小额贷款公司的法律条规，注册门槛普遍偏低，自然关门倒闭和携款潜逃的现象也就多了起来。中央政府和金融监管机构应当出台更细化的法律条例和操作规范，引导诸如小额贷款公司一类的民间金融机构的健康发展。这些金融机构的成长可以实现我国金融市场尤其是农村市场由政策主导向市场主导的变革，缓冲改革过程中可能存在的多重矛盾和碰撞。

（二）建立在农村社会资本基础上的信用体系

我国农村的信用体系建设不能直接生搬硬套城市已有的那一套，尤其是银行类金融机构在农村设立网点不能把在城市开展业务的信用评级直接利用在农村的土地上。那么，是不是农村信用体系建设就要从零开始？需要强调的一个观念即是，其实中国农村的信用体系原本就存在，而且因为其独特的社会网络结构，这一信用体系的牢固性和紧密性超过了现在研究已有的认识。农村信用体系不需要另辟蹊径重新建设，需要的是如何利用好农村社会资本，融入现代化元素，完善现有的信用体系，改善信用环境。

当今农村的社会网络结构特色是建立在血缘族缘和契约法规交互共同作用的基础上的，所以嵌入其中的社会资本有它的独特性和复杂性。血缘族缘是中国农村得以延续至今的根基，也是中华文化发展的根基。如果单纯否定这种传统的关系网络，不仅对祖祖辈辈生活在农村的农民情感上是一种伤害，而且会破坏掉这一宝贵的社会资本中蕴含的丰富的信任源。前文已经提到过，在农村的社会网络中，尤其一个村的网络结构中，点与点之间的连接是相当强的强关系。每一个农户与其他农户之间都对彼此的家庭人口状况、经济状况了如指掌，村民和村民都有着不同程度的血亲或族亲。村与村、乡与乡、县与县之间还存在姻亲关系，这使血缘和族缘关系的范围得到扩大。从借贷的正规途径和非正规途径两方面来说，都应当好好利用这一点，做到以下几点。

第一，因地制宜，正规金融机构应当依托农村社会资本开发有特色的借贷产品。现在的农村信用社已有信贷产品中，农户联保就是利用农村社会资本的例子之一。彼此熟悉的农户结成联保小组，小组成员之间互相了解且信任。一旦任何一名成员没有按时还款，则采取连坐形式，其他成员必须代为偿还。金融机构更应该看到，着眼于农村社会资本，农户联保小组成员之间关系的强度可以远大于城市的联保小组。现在联保小组的成员很多是同一个农民专业合作社的社员或是同一类型项目（比如都是养猪或种果树）的经营者。从某种角度来说，一旦出现市场波动或是自然灾害，这些联保小组的成员将同时遭受损失致使无法还款。金融机构在设计产品时，应该把传统宗族的规范力也考虑在内，当联保小组成员之间有着血缘族缘的联系时，他们确实有可能成为一致抗拒还贷的共犯，但是他们更有可能因为自己无法还贷导致自己的亲戚需要帮忙还贷，甚至他的不还贷会导致自己所在的联保小组以后也无法向银行申请借贷而感到羞愧。这种"羞愧心"类似于孟加拉格莱珉银行建立中使用到的宗教信仰力量。

第二，大胆创新，让常态化的信用评级深入农民生活的方方面面。之前提到的文明信用农户评比虽然参与评选和评比打分的都是农户自己，但无论这项工程的组织方还是规则的制定方都是党委、政府的相应部门。

文明信用农户是一项金融借贷加文明建设双重惠民工程，它的社会效应远远超过它所带来的经济效应。弘扬文明新风、宣扬诚实守信，让农民通过评比打分的过程，发现信用是可以货币化的。工程启动的初衷是好的，但就目前全国这几年开展的情况来看，延续性却不够强。以江西省为例，在工程启动初期曾经发放大量文明信用农户贷款，但即使在文明信用农户曾作为优秀典型到省里或中央做发言汇报的市（县）都出现了业务量逐年递减的趋势。文明信用农户评比应该作为一个常态化的信用评级存在，评分的内容和范围还应扩大，以求涵盖农村生活和劳作的方方面面，使之不仅仅成为农户向正规金融机构申请借贷的渠道之一。每个农民，从一出生就应有一张"信用卡"，上面积累的信用积分应不仅仅会影响到借贷，还会影响到他购买种子、出售农作物、盖房子等各个方面。实践中，江西的做法还是科学的，党委、政府部门发挥主导作用不等于越俎代庖，评选文明信用农户让农民自己去做。当然，还可由商业化的正规信用评级机构进驻农村，或是成立由当地农民构成的信用评级组织。此时，党委、政府部门要做的是对农村信用评级进行适时的监督和指导，使无论已有的专业信用评级机构还是当地的民间信用评级组织，都能更好地履行这一职责。

三　鼓励和引导农村民间借贷

（一）承认和肯定农村民间借贷存在的客观性和必要性

小农经济是我国农村千百年来发展的基调，无论农村金融市场如何改革，就目前来说，在农户内心最深处，保持温饱无忧是头等大事。这样一种"生活性需求"远远优先于"生产性需求"的经济思维方式，也主导着他们的借贷习惯。所以，随借随还、没有烦琐手续的熟人借贷——民间借贷——在农村一直活跃着。虽然银行类正规金融机构也曾经在农村地区营业，但近几年来，四大国有商业银行撤并了大量县级和乡镇级的基层网点，农村信用社的制度改革正在进行当中。农村金融市场出现了严重的供求不对应的情况，一些办企业的农户的大额贷款需求得不到满足，涉农金融产品办理手续烦琐、服务力度不大，抵押和担保在政策上存在尚未突破的壁垒，这些都再度催生了民间借贷的繁荣。我国农村现有的民间借贷组织形式包括自由借贷、银背、① 合会、② 民间集资、典当业信用（民间商业信用）和农村合作基金会等。

回顾第四章第一节对农户借贷行为发展历程的分析，可以看到我国政府对民间借贷态度的变化。从 1981 年的《中国农业银行关于农村借贷问题的报告》可以看到当时的中央政府对民间借贷是持肯定态度的。这个态度对以农村合作基金会为首的各类民间借贷组织的兴起起到了积极的作用，一直到 1991 年，中央对这类组织都持鼓励和推广的态度。但是，1992～1995 年，地方政府过度干预导致的农村合作基金会内部金融秩序混乱及同时出现的小规模挤兑，在随后的 1996～1998 年继续恶化发展。于是有了 1999 年 1 月国务院正式宣布取缔农村合作基金会这一举动。虽然农村合作基金会只是民间借贷的一个缩影，但是这一年是中央政府对民间借贷态度的重要转折点。自此之后，民间金融转入地下。第三轮农村金融改革为民间金融的复苏带来了希望，2006 年《中共中央国务院关于推进社会主义新农村建设的若干意见》中对民间借贷用了"规范"二字，并鼓励培育民间小额贷款组织，可以看出，中央政府对民间借贷的态度有所缓和。同年银监会发布的《调整放宽农村地区银行业金融机构准入政策的若干意见》进一步明确了这一态度，鼓励在农村增设村镇银行、小额贷款公司和农民资金互助社三类金融机构。2008 年，银监会下文明确了这三类以及小额贷款公司共四类农村金融机构的相关政策。2009 年，银监会发布小额贷款公司可转制成村镇银行的规定，这是政府鼓励民间借贷机构向正规金融机构转型的一个风向标。这一年，掀起了一股外资银行下乡组建村镇银行的狂潮，有力补充了已有的农村金融服务。2012 年设立温州市金融综合改革试验区被认为是民间融资由地下转到地上的一个重要里程碑，意味着我国金融市场发展正规与非正规渠道并驾齐驱、相辅相成时代的到来。

不难看出，中央政府已经从最初对民间借贷纯粹的打压变革到现如今的引导和融合。如何更好地引导和监管民间借贷的独立运营，在规避其弊

---

① 银背指经济较发达地区为借贷双方牵线搭桥促成其成交并从中收取手续费和信息费的信用中介人。

② 合会指一种集存款与贷款为一体的互助性融资组织形式。

端的同时充分发挥其服务群众、推动农村金融改革的功能，使之成为正规借贷的良好补充，才是当政者应当思考和解决的问题。

（二）培育和发掘合适的农村民间借贷模式

我国农村现有的民间借贷模式，从建立到发展均依托于农村社会资本。农户民间借贷具有较强的血缘性、族缘性和地缘性，借贷活动多发生在亲戚朋友、邻里乡亲之间，一般没有正规的书面契约。调研中，受访农户也提到只是简单地打一个借条，有时甚至连借条都不需要，完全靠口头承诺，这凭借的是人与人之间的熟悉和信任。简单的农户与农户间的单线借贷模式，靠的是农户社会网络中的强关系连接，他们可能同住一个村庄，耕种稻田的时候还能互相打招呼，家里有了红白喜事都会互相登门送礼请吃。当这种——对应的借贷不能满足农村资金需求时，充当农户与农户间结构洞的经纪人或中介人就出现了。当中介人组合进行活动时，合会、资金互助社等形式的民间融资团体就出现了。这是一个自然的聚集社会资本使之发挥最大效用的过程。民间借贷的金额从几千元到上百万、上千万元不等，就借贷用途的比例来说，大部分民间借贷的用途还是解决生活性需求而非生产性需求。正当的生活性需求当然无可厚非，但是不排除有一部分农户为了追求高消费、赌博欠债而借贷。因此，从农村民间借贷主体来说，要力图避免这类借款人，重点培育那些诚实守信的、在邻里乡亲之间口碑好的借款人、中介。尤其对不仅仅自己在借贷上讲信用，而且作为民间借贷的中介人也讲信用的农户，要作为重点培育对象。因为这些中介人是发展合作经济，特别是农村信用合作的重要关系人。

《中共中央关于全面深化改革若干重大问题的决定》在第20条中提到："鼓励农村发展合作经济，扶持发展规模化、专业化、现代化经营，允许财政项目资金直接投向符合条件的合作社，允许财政补助形成的资产转交合作社持有和管护，允许合作社开展信用合作。"信用合作在改革方案中被首次正式提出。规模化专业化现代化经营是新农村建设、农村现代化发展的必经之路，现在各地农村的专业合作社无论从数量还是规模上都已经越来越大。但农村民间合作金融机构仍处在摸着石头过河的迷茫期，诸如农民资金互助社等农村民间组织仍然缺乏相应法律条例的规范。这些民间借贷合作组织都是建立在信用合作基础上的民间借贷模式，可以把它们理解为曾经传统的银背、合会等民间借贷模式的正规化和专业化产品。所以，这次在《决定》中以书面形式对农村合作社的信用合作表示肯定是一大进步。虽然暂时还没有下达正式的文件和法律对信用合作做出详细规定，但是可以看到中央政府已经开始重视"诚信"在农村民间借贷中不可替代的作用。农户的诚信是什么？就是乡里乡亲的口碑，就是这个人在村庄上的名声。信用合作的前提和基础是诚信，要达成合作还需要靠社员之间已经存在的关系。从传统民间借贷来看，无论是一对一的直接借贷、有中介人的多关系借贷还是组织性质的多人网络借贷，都必然是发生在熟人和熟人之间的。没有农民会向不熟悉或是不那么熟悉的联系人开口借钱。合适的农村民间借贷模式必然是依赖强关系网络结构的。因此，在发展信用合作时这也是必须要注意的一点。

（三）加强国家和地方对农村民间借贷不同层面的监管

充分肯定农村民间借贷并允许原有模式中合法合规的部分继续运行，并不是说就放任其自由发展，那不仅会造成民间借贷市场的混乱，还会影响到初步建立起来的农村正规金融市场的秩序。尤其是在农村民间借贷重新由地下转到地上的过程中，国家和地方不同层面的监管就显得更加重要。

第一，国家层面加强金融监管。

民间借贷的监管过去都是国家委托农业银行、农村信用合作社进行，通过它们已有的业务活动间接了解民间借贷情况。因为早些年规模不够大，而且农村民间借贷是金融监管的死角，所以中国人民银行和中国银监会基本上都没有把农村民间借贷作为一项列入金融监管的目录。近十年，农村民间借贷越来越活跃，社会效应和经济效应也随之提升，光凭委托式间接了解情况的做法已经不足以监管逐步壮大的民间金融市场。因此，建议中国人民银行和中国银监会要成为国家层面监管农村民间借贷的主导力量。中国人民银行主要监测农村民间借贷的货币资金动向和交易利率变化，尤其应该注意民间借贷相对活跃的山西、浙江、福建、广东等地，对其过高的利率进行市场调节。中国银监会在履行本身监管金融机构职责的同时，还应监管诸如合会、农村资金互助社、银背等农村民间借贷组织。银监会可以通过受其监管的当地的农村信用社协助监管，对这些民间组织的参与人员结构、人员数量、资金存量、利率变化等做好动态备案。

第二，地方政府承担规范管理。

国家层面对农村民间借贷的监管是大方向的引导和监督，真正落到实处要依赖地方政府以及相应的公检法机关、工商税务机构做好细节处理。地方政府相较之中央政府的优势在于大部分地方政府官员，尤其是乡镇一级、村一级干部都来自农民家庭。他们出生和成长在他们现在服务的地方，从社会资本的角度来说，他们与被管理者之间存在血缘族缘地缘的联系。因为处在民间借贷的这个社会网络中，他们更了解和熟悉这种借贷的主体特征和行为模式，也就能够用更"接地气"的方式来规范管理好这些人和这件事。在出现可能的纠纷时，地方政府也能够在第一时间相对简单地缓解矛盾、处理好问题。地方政府可以根据当地的经验特色确立民间借贷的法规，明确各职能部门在民间借贷问题上的职责，同时联合司法部门通过媒体对规范农村民间借贷进行深入农家的宣传和指导。

四　小结

综上所述，本研究得出以下结论。

以银行为代表的正规金融机构之所以和农民之间始终"走不进"，很大程度上是"确权"导致的。农民财产权利的模糊主要体现在房屋产权与土地产权两方面。自2004年国家规定林权可以用于贷款抵押，到2013年《中共中央关于全面深化改革若干重大问题的决定》明确农民土地承包经营权、宅基地使用权等这些长期以来只允许在集体经济组织内部流转的权利可以跨集体经济组织流转，这是农民财产确权路上的里程碑式的变化。可以预见的是，这是规模化农业生产的必经之路。目前可以自由流转的是农民的土地承包经营权，下一步也许就是土地市场的自由买卖。虽然这仍然是一个大胆的猜想，但并不是完全没有可能。因此，既然政策赋予了农民更多的财产权，就有义务为农民使用好这些权利继续铺路。一是要严格监管农村的土地流转和交易市场，对农民的土地经营给予指导性意见，具体到如何流转、需要符合哪些条件、有哪些限制措施等都还亟待一系列法律和条规的出台；二是要正确引导农村资金互助组织的建设，增加农村资金供给，以弥补正规金融机构在农村地区金融服务的缺口。

正是因为这样的金融服务缺口，所以在农村金融市场发展的现阶段，政府不得不相对较多地介入各类金融交易中。但是农村金融体制的改革应当是朝着市场化主导方向走的，所以，逐步脱离对政策性贷款的依赖是农户借贷的趋势。类似政府担保小额贷款这样的扶持性信贷产品要可持续运行下去，必须逐步商业化。农民在向正规金融机构借贷时，虽然因为确权获得了更多的抵押担保品，但在很长的一段时间内，由于相应的财产评估标准等尚未同步建立，这毕竟是有一定局限性的。用好农村传统的血缘、族缘型社会资本，建立和完善有中国农村特色的信用体系，营造讲诚信的农村借贷环境才是治本的途径。一方面正规金融机构应当做到因地制宜，依托农村社会资本开发有特色的借贷产品，比如农户联保就是值得进一步探讨和提升的种类之一；另一方面，应允许农民自己组建信用评级机构或是把专业评级机构引入农村，为农民建立"信用卡"，常态化的信用评级不仅会影响农民借贷，而且必将深入农民生活的方方面面。

回到之前说的关于规模化农业生产的话题，我国农村目前仍然处在"小农"的生产模式当中。由此产生的中国农村几千年的"小农思想"是形成农民行为方式的重要根源。因此，就整体农户借贷来说，生活性需求仍然大于生产性需求，也因为这样，民间借贷才一直活跃在农村大地上。被严重打压时，农村民间借贷就广泛活跃在地下，从未曾真正衰亡过。因此，首先要承认和肯定农村民间借贷存在的客观性和必要性，其次要发掘传统的农村民间借贷中可沿用可改善的模式，保护和培育在乡里乡亲间信誉度高、口碑佳的民间借贷主体，制定与民间借贷相关的法律条例。国家层面中国人民银行和中国银监会要实施监管，地方政府要承担起规范管理的职责，通过平衡好传统血缘型社会资本和现代契约型社会资本，使农村民间借贷能够实现平稳地从地下转到地上的过程，并成为正规金融机构在农村拓宽和深入市场的助力。

第二节　主要结论

本书首先回顾了有关农户借贷和社会资本的相关理论，在回顾国内外文献的基础之上，构建了本研究的理论框架。本书在前人对金融发展理论、金融风险理论、农村金融理论和结构洞理论上所做研究的基础上做了总结和分析。根据马克斯·韦伯论述的资本主义精神中的社会资本的具体含义，本书对社会资本做出如下定义：社会资本指的是一种以诚信为基础建立起来的社会网络以及嵌入这个网络中为个体（或组织）带来各种效益的潜在的或是显现的资源的集合。明确了社会资本是有价值存量的、可增值的、以非物质形态存在的。由于本书研究的是社会资本视角下的农户借贷行为，所以把农村社会资本专门拿出来做了分析和解释，并就农村社会资本的特征和变迁过程进行了梳理。农村社会资本是指在宗族传统、历史习俗的文化模式和长期相处、互利合作的生活生产模式基础之上形成的社会关系网络。

本书对农户借贷行为的发展历程和基本现状进行了阐述。将农户借贷行为自1978年以来30余年发展历程划分为四个阶段并结合每个阶段农户借贷的特点和政策环境展开了讨论：第一阶段为1978～1993年，第二阶段为1994～2002年，第三阶段为2003～2007年，第四阶段为2008～2014年。本书以农户的金融需求为切入点，得出农户借贷"纺锤形"的分布特性，分为尖端、中端和底端三大类农户群体。从纵向、横向、条件对农户借贷行为进行了比较分析。纵向上，从宏观和微观层面进行时间比较分析；横向上，就地理位置差异进行区域比较分析；条件上，就私人借贷、机构借贷差异进行类型比较分析。在此基础上，以江西省为例，对上饶婺源，鹰潭贵溪，抚州东乡，吉安永丰，宜春丰城、靖安，九江永修，南昌湾里、南昌9个县（市、区）发放了1400份问卷，平均每个地区抽取100～200户农户。根据回收的1294份有效问卷的调查结果，通过描述性统计分析、实证研究和案例分析，得出以下主要结论。

（1）农户借贷正由生存型向发展型转型。主要表现在借贷发生率和规模、借贷资金来源和用途、借贷利率、期限、借据和担保等多方面。被调查农户中借贷发生率较高；近三年借贷总金额平均在1万～5万元；借贷资金首先来源于邻里、熟人和朋友圈，其次是银行、信用社等正规金融机构，再次为三代以内的亲戚圈；借贷用途中排名前三的分别为生意投资、盖房子买房子装修和扩大农业生产，这说明农民的借贷需求逐步由生活性需求向生产性需求倾斜；借贷利率、期限、借据和担保的情况依不同借贷方式而各有差异。

（2）不同社会资本对农户借贷行为有不同程度的影响。农户借贷行为受传统和现代两维社会资本的双重影响。从社会资本视角切入，对农户借贷行为进行分析，有助于挖掘更多影响因素。具体地看，这些影响因素包括亲戚走往数量、亲戚信任程度、邻里信任和睦度、与农民专业合作组织的关系、在正规金融机构的信用评价等级、是否参与农户联保、在乡里乡亲间的诚信评价水平、是否党员、是否机关工作人员等方面。其中，亲戚信任程度、邻里信任和睦度、与农业专业合作组织的关系、在正规金融机构的信用评价等级以及在乡里乡亲间的诚信评价水平对农户获得有效借贷机会具有显著影响，亲戚走往数量、是否参与农户联保、是否党员、是否机关工作人员对农户获得有效借贷机会影响则不显著。

（3）借方和贷方仍以强关系为主，结构洞决定话语权。根据对调查问卷中对应强弱关系四维度测算标准的互动频率、感情力量、亲密程度、互惠交换的描述性统计分析和来自东乡县、贵溪市、婺源县三个地区的案例分析，我们证明了强关系比弱关系更容易形成牢固和长期的借贷关系并可带来更多的借贷资金。而如果借方和贷方之间存在结构洞，在民间借贷中，中介人或是资金互助组织的负责人往往会因此获利；在政策性贷款中，政府则往往会因此成为制定规则的一方。

（4）社会资本可以成为防控农户借贷违约风险的利器。农户的借贷行为是一个闭合的圆环，每一个环节之间都是相互影响又顺承相接的。借贷违约风险是借贷行为闭合环中很重要的一部分。尤其是在农村，农村金融体制缺陷形成的抵押约束、农业生产特征形成的产业约束和农村信用体系薄弱形成的意识约束使农户借贷存在违约风险。建立在血缘、族缘基础上的农村社会网络对农户借贷风险有着比城市网络更好的防控功能。经调研发现，经常走往和信任度较高的亲戚关系、信任和睦的邻里关系、农民专业合作组织关系、农户联保小组、正规金融机构关系、政治身份特征和信用口碑特征等社会资本均对农户借贷违约风险有强烈的正向约束力。因此，应当利用好社会资本来建立对农户借贷风险的控制机制，通过农户联保制度、担保人制度、农民合作组织和农村信用评级建设等来降低农户借贷违约率。

就当前本研究得出的结论来看，影响农户借贷行为的原因虽然很多，但归纳起来主要还是如何在传统血缘型社会资本和现代契约型社会资本中找到平衡点。本书就推动农村金融体制改革、解决农户借贷难问题提出了三个政策建议。

（1）严格监管农村土地流转和交易，正确引导农村资金互助组织建设，为农民经营好自己的土地提供政策指导和资金供给两方面的帮助。以银行为代表的正规金融机构之所以和农民之间始终"走不近"，很大程度上是"确权"导致的。农民财产权利的模糊主要体现在房屋产权与土地产权两方面。自 2004 年国家规定林权可以用于贷款抵押，到 2013 年《中共中央关于全面深化改革若干重大问题的决定》明确农民土地承包经营权、宅基地使用权等这些长期以来只允许在集体经济组织内部流转的权利可以跨集体经济组织流转，这是农民财产确权路上的里程碑式变化。可以预见的是，这是规模化农业生产的必经之路。目前可以自由流转的是农民的土地承包经营权，下一步也许就是土地市场的自由买卖。虽然这仍然是一个大胆的猜想，但并不是完全没有可能。因此，既然政策赋予了农民更多的财产权，就有义务为农民使用好这些权利继续铺路。一是要严格监管农村的土地流转和交易市场，对农民的土地经营给予指导性意见，具体到如何流转、需要符合哪些条件、有哪些限制措施等都还亟待一系列法律和条规的出台；二是要正确引导农村资金互助组织的建设，增加农村资金供给，以弥补正规金融机构在农村地区金融服务的缺口。

（2）逐步脱离政策性贷款依赖，建立依托农村社会资本的信用体系，为农户借贷营造良好的信用环境。现阶段正规金融服务缺口的存在，促使政府不得不相对较多地介入各类金融交易中。但是农村金融体制的改革应当是朝着市场化主导方向走的，所以，逐步脱离对政策性贷款的依赖是农户借贷的趋势。类似政府担保小额贷款这样的扶持性信贷产品要可持续运行下去，必须逐步商业化。农民在向正规金融机构借贷时，虽然因为确权获得了更多的抵押担保品，但在很长的一段时间内，由于相应的财产评估标准等尚未同步建设，这毕竟是有一定局限性的。用好农村传统的血缘族缘型社会资本，建立和完善有中国农村特色的信用体系，营造讲诚信的农村借贷环境才是治本的途径。一方面正规金融机构应当做到因地制宜，依托农村社会资本开发有特色的借贷产品，比如农户联保就是值得进一步探讨和提升的种类之一；另一方面，应允许农民自己组建信用评级机构或是把专业评级机构引入农村，为农民建立"信用卡"，常态化的"文明信用农户"评级不仅有助于农民借贷，而且必将影响到农民生活的方方面面。

（3）肯定和培育合适的农村民间借贷模式，同时从国家和地方层面加强监管，为农户提供更多更好的金融服务。我国农村目前仍然处在"小农"的生产模式当中。中国农村几千年的"小农思想"是形成农民行为方式的重要根源。因此，就整体农户借贷来说，生活性需求仍然大于生产性需求，也正因为这样，民间借贷才一直活跃在农村大地上。被严重打压时，农村民间借贷就广泛活跃在地下，从未曾真正衰亡过。因此，首先要承认和肯定农村民间借贷存在的客观性和必要性。其次要发掘传统的农村民间借贷中可沿用可改善的模式，保护和培育在乡里乡亲间信誉度高、口碑佳的民间借贷主体，制定与民间借贷相关的法律条例。国家层面中国人民银行和中国银监会要实施监管，地方政府要承担起规范管理的职责，通过平衡好传统血缘型社会资本和现代契约型社会资本，使农村民间借贷能够实现平稳地从地下转到地上的过程，并成为正规金融机构在农村拓宽和深入市场的助力。

"诚信"是我国农户借贷活动实现良性循环的基础，是社会资本能够在农户借贷行为中发挥作用的关键点。不论是个人（农户）与个人（亲戚、邻里）之间的诚信，还是个人与正规金融机构之间的诚信，都会对其获得有效机会影响巨大。这从一个侧面反映了我国农村社会资本的过渡性现状——处在由传统宗族型向现代契约型转型转变的过程之中。这一过程使农村社会资本保留了其本质的部分，并得以朝良性方向发展。因此，当政府对农村金融市场实施监管和制定政策时，应当关注农村社会资本的发展方向，看到我国农民最内心"诚实守信"的质朴信念，鼓励并引导他们坚守和发扬，利用好传统宗法制度和现代契约制度共同作用于农村社会网络的特点，完善现有的农村金融市场。当然，构建一个多层次、广覆盖、可持续的现代农村金融体系，还有很长的路要走。

本研究仍有许多不足和未尽之处。在此仅就下一步的研究做如下两点展望，它们都是笔者未来将进一步深入研究的问题。

第一，社会资本对农户的贷后福利效果的影响问题。第六章最后一节就农户的贷后福利效果展开了讨论，根据调查问卷的数据得出，借贷资金对增加家庭纯收入、扩大生产规模、提高消费水平和提高生活质量均有较大帮助。同时，就社会资本对增加农户收入的作用进行了实证分析，并得出组织型社会资本作用较关系型社会资本更加明显的结论。但是，农户贷后福利的具体表现还需细化，不同类型的社会资本和农户贷后福利间的关系也还有深挖的空间，需要通过进一步调研以获得更多数据资料对两者间的相互作用做出分析。

第二，农户借贷行为对社会资本的影响问题。本书的研究重点是社会资本对农户借贷行为的影响，但是在实际操作中，农户借贷行为也会对社会资本的质和量造成影响。比如，按时还贷的农户诚信度高于拖欠贷款的农户，正是借贷行为影响口碑型社会资本的例子。社会资本和借贷行为应当是相互作用的关系，类似于物理学中的作用力与反作用力。要研究这一关系，还需进一步多关注农户两次借贷之间的行为特征变化和社会资本存量变化。

参考文献

一　中文文献

［1］〔印〕阿马蒂亚·森（Amartya Sen）：《贫困与饥荒——论权利与剥夺》，王宇、王文玉译，商务印书馆，2012。

［2］〔美〕贝琪兹·阿芒达利兹（Beatriz Armendariz）、〔美〕乔纳森·默多克（Jonathan Morduch）：《微型金融经济学》，罗煜、袁江译，万卷出版公司，2013。

［3］〔美〕海曼·P. 明斯曼（minskg, H. P.）《稳定不稳定的经济——一种金融不稳定的视角（中文修订版）》，石宝峰、张慧贲译，清华大学出版社，2015。

［4］〔日〕青木昌彦：《政府在东亚经济发展中的作用》，张春霖译，中国经济出版社，1998。

［5］〔美〕约翰·G. 格利（Guiley. J. G）、〔美〕爱德华·S. 肖（Shaw. E. S），《金融理论中的货币》，王传强、陈昕、贝多广译，格致出版社，上海三联书店，上海人民出版社，2006。

［6］边燕杰：《社会网络和求职过程》，载涂肇庆、林益民《改革开放与中国社会——西方社会学文献述评》，牛津大学出版社，1999。

［7］边燕杰、洪洵：《中国和新加坡的关系网和职业流动》，《国外社会学》1999年第4期。

［8］边燕杰、张文宏：《经济体制、社会网络与职业流动》，《中国社会科

学》2001 年第 2 期。

[9] 边燕杰:《城市居民社会资本的来源及作用:网络观点与调查发现》,《中国社会科学》2004 年第 3 期。

[10] 卜长莉、金中祥:《社会资本与经济发展》,《社会科学战线》2001 年第 4 期。

[11] 卜长莉:《社会资本与社会和谐》,社会科学文献出版社,2005。

[12] 卜长莉:《社会资本与东北振兴——对东北地区 142 家工业企业的调查》,社会科学文献出版社,2009。

[13] 程昆、潘朝顺、黄亚雄:《农村社会资本的特性、变化及其对农村非正规金融运行的影响》,《农业经济问题》2006 年第 6 期。

[14] 陈天阁、邓学衷、方兆木:《农户融资与信贷供给——来自安徽的调查分析》,《农村金融研究》2005 年第 1 期。

[15] 陈熹:《小额贷款可持续发展模式分析》,《江西社会科学》2013 年第 10 期。

[16] 杜晓山、刘文璞、张保民等:《中国公益性小额信贷》,社会科学文献出版社,2008。

[17] 方文豪:《农户资金借贷特征及其影响因素分析——基于永康市 5 个村庄的调查》,浙江大学硕士学位论文,2005。

[18] 费孝通:《费孝通文集》(第 5 卷),北京群言出版社,1999。

[19] 费孝通:《乡土中国·生育制度·乡土重建》,商务印书馆,2011。

[20] 冯兴元、何梦笔、何广文:《试论中国农村金融的多元化——一种局部知识范式视角》,《中国农村观察》2004 年第 5 期。

[21] 高帆:《我国农村中的需求型金融抑制及其解除》,《中国农村经济》2002 年第 12 期。

[22] 宫建强、张兵:《农户借贷对其收入影响的实证分析——基于江苏农户调查的经验数据》,《江苏社会科学》2008 年第 3 期。

[23] 郭劲光、高静美:《信用缺失及其治理的新方法》,《重庆工商大学学报》2003 年第 3 期。

[24] 郭于华、孙立平:《关系资本·网络型流动·乡土型劳动力市场问题的提出》,《转型期的中国社会》,改革出版社,1997。

［25］国家林业局：《森林资源资产抵押登记办法（试行）》（林计发〔2004〕89号），2004。

［26］国务院：《关于恢复中国农业银行的通知》（国发〔1979〕56号），1979。

［27］国务院：《批转中国农业银行关于农村借贷问题的报告的通知》1981。

［28］国务院：《批转中国农业银行关于改革信用合作社管理体制的报告的通知》1984。

［29］国务院：《关于金融体制改革的决定》（国发〔1993〕91号），1993。

［30］国务院：《关于组建中国农业发展银行的通知》（国发〔1994〕25号），1994。

［31］国务院：《关于农村金融体制改革的决定》（国发〔1996〕33号），1996。

［32］国务院：《非法金融机构和非法金融业务活动取缔办法》（国务院令第247号），1998。

［33］国务院：《关于印发〈深化农村信用社改革试点方案〉的通知》（国发〔2003〕15号），2003。

［34］国务院办公厅：《转发中国人民银行关于进一步做好农村信用社管理体制改革工作意见的通知》（国办发〔1997〕20号），1997。

［35］国务院办公厅：《转发中国人民银行关于进一步做好农村信用合作社改革整顿规范管理工作意见的通知》（国办发〔1998〕145号），1998。

［36］国务院办公厅：《转发银监会、人民银行关于明确对农村信用社监督管理职责分工的指导意见》（国办发〔2004〕48号），2004。

［37］国务院办公厅：《关于进一步深化农村信用社改革试点的意见》（国办发〔2004〕66号），2004。

［38］韩俊：《中国农村金融调查》，上海远东出版社，2007。

［39］何安耐、胡必亮：《农村金融与发展》，经济科学出版社，2000。

［40］何广文：《不同地区农户借贷行为及借入资金来源结构研究课题报

告》，1999。

[41]　何广文：《从农村居民资金借贷行为看农村金融抑制与金融深化》，《中国农村经济》1999 年第 10 期。

[42]　何广文：《中国农村金融供求特征及均衡供求的路径选择》，《中国农村经济》2001 年第 10 期。

[43]　何广文、冯兴元、李莉莉：《农村信用社制度创新模式评析》，《香港中文大学中国研究服务中心资料库》2003 年第 8 期。

[44]　黄晓东：《社会资本与政府治理》，社会科学文献出版社，2011。

[45]　黄宗智：《华北的小农经济与社会变迁》，中华书局，2000。

[46]　黄宗智：《长江三角洲小农家庭与乡村发展》，中华书局，2000。

[47]　黄宗智：《中国的隐性农业革命》，法律出版社，2010。

[48]　江西省农信社：《江西省农村信用社林权抵押贷款管理办法（试行）》，2007。

[49]　江西省农信社、江西省林业厅：《关于全面开展林权抵押贷款的指导意见》（赣农信联社发〔2007〕5 号），2007。

[50]　江西省人力资源和社会保障厅、江西省财政厅、中国人民银行南昌中心支行：《关于完善小额担保贷款政策进一步推动创业促进就业的通知》（赣人社发〔2012〕48 号），2012。

[51]　江西省委办公厅、江西省政府办公厅：《关于在全省开展创评"文明信用农户"活动的通知》（赣办字〔2004〕67 号），2004。

[52]　江西小额担保贷款扶持创业促进就业政策评估课题组：《江西省小额担保贷款扶持创业促进就业政策评估报告》，2011。

[53]　蒋永穆：《农户借贷过程中信任机制的构建——一种基于完全信息动态博弈模型的分析》，《四川大学学报》（哲学社会科学版）2006 年第 1 期。

[54]　黎翠梅、陈巧玲：《传统农区农户借贷行为影响因素的实证分析——基于湖南省华容县和安乡县农户借贷行为的调查》，《农业技术经济》2007 年第 5 期。

[55]　黎东升、史清华：《湖北监利县农户家庭储蓄与借贷行为的实证分析》，《湖北农学院学报》2003 年第 6 期。

［56］ 李海峰：《农村金融发展文献简述》，《经济视角》2011 年第 2 期。

［57］ 李路路：《社会资本与私营企业家——中国社会结构转型的特殊动力》，《社会学研究》1995 年第 5 期。

［58］ 李锐、李超：《农户借贷行为和偏好的计量分析》，《中国农村经济》2007 年第 8 期。

［59］ 李惠斌、杨雪冬：《社会资本与社会发展》，社会科学文献出版社，2000。

［60］ 李金铮：《民国乡村借贷关系研究》，人民出版社，2003。

［61］ 李守经、钟涨宝：《农村社会学》，高等教育出版社，2000。

［62］ 李延敏：《中国农户借贷行为研究》，人民出版社，2010。

［63］ 廖国良、肖四如、杨六华：《小实践破解大课题——江西开展创评"文明信用农户"活动课题报告》，2007。

［64］〔美〕林南：《社会资本——关于社会结构与行动的理论》，张磊译，上海人民出版社，2005。

［65］ 林毅夫：《再论制度、技术与中国农业发展》，北京大学出版社，2000。

［66］ 林聚任、刘翠霞：《山东农村社会资本状况调查》，《开放时代》2005 年第 4 期。

［67］ 罗芳、程中海：《农户借贷行为研究——以新疆为例》，经济管理出版社，2012。

［68］ 罗家德、赵延东：《社会资本的层次及其测量方法》，载李培林、覃方明《社会学：理论与经验》，社会科学文献出版社，2005。

［69］〔美〕罗伯特·D. 帕特南（Robert D. Putnam）：《使民主运转起来》，王列、赖海榕译，江西人民出版社，2001。

［70］〔美〕罗纳德·伯特（Ronald Burt）：《结构洞——竞争的社会结构》，任敏、李璐、林虹译，格致出版社，上海人民出版社，2008。

［71］ 吕世辰：《农村社会学》，社会科学文献出版社，2006。

［72］ 马红梅、陈柳钦：《农村社会资本理论及其分析框架》，《经济研究参考》2012 年第 22 期。

［73］ 马晓河、蓝海涛：《当前我国农村金融面临的困境与改革思路》，《中国金融》2003 年第 11 期。

[74] 〔美〕马克·格兰诺维特（Mark Granovetter）：《找工作——关系人与职业生涯的研究》，张文宏译，格致出版社，2008。

[75] 〔美〕马汀·奇达夫（Martin Kilduff），蔡文彬（Wenpin Tsai）：《社会网络与组织》，王凤彬、朱超威译，中国人民大学出版社，2007。

[76] 〔德〕马克斯·韦伯（Max Weber）：《新教伦理与资本主义精神》，阎克文译，上海人民出版社，2010。

[77] 马忠富：《中国农村合作金融发展研究》，中国社会科学院研究生院博士学位论文，2000。

[78] 〔孟〕穆罕默德·尤努斯（Muhammad Yunus）：《穷人的银行家》，吴士宏译，三联书店，2012。

[79] 〔英〕帕萨·达斯古普特（Partha Dasgupta）、伊斯梅尔·撒拉格尔丁（Ismail Serageldin）：《社会资本——一个多角度的观点》，张慧东、姚莉、刘伦等译，中国人民大学出版社，2005。

[80] 彭庆恩：《关系资本与地位获得》，《社会学研究》1996年第4期。

[81] 钱海燕：《中小企业国际化：社会资本和组织创新视角》，南京大学出版社，2012。

[82] 钱宁、银平均、杨为民等：《现代社会福利思想》，高等教育出版社，2013。

[83] 秦琴：《当代乡村社会中的"社会资本"研究——以鄂西北X村为例》，上海大学博士学位论文，2005。

[84] 申正茂、周立：《结构洞、信任半径和控制半径——江苏、山东两地资金互助合作社调查》，《银行家》2014年第3期。

[85] 史清华、陈凯：《欠发达地区农民借贷行为的实证分析——山西745户农民家庭的借贷行为的调查》，《农业经济问题》2002年第10期。

[86] 史清华：《农户家庭储蓄与借贷行为及演变趋势研究》，《中国经济问题》2002年第10期。

[87] 史清华、万广华、黄珺：《沿海与内地农户家庭储蓄借贷行为比较研究——以晋浙两省1986～2000年固定跟踪观察的农户为例》，《中国农村观察》2004年第2期。

［88］　〔美〕斯坦利·沃瑟曼（Stanley Wasserman）、凯瑟琳·福斯特（Katherine Faust）：《社会网络分析：方法与应用》，陈禹、孙彩虹译，中国人民大学出版社，2012。

［89］　童馨乐、褚保金、杨向阳：《社会资本对农户借贷行为影响的实证研究——基于八省 1003 个农户的调查数据》，《金融研究》2011 年第 12 期。

［90］　王爱俭：《20 世纪国际金融理论研究：进展与评述》，中国金融出版社，2005。

［91］　王曙光、乔郁：《农村金融学》，北京大学出版社，2008。

［92］　王曙光：《金融发展理论》，中国发展出版社，2010。

［93］　汪三贵：《中国小额信贷可持续发展的障碍和前景》，《农业经济问题》2000 年第 12 期。

［94］　汪三贵：《信贷扶贫能帮助穷人吗?》，《调研世界》2001 年第 5 期。

［95］　王丽颖：《重复博弈：信用合作的逻辑路径选择》，吉林大学博士学位论文，2005。

［96］　王卫东：《中国城市居民的社会网络资本与个人资本》，《社会学研究》2006 年第 3 期。

［97］　温铁军：《农户信用与民间借贷研究——农户信用与民间借贷课题主报告》，中经网 2001 年。

［98］　吴晓灵、焦瑾璞：《中国小额信贷蓝皮书》（2009～2010），经济科学出版社，2011。

［99］　〔美〕西奥多·舒尔茨（Theodore Schultz）：《改造传统农业》，梁小民译，商务印书馆，1987。

［100］　谢平：《中国农村信用合作社体制改革的争论》，《金融研究》2001 年第 1 期。

［101］　谢志忠：《农村金融理论与实践》，北京大学出版社，2011。

［102］　徐忠、程恩江：《利率政策、农村金融机构行为与农村信贷短缺》，《金融研究》2004 年第 12 期。

［103］　燕继荣：《投资社会资本——政治发展的一种新维度》，北京大学出版社，2006。

[104] 严武、陈熹：《政府担保小额贷款：机制、行为与绩效研究》，2013。

[105] 严武、陈熹：《社会资本视角下农户借贷行为影响因素分析——基于江西 1294 个调查样本的实证》，《江西社会科学》2014 年第 8 期。

[106] 杨继绳：《中国当代社会阶层分析》，江西高校出版社，2011。

[107] 杨瑞：《从问卷调查透视农户资金供求问题》，《金融纵横》2007 年第 3 期。

[108] 姚明霞：《西方理论福利经济学研究》，中国人民大学博士学位论文，2001。

[109] 〔美〕詹姆斯·科尔曼（James Coleman）：《社会理论的基础》，邓方译，社会科学文献出版社，1999。

[110] 张杰：《中国农村金融制度：结构、变迁与政策》，中国人民大学出版社，2003。

[111] 张杰：《解读中国农贷制度》，《金融研究》2004 年第 2 期。

[112] 张杰：《农户、国家与中国农贷制度——一个长期视角》，《金融研究》2005 年第 2 期。

[113] 张杰、谢晓雪、张淑敏：《中国农村金融服务：金融需求与制度供给》，《西安金融》2006 年第 3 期。

[114] 张杰：《中国农村金融制度调整的绩效：金融需求视角》，中国人民大学出版社，2007。

[115] 张军：《储蓄差异及贷款需求的满足——一个经济外向型村庄农户金融活动分析》，《中国农村观察》2000 年第 3 期。

[116] 张龙耀、陈畅、刘俊杰：《社会资本与小额信贷风险控制：理论机制与实证分析》，《经济学动态》2013 年第 2 期。

[117] 张其仔：《社会网与基层经济生活——晋江市西滨镇跃进村案例研究》，《社会学研究》1999 年第 3 期。

[118] 张文宏：《中国的社会资本研究：概念、操作化测量和经验研究》，《江苏社会科学》2007 年第 3 期。

[119] 张五常：《佃农理论：应用于亚洲的农业和台湾的土地改革》，商

务印书馆，2000。

［120］张晓山、何耐安：《农村金融转型与创新》，山西经济出版社，2002。

［121］张新民：《农户借贷收入与中长期投入增长的不对称性》，载农业部软科学委员会办公室《农村金融与信贷政策》，中国农业出版社，2001。

［122］赵延东：《再就业中的社会资本：效用与局限》，《社会学研究》2002 年第 4 期。

［123］赵延东、罗家德：《如何测量社会资本：一个经验研究综述》，《国外社会科学》2005 年第 2 期。

［124］郑传贵：《社会资本与农村社区发展——以赣东项村为例》，学林出版社，2007。

［125］郑世忠、乔娟：《农户社会资本及其对借贷行为的影响》，《乡镇经济》2007 年第 12 期。

［126］中共中央：《关于推进农村改革发展若干重大问题的决定》，2008。

［127］中共中央：《关于全面深化改革若干重大问题的决定》，2013。

［128］中共中央、国务院：《关于做好农业和农村工作的意见》（中发〔2003〕3 号），2003。

［129］中共中央、国务院：《关于促进农民增加收入若干政策的意见》（中发〔2004〕1 号），2004。

［130］中共中央、国务院：《关于进一步加强农村工作提高农业综合生产能力若干政策的意见》（中发〔2005〕1 号），2005。

［131］中共中央、国务院：《关于推进社会主义新农村建设的若干意见》（中发〔2006〕1 号），2006。

［132］中国人民银行农户借贷情况问卷调查分析小组：《农户借贷情况问卷调查分析报告》，经济科学出版社，2009。

［133］中国人民银行、中国银行业监督管理委员会：《关于村镇银行、贷款公司、农村资金互助社、小额贷款公司有关政策的通知》（银发〔2008〕137 号），2008。

［134］中国人民银行、财政部、人力资源和社会保障部：《关于进一步改

进小额担保贷款管理积极推动创业促就业的通知》（银发〔2008〕238 号），2008。

[135] 中国人民银行、发展改革委、财政部、人力资源和社会保障部、商务部、中国银行业监督管理委员会、中国证券监督管理委员会、中国保险监督管理委员会、国家外汇管理局：《关于印发浙江省温州市金融综合改革试验区总体方案的通知》（银发〔2012〕188 号），2012。

[136] 中国人民银行农村金融服务研究小组：《中国农村金融服务报告（2008）》，中国金融出版社，2009。

[137] 中国人民银行农村金融服务研究小组：《中国农村金融服务报告（2010）》，中国金融出版社，2011。

[138] 中国人民银行农村金融服务研究小组：《中国农村金融服务报告（2012）》，中国金融出版社，2013。

[139] 中国社会科学院贫困问题研究中心课题组：《扶贫经济合作社——小额信贷扶贫模式在中国的实践》，社会科学文献出版社，2010。

[140] 中国银行业监督管理委员会：《关于调整放宽农村地区银行业金融机构准入政策更好支持社会主义新农村建设的若干意见》（银监发〔2006〕90 号），2006。

[141] 中国银行业监督管理委员会：《关于银行业金融机构大力发展农村小额贷款业务的指导意见》（银监发〔2007〕67 号），2007。

[142] 中国银行业监督管理委员会：《关于印发〈小额贷款公司改制设立村镇银行暂行规定〉的通知》（银监发〔2009〕48 号），2009。

[143] 中国银行业监督管理委员会：《关于开展工会创业小额贷款试点工作的通知》（银监发〔2009〕89 号），2009。

[144] 中国银行业监督管理委员会：《关于印发〈农户贷款管理办法〉的通知》（银监发〔2012〕50 号），2012。

[145] 中国银行业监督管理委员会办公室：《关于实施金融服务进村入社区工程的指导意见》（银监办发〔2012〕190 号），2012。

[146] 中国银行业监督管理委员会办公室：《关于实施阳光信贷工程的指导意见》（银监办发〔2012〕191 号），2012。

［147］中国银行业监督管理委员会办公室：《关于实施富民惠农金融创新工程的指导意见》（银监办发〔2012〕189 号），2012。

［148］中国银行业监督管理委员会、国家林业局：《关于林权抵押贷款的实施意见》（银监发〔2013〕32 号），2013。

［149］周红云：《社会资本与民主》，社会科学文献出版社，2011。

［150］周脉伏、徐进前：《信息成本、不完全契约与农村金融机构设置——从农户融资视角的分析》，《中国农村观察》2004 年第 5 期。

［151］周小斌、耿洁、李秉龙：《影响中国农户借贷需求的因素分析》，《浙江金融》2004 年第 8 期。

［152］周宗安：《农户信贷需求的调查与评析：以山东省为例》，《金融研究》2010 年第 2 期。

［153］朱守银：《中国农村金融市场供给和需求——以传统农区为例》，《管理科学》2003 年第 3 期。

［154］朱喜：《农户借贷的福利影响》，《统计与决策》2006 年第 10 期。

二　英文文献

［155］Adams, Dale W. "Filling the Deposit Gap in Microfinance." in Paper for the Best Practices in Savings Mobilization Conference. Washington D. C, 2002. 11.

［156］Adam Smith. "*The Wealth of Nations*", Bantam Classics, 2003.

［157］Ahmed, A., Kennedy, J. "The Effect on the Viability of Bangladeshi Farm Households of Permitting Multipurpose Institutional Credit." *Savings and Development*, 1994 XVIII, (4): 473 – 495.

［158］Counts, Alex. *Small Loans*, *Big Dreams*. New Jersey: John Wiley & Sons Inc., 2008. 84 – 97.

［159］Blau, P. M. *Exchange and Power in Social Life*. New York: John Wiley & Sons Inc, 1964. 79 – 101.

［160］Bourdieu, Pierre. Le capital social: Notes provisoires. Actes de la Recherche en Sciences Sociales, 1980, (3): 2 – 3.

［161］Bourdieu, Pierre. "The Forms of Social Capital." in Richardson *ed. Handbook of Theory and Research for the Sociology of Education.* Westport, CT: Greenwood Press, 1986. 37 - 85.

[162] Bourdieu, Pierre. *The Logic of Practice.* Cambridge: Polity Press. Stanford: Stanford University Press, 1990. 215 - 263.

[163] Carmen M. Reinhart, Jacob F. Kirkegeard, and M. Belen Sbrancia. "Financial Repression Redux". IMF Finance and Development, 2011, (6): 22 - 26.

[164] Coleman, James S. "Social Capital in the Creation of Human Capital." *American Journal of Sociology (Supplement)*, 1988, (94): 95 - 120.

[165] Cuevas, Carlos E., Graham, Douglas H. "Agricultural Lending Costs in Honduras." in Adams, Dale W., Graham, Douglas H., Vonpischke, J. D. eds. *Undermining Rural Development with Cheap Credit.* Boulder: West view Press, 1984. 96 - 103.

[166] Downes, D. A., Cragwell, R. C., Greenidge K. C. D. "A Demand Function for Private Individual Credit in Barbados." *Savings and Development*, 1998, XXII, (1): 95 - 106.

[167] Duc Truong Pham, Izumida, Y. "Rural Development Finance in Vietnam: A Microeconometric Analysis of Household Surveys." *World Development*, 2002, 30 (2): 319 - 335.

[168] Fabiyi, Y. L., Osotimehin, K. O. "An Analysis of the Impact of Credit on Rice Production: A Case Study of Ondo and Oyo States Nigeria." *Savings and Development*, 1984, VIII, (4): 351 - 361.

[169] Granovetter, Mark S. "Strength of Weak Ties." *The American Journal of Sociology* 78, 1973, (6): 1360 - 1380.

[170] George A. Akerlof. "The Market for 'Lemons': Quality Uncertainty and the Market Mechanism." *The Quarterly Journal of Economics*, 1970, Vol. 84. No. 3: 488 - 500.

[171] Woolcock, Michael. "Social Capital and Economic Development: Toward a Theoretical Synthesis and Policy Framework." *Theory and*

Society, 1998, (27): 151 – 208.

[172] Mitchell, J. C. "Social Networks." *Annual Review of Anthropology*, 1974, (3): 279 – 299.

[173] Chayanov, A. V. *The Theory of Peasant Economy*. Madison: University of Wisconsin Press, 1986. 42 – 69.

[174] Coleman, James S. *The Foundation of Social Theory*. Cambridge, MA: Belknap Press of Harvard University Press, 1990. 26 – 78.

[175] Shaw, Edward S. *Financial Deepening in Economics Development*, Oxford: Oxford University Press, 1973. 80 – 113.

[176] Gittell, Vidal. *Community Organizing: Building Social Capital as a Development Strategy*. London: Sage Publications, 1998. 92 – 143.

[177] Iqbal, F. "The Demand for Funds by Agricultural Households: Evidences from Rural India". *Journal of Development Studies*, 1983, Vol. 20, No. 1.

[178] Iqbal, F. *The Demand and Supply of Funds among Agricultucal Households in India, in Agricaltural Households Models: Application and Policy*, editors Singh, Squire and Strauss. World Bank Publication, John Hopkins University Press, Baltimore and London, 1986.

[179] Ledgerwood, Joanna. *Microfinance Handbook-An Institutional and Financial Perspective*. Washington D. C. : The World Bank, 1999. 148 – 167.

[180] Ng, Y. – K. *Welfare Economics: Introduction and Development of Basic Concept (2nd edition)* . London: Macmillan, 1983. 2 – 45.

[181] Pal, S. "Household Spectral Choice and Effective Demand for Rural Credit in India." *Applied Economics*, 2002, 34 (14): 1743 – 1755.

[182] Smith, Phil and Thurman, Eru. *A Billion Bootstraps-Microcredit, Barefoot Banking, and the Business Solution for Ending Poverty*. New York: McGraw – Hill, 2007. 44 – 57.

[183] Pischke, Adams, Donald. *Rural Financial Markets in Developing Countries*. Baltimore: The Johns Hopkins University Press, 1987. 160 – 199.

[184] Pitt, M. , Khandker. "The Impact of Group – based Credit Programs

on Poor Household in Bangladesh: Does the Gender of Participants Matter? . " *Journal of Political Economics*, 1998, (5): 958 – 996.

[185] Popkin, S. *The Rational Peasant: the Political Economy of Rural Society in Vietnam.* Berkeley: University of California Press, 1979. 287 – 300.

[186] Ports, Alejandro. "Social Capital: Its Origins and Applications in Modern Sociology. " *Annual Review of Sociology*, 1998, (24): 1 – 24.

[187] Putnam, Robert D. *Making Democracy Work: Civic Traditions in Modern Italy.* New Jersey: Princeton University Press, 1993. 62 – 113.

[188] Putnam, Robert D. *Bowling Alone: The Collapse and Revival of American Communication.* New York, London, Toronto, Sydney, Singapore: Simon & Schuster, 2000. 78 – 145.

[189] Mckinnon, Ronald I. *The Order of Economic Liberalization: Financial Control in the Transition to a Market Economy.* Baltimore: The Johns Hopkins University Press, 1991. 11.

[190] Mckinnon, Ronald I. *Money and Capital in Economics Development.* Washington D. C. : Bookings Institute, 1973. 68 – 89.

[191] Scott, John. *Social Network Analysis: A Handbook.* London: Sage Publications, 1991. 78 – 94.

附 录

附录1 农户借贷行为调查问卷

一 基本情况

101. 您的性别：（ ）

　　1. 男　　　　　　　　2. 女

102. 您现在的年龄是：_____岁

103. 您是否户主？（ ）

　　1. 是　　　　　　　　2. 否（请注明您和户主的关系）_____

104. 您本人的文化程度：（ ）

　　1. 不识字或识字很少　　2. 小学　　　　　3. 初中

　　4. 高中、职高、中专、技校　　5. 大专　　　　6. 本科及以上

105. 您的户口类型：（ ）

　　1. 农业户口　　　　　2. 非农户口　　　　3. 其他类型

106. 您的户籍所在地是哪里：

　　1.（江西省）_____市_____县（区）

　　2.（外省）_____省_____市_____县（区）

107. 您主要从事的行业是：（ ）

　　1. 农业耕地　　　　　2. 林业种植　　　　3. 畜牧养殖

　　4. 水产渔业　　　　　5. 农副产品加工　　6. 制造型企业

7. 商业型企业　　　8. 其他（请注明）_____

108. 和您现在共同居住的家庭人口数：_____人

其中：1. 家庭中 16～59 周岁有劳动能力的人数（不包括在校学生）：_____人

2. 如果您是已婚者，请问您有几个孩子：_____个

109. 您家的耕地现在由谁来耕种？（　）

1. 由自己/家人耕种　　2. 由他人代为耕种　　3. 租给他人耕种

4. 无人耕种　　　　　5. 全部/部分土地被征用

6. 未曾有耕地

110. 如果有耕地，您家里有耕地有多少亩？_____亩。（如果没有耕地，请填 0）

111. 2013 年和您共同生活在一起的家庭成员的全部一年总收入大概是多少？_____元。其中，外出务工挣钱多少？_____元；种地挣钱多少？_____元。

112. 2013 年和您共同生活在一起的家庭成员的全部一年总支出大概是多少？_____元。

二　借贷相关情况

201. 您借来的钱主要用来做什么？（　）（请按优先次序，最多选三项）

1. 看病就医　　　　2. 红白喜事　　　　3. 买农具、化肥

4. 扩大农业生产　　5. 生意投资　　　　6. 盖房子买房子装修

7. 吃穿住行　　　　8. 小孩读书　　　　9. 买卖股票

10. 其他

202. 您最近这三年都找谁借过钱？（　）（可多选）

1. 三代以内的亲戚圈　　　　2. 邻里、熟人、朋友圈

3. 地下钱庄等民间借贷者　　4. 银行、信用社等正规金融机构

5. 担保中心等政府组织

203. 您最近三年总共借过_____元，其中向亲戚、朋友借钱，大概借_____元；其中向银行或政府组织申请贷款，大概借_____元。

204. 您向亲戚、朋友借钱时，您需要请对方吃饭或是赠送礼物吗？（　）

　　　1. 一直都需要　　　2. 大部分时候需要　　　3. 大部分时候不需要

　　　4. 从来都不需要

205. 您向银行或政府组织申请贷款时，您需要请客吃饭走关系吗？（　）

　　　1. 一直都需要　　　2. 大部分时候需要　　　3. 大部分时候不需要

　　　4. 从来都不需要

206. 借钱时，如果需要担保的话，为您做担保的主要是哪些人？（　）

　　　（最多选两项）

　　　1. 亲戚中有声望地位的人　　　　　　2. 亲戚中有钱的人

　　　3. 亲戚中在学校或是企事业单位工作的人

　　　4. 村干部等当地政府部门工作人员

　　　5. 其他（请说明）＿＿＿＿＿＿

207. 借钱时，如果需要抵押的话，一般拿什么来抵押？（　）（最多选两项）

　　　1. 房产　　　　2. 存折　　　　3. 土地　　　　4. 身份证件

　　　5. 其他（请说明）＿＿＿＿＿＿

208. 您一般都能做到按时还钱吗？（　）

　　　1. 是　　　　　　2. 否

三　社会关系对您借贷行为的影响

301. 您是否能够获得有效的借贷机会？（　）

　　　1. 是　　　　　　2. 否

302. 您和帮助您借到钱的关系人是什么关系？（　）

　　　1. 家人　　　　2. 亲戚　　　　3. 朋友　　　　4. 同乡

　　　5. 同学　　　　6. 邻居　　　　7. 师徒　　　　8. 同事

　　　9. 生意/合伙人　10. 熟人　　　11. 其他（请注明）＿＿＿＿＿

303. 您和帮助您借到钱的关系人认识了多长时间？（　）

　　　1. 刚刚认识　　2. 有一段时间　　3. 较长时间

　　　4. 很长时间　　5. 相当长时间

304. 您和帮助您借到钱的关系人感情怎么样？（　）

　　　1. 非常深　　2. 比较深　　3. 一般　　4. 比较浅　　5. 非常浅

305. 您和帮助您借到钱的关系人平常联系多不多？（　）

　　1. 经常　　　2. 有时　　　3. 偶尔　　　4. 很少　　　5. 极少（几乎不联系）

306. 您和帮助您借到钱的关系人相互之间的帮助大不大？（　）

　　1. 非常大　　　2. 比较大　　　3. 一般　　　4. 比较小　　　5. 非常小

307. 您经常来往的亲戚数量大概是多少？（　）

　　1. 5 家及以下　　　　　　2. 6 ~ 10 家　　　　　　　　3. 11 家以上

308. 您是否更容易从经常走往的亲戚那里借到钱？（　）

　　1. 容易得多　　　　　　2. 比较容易　　　　　　　3. 一般

　　4. 反而比较困难　　　　5. 困难得多

309. 您从经常走往的亲戚那里借钱是否更注意按时还钱？（　）

　　1. 按时还钱　　　　　　2. 大多数时候按时　　　3. 一般

　　4. 反而有时可以拖欠　　5. 经常拖欠

310. 您和亲戚之间的信任程度？（　）

　　1. 非常信任　　　　　　2. 信任　　　　　　　　　3. 一般

　　4. 不信任　　　　　　　5. 非常不信任

311. 您是否更容易从信任度较高的亲戚那里借到钱？（　）

　　1. 容易得多　　　　　　2. 比较容易　　　　　　　3. 一般

　　4. 反而比较困难　　　　5. 困难得多

312. 从信任度较高的亲戚那里借到的钱您是否会更注意按时还？（　）

　　1. 按时还钱　　　　　　2. 大多数时候按时　　　3. 一般

　　4. 反而有时可以拖欠　　5. 经常拖欠

313. 您和邻居之间的信任和睦程度？（　）

　　1. 非常信任且非常和睦　　2. 比较信任且比较和睦　　3. 一般

　　4. 不信任且不和睦　　　　5. 非常不信任和关系紧张

314. 您和邻居之间的信任及和睦是否会有助于您借到钱？（　）

　　1. 帮助非常大　　　　　2. 有较大帮助　　　　　　3. 一般

　　4. 没什么帮助　　　　　5. 完全没帮助

315. 您和邻居之间的信任及和睦是否会约束您、促使您按时还钱？（　）

　　1. 约束力很大　　　　　2. 有一定约束力　　　　　3. 一般

　　4. 没什么约束力　　　　5. 完全没有约束力

316. 请在您家亲戚和朋友主要从事的职业后面打"√"，并请在您自己从事的职业后面打"○"。

商人 [ ]	大学老师 [ ]	中小学老师 [ ]	村/乡镇干部 [ ]	医生 [ ]	旅店、餐馆服 务人员[ ]
公务员 [ ]	护士 [ ]	科学研究 人员[ ]	私营老板 [ ]	牧民 [ ]	行政办事人员 [ ]
会计 [ ]	司机 [ ]	法律专业人员 [ ]	农民 [ ]	保姆 [ ]	企事业单位 领导[ ]
打工的农民工 [ ]	厨师 [ ]	警察 [ ]	稳定工作的 工人[ ]	工程技术人员 [ ]	渔民 [ ]

317. 以上联系人是否对您借钱有帮助？（　）

    1. 帮助非常大　　　　　2. 有较大帮助　　　　　3. 一般

    4. 没什么帮助　　　　　5. 完全没帮助

318. 在村里，乡亲们对您的诚信评价如何？（　）

    1. 非常好　　　　　　　2. 好　　　　　　　　　3. 一般

    4. 不好　　　　　　　　5. 非常不好

319. 乡亲们对您的评价是否会影响到您借钱？（　）

    1. 影响非常大　　　　　2. 有一定影响　　　　　3. 一般

    4. 没什么影响　　　　　5. 完全没影响

320. 乡亲们对您的评价是否会约束您、促使您按时还钱？（　）

    1. 约束力很大　　　　　2. 有一定约束力　　　　3. 一般

    4. 没什么约束力　　　　5. 完全没有约束力

321. 您认为男性是否会更容易借到钱？（　）

    1. 容易得多　　　　　　2. 比较容易　　　　　　3. 一般

    4. 反而比较困难　　　　5. 困难得多

322. 您是否加入了农民专业合作社（或类似的组织）？（　）

    1. 是　　　　　　　　　2. 否

323. 您认为加入农民专业合作社是否会有助于借到钱？（　）

    1. 帮助非常大　　　　　2. 有较大帮助　　　　　3. 一般

    4. 没什么帮助　　　　　5. 完全没帮助

324. 您认为加入农民专业合作社是否会约束并促使按时还钱？（　）

    1. 约束力很大　　　　　2. 有一定约束力　　　　3. 一般

    4. 没什么约束力　　　　5. 完全没有约束力

325. 您在农村信用社（农村商业银行）的信用评级是几级？（　）

    1. 没有评级　　　　　　2. 一级　　　　　　　　3. 二级

    4. 三级　　　　　　　　5. 四级

326. 您是否从银行（如农信社等）或相关政府组织贷过款？（　）

    1. 是　　　　　　　　　2. 否

327. 您认为与银行或政府组织建立关系是否有助于获得更多贷款机会？（　）

    1. 帮助非常大　　　　　2. 有较大帮助　　　　　3. 一般

    4. 没什么帮助　　　　　5. 完全没帮助

328. 您认为与银行或政府组织建立关系是否会约束并促使按时还款？（　）

    1. 约束力非常大　　　　2. 有一定约束力　　　　3. 一般

    4. 没什么约束力　　　　5. 完全没有约束力

329. 您是否加入过农户联保小组？（　）

    1. 是　　　　　　　　　2. 否

330. 您认为加入农户联保小组是否有助于获得更多贷款机会？（　）

    1. 帮助非常大　　　　　2. 有较大帮助　　　　　3. 一般

    4. 没什么帮助　　　　　5. 完全没帮助

331. 您认为加入农户联保小组是否会约束并促使按时还款？（　）

    1. 约束力非常大　　　　2. 有一定约束力　　　　3. 一般

    4. 没什么约束力　　　　5. 完全没有约束力

332. 您是否党员？（　）

    1. 是　　　　　　　　　2. 否

333. 您是否村干部或在乡镇政府机构工作？（　）

    1. 是　　　　　　　　　2. 否

334. 您认为党员或村干部身份是否对借钱有帮助？（　）

    1. 帮助非常大　　　　　2. 有较大帮助　　　　　3. 一般

    4. 没什么帮助　　　　　5. 完全没帮助

335. 您认为党员或村干部身份是否会约束并督促按时还钱？（　）

    1. 约束力很大　　　　2. 有一定约束力　　　　3. 一般

    4. 没什么约束力　　　5. 完全没有约束力

336. 您认为按时还钱提高了您的信誉度，并有助于下一次借钱？（　）

    1. 非常同意　　　　　2. 比较同意　　　　　　3. 一般

    4. 不太同意　　　　　5. 根本不同意

四　借贷之后产生的福利效果

注：请根据您获得贷款（借到钱）后一年内的情况填写下列问题。

401. 您借钱获得的资金，是否直接或间接地对您的家庭纯收入增加有帮助？（　）

    1. 帮助非常大　　　　2. 有较大帮助　　　　　3. 一般

    4. 没什么帮助　　　　5. 完全没帮助

402. 您借钱获得的资金，是否有助于扩大生产规模？（　）

    1. 帮助非常大　　　　2. 有较大帮助　　　　　3. 一般

    4. 没什么帮助　　　　5. 完全没帮助

403. 您借钱获得的资金，是否有助于提高您的消费水平？（　）

    1. 帮助非常大　　　　2. 有较大帮助　　　　　3. 一般

    4. 没什么帮助　　　　5. 完全没帮助

404. 通过借得的资金运作，您的家庭成员对生活质量的满意度是否有所提高？（　）

    1. 有很大程度提高　　2. 有一定提高　　　　　3. 一般

    4. 没有提高　　　　　5. 完全没有提高

附录2　访谈案例

一　南昌县塔城乡青岚村

青岚村是典型的"386199"村，村里的年轻人基本上都到外省务工或是做生意去了。"386199"数字的意义，"38"援引自妇女节，指"妇女"；"61"援引自六一儿童节，指"儿童"；"99"即九十九岁，指"老人"。三个数字连在一起即"妇女儿童老人"。现在留守在村里的80%是妇女，年龄基本都在50岁以上。2008年的国际金融危机，有一批外出务工人员回到了村里。为了帮助他们能够在自己的家乡开创人生事业的"第二春"，乡团委还成立了返乡农民工创业基地，促成了四五家工业类、服务业类企业的建成，比如纺织厂、炼油厂。危机过后，这些当初回到村里的农民工重新外出务工，有一部分留下来创业或是在附近的小兰工业园就业。

（一）农民合作社社长胡某

胡某是当地最大的农民专业合作社的社长，他的合作社主要是蔬菜大棚。他大棚里的蔬菜每天供应到南昌的各大超市，年收入30万～40万元。蔬菜大棚占地几百亩，横跨了当地三个村委会。合作社有固定员工100多名，都是这几个村的村民，都是按月结算工资。农忙时节，合作社也会雇佣临时工，按天结算工资。

最早的时候，胡某在江苏一带做建材生意。2008年国际金融危机，对他的建材生意冲击不小。同一时期，他的孩子读书户口又有些问题，于是他们一家回到了青岚村。不断扩大的蔬菜大棚规模促生了胡某下一步发展农家乐的想法。

关于借贷：1987年前后，还在外地做生意的胡某曾经借过高利贷，采取"白纸黑字"立字据的形式作为借贷凭证，年息3分（3%），不需要任何抵押担保物。蔬菜大棚专业合作社成立的原始资本积累靠的是胡某早年做建材生意赚的钱。当初回来创业的时候，乡里也给了一些扶持资金。2009年初建时，资金并不是很充足，蔬菜基地规模很小。在不断扩大规模的过程中，借贷需求也逐年递增，但由于农村房屋和土地产权受限，胡某在银行很难申请到贷款。平常的借贷基本靠生意往来多年建立起来的朋友关系，不需要立字据，口头约定还款时间，一般不需要支付利息。但若借贷金额过大（如上百万元），可能需要支付一定的利息。

（二）青岚村原村主任胡某

胡某今年58岁，是青岚村任职34年的村主任，去年年底刚退休，村里人人尊敬他。家里九姊妹，他排行老二。他的妻子家里五姊妹。胡某和妻子育有一子,在南昌市某餐厅做采购工作。胡某的父亲和老丈人都曾是青岚村村委会(大队)书记。村委会的干部一年的工资大概一万元。村委会包括很多下属的自然村,这些自然村的组长工资更低,一年只有2600元。所以,村里的干部也需要在家种田补贴家用。

关于借贷:胡某提到,之前村里曾经以村委会的名义做担保,为一些村民争取了国家扶持性贷款,目前还剩一部分呆坏账无法偿还。早前村里还筹建过促进会,建设资金靠上级部门拨款和村委会平时的积累共同构成。当时,村民每人一年可以向促进会借贷几百块钱,作为购买化肥农药的应急,要求当年借当年必须还。但是,由于运作不佳,很多借钱的村民不能按时还钱或是无力偿还,这个促进会现在已经不存在了。被问及我省的政府担保小额贷款时,胡某提到村干部不属于公务员,不可以做反担保人。胡某说,他任村主任时,很少有村民因为彼此之间借钱不还而产生矛盾纠纷的情况。因为村民之间对彼此的经济状况十分了解,借钱大多也都是为了应一时之急。胡某本人也没有向银行贷过款,偶有需要用钱时,首选也是向亲戚朋友借。

(三)村民万氏

万氏今年75岁,蔬菜大棚合作社社长胡某的母亲。她没有读过一天书,全文盲。万氏生养了8个儿子,目前还在世的是胡某和他哥哥。如今,她和80岁的老伴、16岁的孙女生活在一起,家里分到的地大部分给胡某用作蔬菜大棚种植。剩下少量的地自己耕种用来维持基本的饮食,孙女已经外出务工。万氏由两个儿子一同供养。万氏与她的亲妹妹经常走往。其余的堂表亲都不在南昌,基本不走往。

关于借贷:这两年,万氏看病支出了几千元,借钱的主要目的就是看病。

(四)村民陈氏

陈氏今年50岁,蔬菜大棚合作社社长胡某的堂弟媳(陈氏称万氏大妈),小学文化。陈氏以农耕为生,和丈夫、两个儿子、两个儿媳、一个孙女、婆婆生活在一起。她加入了胡某的蔬菜合作社,主要工作是种地。她自己家有6亩地。全家一年年收入总计2万~3万元。去年家庭成员外出务工亏了4万多元,所以今年的收入最多也就是自给自足,无法补贴家里（一人一年1万元左右）。她在合作社的种地工作年收入约4000多元。

关于借贷：去年丈夫摔伤了腿，医药费就花去了6万~7万元，今年大儿子又办喜事，她不得不向亲戚朋友借了15万元，分两批借，去年8万元，今年7万元。提到江西省的政府担保小额贷款万氏有些激动，她说她未曾获得小额贷款，但是在一次应付记者采访的过程中，她被当地政府要求谎称她获得了这项免息贷款。

二 丰城市小港镇竹林村

（一）村小学老师张老师

张老师是竹林村村小学的老师，与丈夫和孩子生活在一起。

关于借贷：由于农村的房屋没有产权，向在县城有房产的亲戚朋友借房产证用于申请银行的抵押贷款是比较常见的，但是作为一项重要的不动产证件，亲戚朋友也不会随意将房产证转借。住在北头村的妹妹向银行申请贷款时就借用了她家的房产证。张老师的妹妹在经营厨房卫浴店，行业竞争激烈，投入资金短期难以回笼，银行规定的一年还款期限太短。

去年，她以合伙经营的形式申请了当地人社部门的小额担保贷款，贷款金额20万元。她说，这项政策贷款虽然免除利息，但手续比较复杂，申请门槛也比较高，包括抵押物的要求、担保人身份的要求等。相比较向亲戚朋友借钱，她反而更愿意向银行借贷，因为觉得欠人情很麻烦。地下钱庄借贷她也听说过，但是认为风险很大，一般不敢借贷。

（二）文明信用农户袁某

袁某没上过学，几乎不识字，是村里的养殖大户，更重要的是他是文明信用农户中的"一级信用户"，并被评选为"诚实守信好人"。他曾代表丰城市到宜春市受表彰。他今年50岁了，种地、养鸭，同时养鱼，耕种规模大约60~70亩，每年养鸭15000只左右，拥有40~50亩鱼塘。袁某实现了种养一体化，自己还买了收割机。2013年一年的纯收入能达到20万元。

和袁某一起生活的有他的父母、老婆、儿子、媳妇和3岁的孙子，女儿已经出嫁。儿子媳妇在赣州打工，他们的收入也只是够负担自己的支出。

关于借贷：袁某夫妇俩结婚几十年来一直向信用社借贷。他回忆道，最早的时候，是农信社的信贷员骑着自行车走村串户发放贷款。他们的第一笔借贷产生于20世纪80年代，他向农信社借贷了300元，此后逐笔逐次渐渐增多。

较早开始的借贷经历和良好的还贷记录为袁某建立了良好的信誉度，这与袁某借贷的主要目的都是为了扩大再生产也有关系。因为信用等级高，袁某的单次借贷金额可达十几万元，银行实行一年还本、一季度还一次息的形式。对一个农民来说，单次十几万元的借贷额是很大的，但是他从来不贪心，按需要申请贷款。但是如此大的借贷额度也引起了别人的羡慕，曾经有人利用他的额度向银行借贷，后来无法按时还贷。为了不影响自己在银行的信誉度，他立刻用自己的钱垫付还贷。他认为，这么多年靠一点一滴建立起来的诚信度是无价的，一旦破坏了，很难修补，所以即使砸锅卖铁他也要把钱还上。袁某说，到目前为止，还有人利用他的额度在银行借贷未还，他代为偿还之后，借贷人依然欠款未还。

（三）竹林村村委会宣传委员

竹林村村委会宣传委员拥有"政府正式工作人员"的身份，利用这个身份做担保，他的父母获得了政府的小额贴息贷款。他给父母做担保的初衷并不是纯粹想要争取贷款，而是因为他的"身份优势"带来的麻烦。很多乡里乡亲为了申请政府的小额担保贷款找他做担保人，他在"关系"的问题上摆不平，所以干脆为自己的父母做担保人。因为江西省的小额担保贷款政策政策上不允许重复担保，即不可以同时为两笔贴息贷款做担保人。这样，他就有理由拒绝其他乡亲的担保要求。

关于借贷：据这位宣传委员说，不同级别的干部可以担保的贴息贷款额度不同。因为他们把这个叫作"帽子的价值"，科级干部的"帽子"价值20万元（有息贷款）。

（四）竹林村村支书余书记

余书记的几个儿子都在外面经商或是打工。家里的地不多，自己耕种，收获仅作为自家食物。村支书一年的工资也不过1万元。

关于借贷：2001年余书记的小儿子在镇上的劳动保障事务所申请了某银行的支农小额贷款，需要担保也需要支付利息。当时他找了当老师的亲戚做担保，成功借得 3 万元。但整个过程不只正当办理手续十分烦琐，而且需要请客吃饭。

（五）竹林村村委会主任蔡主任

蔡主任来自竹林村十几个自然村之中的蔡家自然村。

关于借贷：2001 年，蔡主任需要购买一辆价值 40 万元的车用来自己跑运输，于是向当地的农村信用社贷款了 5 万元。跑了两年运输之后，他出了车祸就回到了村里。由于当年借贷这 5 万元时，利用的是与农信社内部工作人员的熟人关系，所以没有严格按照公务员担保的规定条例执行，随意找人做的担保。在向农信社借钱的同时，蔡主任也向亲戚们借了钱，这些年他逐笔将这些熟人欠款还清。但欠银行的 5 万元就成了一笔久拖未还的坏账，一直拖到去年才还清。也因为如此，他在银行的信贷记录有了诚信污点。如今他买房需要申请贷款也受到影响。最近几年之内，他都无法再向信用社申请贷款。

（六）竹林村村委会妇女主任张燕老师

张燕老师天生一副笑脸相，完全看不出已经 40 岁。她既是竹林村的村委会妇女主任，又是村小学的老师。村里人都亲切地称呼她"燕子老师"。张老师性格开朗、知足常乐，金钱观念比较淡，更看重亲戚关系和朋友关系。她很相信老公，老公赚来的钱都上交给她，花了多少钱也会告诉她。

张老师一家四口，女儿已出嫁，儿子在丰城二中读高三。老公常年在外打工，从事装修行业，平均月收入 6000～7000 元。儿子每月开销在 1000～1500 元，女儿已经不再向家里要钱。张老师之前在小学做代课老师，每月收入 400 元。张老师把两边亲戚关系都处理得很好，公婆关系也相处得很好。即便是在家里负债的时候，她仍然坚持给公婆买社保。所以，公婆也很支持她，希望她能够通过考试成为正式老师。为了让她好好复习考试，都不用她做家务。张老师去年参加了一次考试但面试没过，今年在她 40 岁之前抓住了最后一次机会考上了。现在每月有 2000 元工资收入。

关于借贷：2011 年家里开始盖房子。房子有三层，已经装修了其中一层，目前已经支出 27 万元左右。前几年收割机宣传得很好，所以他们家也买了收割机。买收割机总共用了21.7万元，其中：国家补贴2万~3万元，卖方给予了一部分贷款，他们向亲戚朋友借了7万~8万元（向自己的朋友、老公的朋友借的部分还多一些，一般不向亲戚借），以收割机作为抵押到当地的农村信用社贷款5万元。收割机经常坏，维修需要大量经费。尤其是抢收的时候，机器往往是拉到田上才坏，发生故障之后几个小时都修不好，误时误事。

现在家里的负债主要来源于收割机。收割晚稻的时候，一般会再雇佣一个人。收晚稻还可以等，双抢的日子时间紧，天气太热又请不到人，别人家的田地不可能都等着她家的机器来收。当时购买收割机时，听到宣传一亩地收割只需要7分钟，没有考虑到挂袋收袋等其他时间以及维修的费用。收割机带来的收入（50元/亩）仅够支付维修的费用和偿还一个季度1800元左右的利息。但张老师他们家这几年还是都做到了按时还息，只是本金尚有欠款。

张老师家欠亲戚朋友的钱基本已经还清。她和学校的老师相处也很好，有要好的同事（老师）说她家还没有盖房子，如果燕子老师家里紧张，可以随时找她借钱。据张老师说，家里附近的全农户一般不会有借贷需求。

（七）竹林村村委会会计黄会计

黄会计今年68岁，五代同堂，和90岁的老母亲生活在一起。

他利用家里的一楼开了老年棋牌室，里面摆着几张三人桌和四人桌的电子洗牌麻将桌。麻将桌成本价2000多元一张，对来这里玩的老人收取每人每次10元的费用。开棋牌室的这栋是大儿子的房子，有三层。隔壁是小儿子的房子。大儿子和儿媳在外跑运输（浙江—上海），育有一子一女，儿子在外打工，女儿已经出嫁；二儿子和儿媳在广西搞装修，育有两子，一个在外打工，一个还在读初中。孙媳妇和孙子是在网上谈恋爱结婚的，一个在江西，一个在深圳打工。两个重孙，大的三岁在家里，小的跟着母亲（孙媳妇，湖南人）回娘家去了。

黄会计家办喜事没有借过钱。他说，娶孙媳妇没有花多少钱，办酒席不超过5万元。因为她家是外地的，没有这样的规矩，只花了2.6万元，这些钱后来对方家里还全部返还了。如果是在当地，无论是通过媒人说来的还是自由恋爱谈来的媳妇，办喜事的平均花费需要 15 万元，其中包括 10 万元的礼金。但是，娶二儿媳（当地人）也没有花多少钱。因为媳妇的娘家没有提要求，只用了 2000 元，低于当时均价的 1 万元。娶大儿媳就更加便宜，只用了 600 元。

关于借贷：2008 年（或 2009 年，此处录音不清晰）大儿子向信用社借过 3 万元，用来买跑长途的货车。由于之后他们的运输生意一直不太好，孙子要娶媳妇、还要盖房子等陆陆续续的开销很大，所以这笔钱到现在还没有还。被农信社催缴过还款，但是家里实在拿不出钱。买货车总共花了约 16 万元，几乎没有赚到钱。2011 年后，就由跑长途改为跑上海和浙江之间的短途。短途一年收入 10 万元，比长途要好。收入相对稳定后，大儿子就开始娶媳妇盖房子。他们向亲戚朋友借过 5 万 ~ 6 万元，用于盖房。门、窗、地砖、橱子等都是亲戚朋友提供的，有些以低于成本价供货，有些干脆直接赠送。盖房共花了 30 万元不到。因为孙媳妇是湖南人，黄会计要求装修必须一次完成，不然孙媳妇的娘家人会觉得他家很穷，看不起他们家。地砖是从侄女的店里拿来的，要多少直接送多少。至于欠农信社那 3 万元，黄家准备明年把本金和利息一次还清。

黄家看病没有出现过需要借钱的情况，他们的家庭收入情况在村里还是属于中上等的。作为村委会的会计，老黄一年的工资约有 1 万元。儿子每月汇 500 元来用于补贴父母（父母帮忙带孩子）。孙子上幼儿园每学期需要花费 1500 多元。

黄会计这一辈有七姊妹，其中三个轮流照顾 90 岁的老母亲。每家轮流照顾一个月时间。

老黄说，普通的农民很难享受到国家的政策性贷款，想要拿张小额贷款的申请表都很困难。

三　婺源县江湾镇

（一）液化气站站主龚某

龚某今年 37 岁，是江湾镇农信社的小额农贷一级信用评级户。龚某最初是开小卖部的，后来慢慢做大转为给村民送液化气。那时候，农村还没有开始使用燃气，以烧柴火为主。第一年刚开始做的时候，销售状况并不好，用的人很少。他去液化气站购进液化气，再送到村民家中。一次可以运 20 多瓶，附近的地区就骑车运送。一罐气 105 元，上门送气费 5 元，净利润随季节波动。现在生意做大，购置了液化气机器，自己的店铺可以直接生产液化气，所以扩大了送气范围。龚某开店已有 10 年了，自家的地一般是自家人耕种，用来满足日常的生活。妻子全职在家带孩子，他们共同育有一个孩子，还有一个 63 岁的母亲共同生活在一起。龚某全家一年的总支出，主要是购买化肥及一些日常开支，蔬菜出自自家的地里，做饭只需要再买些肉即可。生活上的开销很低，偶尔买家电。孩子念书的杂费大概每年 3000 元。

关于借贷：龚某属于较早开始在农信社贷款的农户之一。他从来都按时还款，凭借自己良好的借贷信誉从最末一级升级到现在的最高一级，可贷款金额也从 2 万元、5 万元、10 万元升级到现在的 20 万元。现在农信社的"控制余额、循环借贷"方式很方便，尤其是他们这些信用等级很高的评级户，手续还要更简单一些。

龚某借贷的主要目的是做生意和买房子。当年他刚从学校毕业，出外打工挣了一些钱，回到家乡开始做小生意。那时候他不认识什么公务员，也没有任何抵押物，信用社的支农信贷给了他很大的帮助。他认为，信用社的支农信贷是最方便最合适农村市场的。

龚某说，1997 年，农信社允许使用存折担保贷款。他从亲戚那里借来存折作为担保，押给信用社获得了贷款。那时候的正规金融里，只有农信社一家银行在农村地区网点覆盖最全。龚某从来没有向亲戚借过钱，从第一笔借贷开始就只是单纯地与农信社发生关系。因为当时亲戚的钱也很有限，他们都把余钱定期存在银行里，不方便取出借给他。

龚某也曾经借贷过靠房产抵押获得的商业贷款，现已还清。商业贷款没有他现在享受的小额农贷方便，还款之后如需再次借贷还要重新评估、递交材料，手续相当烦琐。但是小额农贷，随时需要可以随时拿到贷款，也可以随时归还贷款。

龚某说，如果碰到生意上急需周转资金，他会向生意上的合伙人短期借钱。他还有一个哥哥。但是龚某一般不会找亲戚借钱。尤其是有了随贷随还的小额信贷（月息是 0.6% 多），龚某觉得很方便。现在在农信社定级时会使用房产，作为一个考评还贷能力的评判标准。因此，现在已经有房子的龚某用房产抵押也可以贷到款，不愿意"欠人情债"的龚某至今没有尝试找过亲戚中有一定社会地位的人帮助担保进行贷款。

龚某向我们介绍，农信社的信用评级分四大级，每级分三等。就贷款金额来说，一级第一等（简称"一等一"）20万元，一等二10万元，一等三5万元；二级5万~10万元；三级5万元以下；四级2万元以下。

（二）茶叶店店主龚某

龚某，小学文化，是江湾镇农信社的小额农贷三级信用评级户，前年之后没有再升级。他经营茶叶店十年了。一家四口生活在一起，妻子、母亲以及一个20岁的孩子。他没有外出务工经历。家里的地给别人种了，不收租金，相当于请人帮忙养地。

关于借贷：早年到农信社贷款是为了扩大店面，已经还清。从来没有向亲戚朋友、生意合伙人借过钱。曾经加入过农行的三户联保小组，但是没有作为小组成员享受过贷款。

（三）徽砚商余某

余某，经营砚台店。

关于借贷：不认识政府官员，是江湾镇农信社的小额农贷信用评级户。

四 靖安县香田乡

靖安县的香田乡集中了很多养猪专业户。

（一）养猪专业户陈某

关于借贷：陈某说，农信社的授信很快，去银行直接可以取钱。办理过程所需时间很短、效率很高，就像是拿自己家里的钱。陈某认为，这年头做人很难，在亲戚朋友之间借钱，如果不是自己很有经济实力很有信誉度，借钱相当困难。向银行贷款不需要欠人情债，该还钱的时候直接还给银行。小额农贷对他的帮助确实很大。

陈某也提到，农民的房屋属于集体财产，房管局不能进行评估，所以信用社无法将他们的房子认定作为抵押品。

（二）家具店店主陈某

陈某在南昌无线电学校中专毕业后，外出打工，回来后自己创业，在香田乡开店卖窗帘、卖家具。

关于借贷：由于这两个月需要囤货，资金周转不灵。陈某说，现在发货少于 1000 元都不发，都要求先看见存折上的钱再发货。因此，他想要多申请一些贷款，其中就包括人社部门的政府担保小额免息贷款。但是这项政策性贷款需要找事业单位工作人员做担保，他们全家都在农村，找符合条件的担保人很难。他还提到，这种免息贷款和农信社的小额农贷不能同时享受，只能选择其一。

（三）养猪专业户徐某

徐某来自渔桥村，经营养殖种植业。他有 200 头猪，几十亩苗木，一年的毛收入 10 多万元。

关于借贷：徐某第一年申办免息贷款 5 万元。由于国家调整政策，他四月交申请表到十一月才放贷。他希望下次申请时，放贷时间能够缩短。

（四）椪柑种植户陈某

陈某种植了十几亩椪柑。今年一般，不算大年也不算小年。因为天气干旱，结果较小，但是更甜。

关于借贷：他享受了人社部门的免息贷款 5 万元。陈某属于有实力还款的一群人，但是他也提到不能同时享受人社部门的政策性贷款和金融机构的小额农贷。

（五）种养殖户晏某

晏某来自吉洛村，既种植椪柑，也养殖生猪。他种植了近 800 棵椪柑，以养猪为主，一年毛收入 20 多万元。

关于借贷：晏某从 1997 年开始在农信社借贷。起初借贷金额只有5000 元，现在最高可以借贷 5 万元。他的种养殖规模越来越大，觉得钱始终不够用。希望能够继续提高借贷金额上限。

（六）养猪专业户陈某

陈某是红岗村的养猪专业户，从 2005 年开始养猪，白手起家。乡里乡亲对他的为人比较肯定，他被评定为文明信用户。在他们村农户被分为"高德、良德、欠德"三个信用等级，他是"高德户"。他的养猪场占地400 多平方米，养了 200 多头猪，其中母猪 20 头，属于中小型养殖户。一头猪的毛收入大概 500 元。

　　关于借贷：陈某希望能够提高贷款额度。5 万元贷款对中型养殖户确实远远不够。农村房屋属于集体财产，不能用于抵押。即使为厂房办了房产证还是不能贷款，因为没有土地证。

（七）杨梅种植户周某

　　周某所在的黄龙村盛产杨梅。他也是杨梅种植户之一。他有 300 多亩苗木地，杨梅园占地 25 亩左右。周某说，做苗木行业不同于养猪，生产周期长很多。杨梅采摘之后零售是几乎没有利润的，只有以"自由采果"为项目才能赚到钱。他有 10 亩杨梅，丰产期要 7~8 年，准备来年 6 月 10 号卖。

　　关于借贷：他希望无论是农信社还是担保中心，都能延长借贷合同时间，希望银行支持，把产业做大。资金最快回笼期是 3 年。杨梅不够卖，供不应求，他希望扩大规模，结合旅游做大产业。

附录 3　农户社会资本类型说明

　　本书第 3 章、第 5 章和第 6 章均涉及社会资本的类型分析，基于不同研究侧重点的需要，分类的方式和名称各异。其中第 3 章，我们把农村社会资本分为直接型社会资本（也作网络型、显现型社会资本）和间接型社会资本（也作资源型、隐性型社会资本）；第 5 章分为宗族型社会资本、乡土型社会资本、社团型社会资本、法理型社会资本、口碑型社会资本和身份型社会资本；第 6 章分为关系型社会和组织型社会资本。其实它们涵盖的内容主体是一致的，为避免歧义，用附图 1 进行说明。

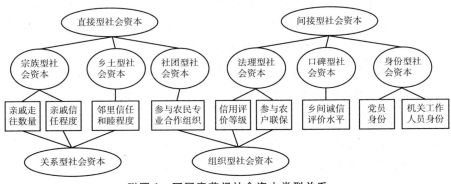

附图 1　不同章节间社会资本类型关系

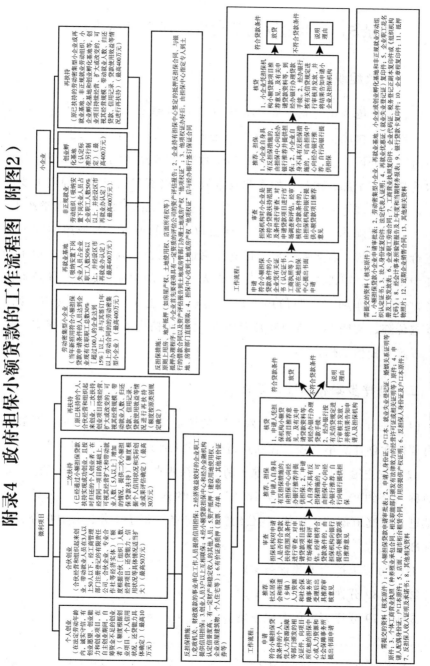

附图 2 政府担保小额贷款工作流程图

附录5　江西省文明信用农户评定具体办法①

一　评议组织

以村为单位，在村党支部和驻村（片）乡镇干部的组织指导下，通过村民自荐、村民代表举荐和村组织推荐，经村民小组"海选"产生评议员组成村公评公议会（人员总数为奇数）。评议员由正直有威望、群众信服的党员、干部、团员、妇女和致富能人等各界代表组成，原则上要求每个村民小组产生一名评议员。公评公议会会长由评议员民主选举产生，具体负责创评工作。已经产生"公评公议会"的地方，要按照本方案要求进行改选完善。各乡镇要成立以党委书记为组长，以分管领导、信用社主任为副组长，以涉农站、所、办负责人为成员的领导小组，具体负责指导各村创评工作和"文明信用农户"的初审、上报工作。县（市、区）党委宣传部、文明办、信用联社负责对"文明信用农户"进行核定、授证、授牌和授信工作。

二　创评步骤和标准、条件

（1）创评步骤。"文明信用农户"的评定分两步走。第一步，开展农户道德档次创评。第二步，在农户道德档次上评定"文明信用农户"。

（2）农户道德档次创评标准。制定《江西省农村道德建设公约》（以下简称《公约》）。村民和村公评公议会按照这一标准，公正、公开、公平地进行家庭道德档次创评。《公约》共50条，每条2分，共100分。具体标准：

①90分以上评为道德优秀家庭；

②80~89分评为道德良好家庭；

③60~79分评为道德合格家庭。

---

① 江西省委办公厅、江西省政府办公厅：《关于在全省开展创评"文明信用农户"活动的通知》（赣办字〔2004〕67号），2004。

（3）"文明信用农户"评定条件：获得"道德优秀"或"道德良好"道德档次的家庭；并且无信用社不良贷款余额。

三　创评工作程序

创评"文明信用农户"活动采取"三评两榜一确定"程序进行。

（1）家庭自评。以家庭为单位，由户主召集家庭成员，对照《江西省农村道德建设公约》评定自己家庭的道德得分。

（2）集体互评。以村民小组为单位召开户主会，对所有被评家庭的道德情况进行总体评判，互相比较，使大家受到教育。并将评分结果和家庭道德档次公示 5～7 天，收集农民的反馈意见。

（3）评议会总评。村公评公议会根据公示反馈意见，认真查实，经集体讨论研究，确定家庭道德档次。

（4）确定"文明信用农户"。村公评公议会、村基层组织、信用社驻村信贷员根据标准评定"文明信用农户"，将家庭道德档次和"文明信用农户"名单张榜公布，并上报乡镇创评领导小组初审。乡镇领导小组将名单初步审核后，报县（市、区）党委宣传部、文明办、信用联社审批、发证、授牌。

四　落实信贷支持措施

"文明信用农户"自获证之日起将享受：根据不同家庭道德档次，"文明信用农户"可在所在地乡镇农村信用社获得贷款优先、利率优惠的信贷支持。信用贷款额度为 2 万～10 万元，执行利率优惠 10%～30%。具体按《江西省农村信用社"文明信用农户"贷款管理办法》实施。

五　实行动态管理

对家庭道德档次和"文明信用农户"实行动态管理。村公评公议会每年第一季度集中评议调整一次，有优良表现的可以提升档次，有不良行为的及时降低档次。评议调整结果在村里张榜公布，并将评议公示结果报乡镇创评领导小组。调评结果及时告知有关部门，便于调整相应优惠支持措施。

附录6　江西省文明信用农户评定流程图（附图3）

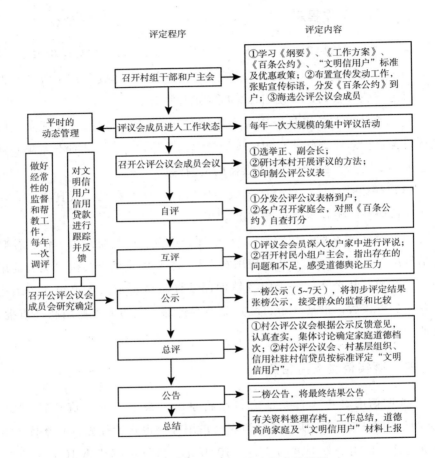

附图3　江西省文明信用农户评定流程图

后　记

　　距离 2003 年高中毕业已经 13 个年头，因为喜欢数学和物理，当年考大学选的是软件工程专业，没想到后来会转学金融。在大学四年的学习里逐渐萌发了对金融学的兴趣，继而转向了金融学专业攻读硕士学位。2008 年底考完硕士学习课程最后一科考试时，觉得不会再继续念书了。次年归国开始上班，越工作越觉得还需要不断充实自己，于是报考了金融学博士。一边工作一边准备博士入学考试是很辛苦的事情，但是真正入学、开始做论文做研究后我才发现，那时的辛苦根本不值一提。

　　本科时期的工科基础对金融学的研究虽然有所帮助，但是毕竟是半路出家，所以基本功不够扎实，需要大量补习金融学和经济学的一些基本课程。硕士阶段读的是"course work"，意即课程学习。因此，在博士学习之前，我没有经过系统的金融学专业的科研训练，这使我在刚刚着手选题和撰写开题报告时十分茫然无措。这里我要特别感谢我的导师严武老师，面对我这样一个科研经验不足，同时还在工作的学生，他虽从严要求但依然耐心指导。我的博士论文从开题到初稿、从初稿到定稿，经过了无数次的讨论和修改，严老师都给予了我悉心的指导和解答。严老师严谨治学的态度、温和敦厚的关怀，尤其是对细节处理的认真和执着，让学生受益终生，也让学生倍加感动。在此，谨向严老师和师母致以我深深的敬意和感谢。

　　在老师的引导下，我的思路渐渐清晰。当初报考博士就是秉承着对工作的热忱和对读书的喜爱，所以我的博士论文也是围绕着自己的工作展开的。我的工作让我对"农户借贷"产生了极大的兴趣。农民借钱为什么这么难？如何让农民更容易借到钱？我开始思考这些问题。但从未在农村生活过的我，在面对农村金融问题时始终有一种沉不下去、无法触及问题本质的感觉。幸运的是，我的父亲也是一位学者。那时候，我常常和父亲讨论，把我的想法说给他听。父亲很支持我把社会学的社会资本概念引入农户借贷问题研究的思路。他还告诉我，要研究农村问题，就必须到农村去，用自己的双脚去感受泥泞的土地，用心去听农民的呼声。

于是，我开始设计调查问卷，走村串户地去向农民们请教、对他们进行访谈。从秋天到冬天，调研除了让我取得了论文需要的有效数据，还让我体会到我国农村社会丰富的研究价值。建立在血缘、族缘、业缘和地缘基础上的社会网络，处在由传统宗族型社会体系向现代契约型社会体系转型过渡期，新旧体系的碰撞，让我国农村比以往任何时候都呈现出一种更复杂的形态。我也越发觉得，要真正研究农村金融问题、研究农户借贷行为，仅仅几个月的调研是远远不够的，还应该长期驻扎在农村，和农民兄弟姐妹们同吃同住。碍于工作关系，我无法做到这样深入的调研，所以数据不够充分、内容也不够深刻，还有待进一步加强。

做博士论文是我人生第一次系统性地接受科研训练，能够最终形成这本书稿实属不易，凝结了太多人的心血。在这里，我要特别感谢我的父母。在我觉得最难、写不下去的时候，是他们一直陪伴在我的身边，肯定我、包容我，默默地在背后支持着我，才让我有力量坚持下来，走到今天。我还要感谢我的父亲，从小培养我读书、作文的兴趣，多年来一点一滴的积淀，让我在完成博士学位之后重新择业，成为一名大学老师。

我还要感谢黄新建、胡援成、吕江林、桂荷发、蒋小钰、周小刚、李丽清、钱芳等诸位师长的教诲以及对本书书稿提出的建设性意见；感谢罗青林、于瀚尧、李佳、熊航等诸位同窗好友给予我的帮助和鼓励；感谢我的领导和同事们在我完成书稿期间对我的支持。

　　最后，感谢江西省社会科学界联合会设立出版资助项目，将拙作列入
"江西省哲学社会科学成果文库"，予以全额资助，使之得以尽快付梓面
世；感谢出版资助项目各位评委对本书研究价值的肯定和提出的宝贵意
见；感谢社科文献出版社的编辑为本书付出的辛勤劳动。

陈　熹

2016 年 2 月

图书在版编目（CIP）数据

社会资本视角下的农户借贷行为研究：以江西省为例/
陈熹著. —北京：社会科学文献出版社，2016.5
　（江西省哲学社会科学成果文库）
　ISBN 978 - 7 - 5097 - 8873 - 8

Ⅰ. ①社…　Ⅱ. ①陈…　Ⅲ. ①农户 - 借贷 - 研究 -
江西省　Ⅳ. ①F832.43

中国版本图书馆 CIP 数据核字（2016）第 052006 号

·江西省哲学社会科学成果文库·

社会资本视角下的农户借贷行为研究
　　——以江西省为例

著　　者/陈　熹

出 版 人/谢寿光
项目统筹/王　绯　周　琼
责任编辑/赵慧英　张玉平

出　　版/社会科学文献出版社·社会政法分社（010）59367156
　　　　　地址：北京市北三环中路甲 29 号院华龙大厦　邮编：100029
　　　　　网址：www. ssap. com. cn
发　　行/市场营销中心（010）59367081　59367018
印　　装/三河市尚艺印装有限公司

规　　格/开　本：787mm × 1092mm　1/16
　　　　　印　张：17.25　字　数：270 千字
版　　次/2016 年 5 月第 1 版　2016 年 5 月第 1 次印刷
书　　号/ISBN 978 - 7 - 5097 - 8873 - 8
定　　价/75.00 元

本书如有印装质量问题，请与读者服务中心（010 - 59367028）联系